한 눈 에 펼 쳐 보 는

# 한국사 대 세계사

기획 **문사철**

집필 **강응천 김덕련 김형규 백성현**

## ④ 개화기 ~ 일제강점기

다산
에듀

한눈에 펼쳐 보는
# 한국사 대 세계사 **4**

**초　판 1쇄 발행** 2013년 9월 30일
**개정판 1쇄 발행** 2024년 12월 2일

**기획** 문사철
**집필** 강응천 백성현 김덕련 김형규
**펴낸이** 김선식

**펴낸곳** (주)다산북스 **출판등록** 2005년 12월 23일 제313-2005-00277호
**주소** 경기도 파주시 회동길 490 다산북스 파주사옥 3층
**전화** 02-702-1724 **팩스** 02-703-2219 **이메일** dasanbooks@dasanbooks.com
**홈페이지** www.dasanbooks.com **블로그** blog.naver.com/dasan_books

부사장 김은영
콘텐츠사업본부장 임보윤
책임편집 장종철 책임마케터 양지환
콘텐츠사업8팀장 전두현 콘텐츠사업8팀 김상영, 김민경, 장종철, 임지원
마케팅본부장 권장규 마케팅2팀 이고은, 배한진, 양지환 채널팀 권오권, 지석배
미디어홍보본부장 정명찬 브랜드관리팀 오수미, 김은지, 이소영, 서가을
뉴미디어팀 김민정, 이지은, 홍수경, 변승주
지식교양팀 이수인, 염아라, 석찬미, 김혜원, 박장미, 박주현
편집관리팀 조세현, 김호주, 백설희 저작권팀 이슬, 윤제희
재무관리팀 하미선, 윤이경, 김재경, 임혜정, 이슬기, 김주영, 오지수
인사총무팀 강미숙, 김혜진, 황종원
제작관리팀 이소현, 김소영, 김진경, 최완규, 이지우, 박예찬
물류관리팀 김형기, 김선민, 주정훈, 김선진, 한유현, 전태연, 양문현, 이민운
아트디렉터 가필드 김원용 이미지 총괄 정연경 지도 일러스트레이션 임근선
표지 디자인 어나더페이퍼 디자인 ns-pole 검토 김진아 강준선 신영희 김경미

교열 교정 북스튜디오 토리
용지 신승아이엔씨 인쇄 민언프린텍
제본 제이오엘엔피 코팅 및 후가공 다온바인텍

ⓒ문사철, 2013

ISBN 979-11-306-6089-9 (04900)
ISBN 979-11-306-6083-7 (세트)

이 책을
읽는 법

**1** 왼쪽 면에는 한국사, 오른쪽 면에는 세계사의 사건들을 나란히 배치해 같은 시간대에 한국과 세계에서 일어난 역사적 사건들을 한눈에 비교하며 볼 수 있게 했다.

**2** 시대 구분은 한국사의 흐름에 맞추었다.

**3** 서기 1년 이전의 시대는 교과서에서 쓰이는 '기원전' 대신 '서기의 앞 시기' 라는 뜻에서 '서기전'으로 표기했다.

연대 | 이 펼침의 한국사와 세계사 시작 연도를 표시한다.

사건 소개 | 제목과 내용으로 구성된다. 중요한 사건은 제목을 굵은 글씨로 표시하고, 덜 중요한 사건은 내용 없이 제목만 적었다.

한국사 | 한국사의 로고

권별 색상 | 1권은■, 2권은■, 3권은■, 4권은■, 5권은■으로 구분했다.

# 1877

### 일본이 세운 부산 제생의원, 종두 실시를 알리다

2월 10일, 제생의원이 매월 15일 종두를 실시하겠다고 고시했다. 제생의원은 1876년 12월 29일(음력)에 일본이 개항장 부산에 세운 병원으로 군의관들이 진료를 맡았다. 일본인을 위한 병원이었지만 조선인에 대한 치료도 병행했다. 먼저 습득한 서양식 의술을 활용해 일본의 우수성을 깨닫게 하고, 이를 통해 일본이 지도하는 근대화를 받아들이게 하겠다는 목적이었다. 진료에 대한 조선인의 평가는 좋은 편이었지만, 일본 측은 의료를 "조선인을 회유해 일본을 존경하고 우러러보는 마음을 갖게 하는" 수단으로 여겼다.

제생의원

### 서대문 밖에 일본공사관이 들어서다

10월, 일본대리공사 하나부사 요시모토(花房義質)가 서대문 밖 천연정 옆 청수관을[1] 일본공사관으로 정했다. 조선 정부는 본래 도성에 일본인이 거주하지 못하게 했다. 그러나 조선의 이러한 방침은 일본공사관이 만들어지면서 무너졌다.

11월에 하나부사 요시모토는 조일수호조규에 따라 부산 이외의 다른 항구를 열 것 등을 요구하며 조선 정부를 압박했으나 조선 정부는 이를 거부하며 버텼다. 그러나 일본은 진도(전라도)의 벽파진, 거문도(경상도), 문천(함경도)을 저탄장(석탄 저장소)으로 강점하기 위한 저탄장설치약조를 맺는 데 성공했다.

하나부사 요시모토
일본대리공사

주(註) | 본문 내용을 보완하거나 내용에 덧붙일 사항을 서술했다.

**1 청수관** | 청수관은 지금 서울적십자병원이 있는 곳이다.

### 전국의 가구 수와 인구 현황이 보고되다

12월 30일, 한성부가 전국의 가구 수와 인구 현황을 보고했다. 이에 따르면 가구 수는 158만 2287호이고, 남자는 337만 876명, 여자는 328만 6671명으로 이때 조사된 전체 인구는 660만 7547명이었다.

그러나 이 조사 결과는 실제 인구와 거리가 있었다. 조사 과정에서 누락된 사람이 많은 등 인구 조사가 정확하게 이뤄지지 않았기 때문이다. 현재 학계에서는 19세기 말 조선 인구가 1300만 명 정도였다고 보고 있다.

**4** 한국사의 연대는 1895년까지는 음력, 태양력을 도입한 1896년 이후는 양력으로 표기했다. 세계사의 연대 표기는 중등 교과서에 따랐다.

**5** 한글 맞춤법과 외래어 표기는 중등 교과서와 국립국어원에 준하되 편집의 필요에 따라 부분적으로 변화를 줬다.

**6** 중국의 인명과 지명은 1~3권은 한자의 우리말 발음으로, 4~5권은 현지 발음으로 표기했다.

대륙 구분 | 해당 사건이 일어난 지역을 기준으로 색깔을 나눠 대륙을 표시했다.

세계사 | 세계사의 로고

연대 | 이 펼침의 한국사와 세계사 끝 연도를 표시한다. 1~3권은 일부 예외를 제외하고 한 펼침에 10년씩, 4~5권은 한 펼침에 1년씩 다뤘다.

WORLD HISTORY

## 1877

아시아

### 빅토리아 여왕이 인도 황제로 즉위하다

1월 1일, 영국의 빅토리아 여왕이 인도 콜카타에서 인도의 황제로 공식 즉위했다. 이로써 영국 왕은 러시아의 차르, 독일의 카이저와 같은 위상을 갖게 됐으며, 1857~1859년의 세포이항쟁을 진압한 뒤 사실상 직접 지배해 온 인도를 영국의 완전한 식민지로 선포했다.

빅토리아 여왕의 즉위식

### 일본에서 세이난전쟁이 일어나다

2월 15일, 사이고 다카모리를 중심으로 한 가고시마의 사족 1만 3000여 명이 메이지 정부에 대한 최대 규모의 반란을 일으켰다. 근대화 과정에서 몰락일로에 있던 사족들의 불만이 마침내 폭발한 것이었다. 초기에는 사이고군이 우세했으나 근대적인 무기와 편제를 지닌 정부군에 의해 점차 수세에 몰렸고, 9월 사이고가 사망함으로써 전쟁은 끝났다.

이후 메이지 정부는 일본 내에서 군사적으로는 누구도 대적할 수 없는 강고한 정권으로 자리 잡는다.

유럽

### 러시아 · 튀르크전쟁이 벌어지다

4월 24일, 러시아가 오스만튀르크에 선전 포고를 함으로써 발칸반도와 카프카스 지역에서 전쟁이 벌어졌다. 보스니아-헤르체고비나, 불가리아, 세르비아, 몬테네그로 등 오스만튀르크의 지배를 받던 발칸반도의 슬라브계 민족들이 1875년 이후 연이어 독립운동에 나서자, 러시아가 범슬라브주의를 앞세워 이들 민족의 독립운동을 지원하고 나선 것이었다.

이 전쟁에서 승리한 러시아는 이듬해 3월 3일 오스만튀르크와 산스테파노조약을 맺어 세르비아와 몬테네그로, 루마니아를 독립시키고, 불가리아공국을 수립하며, 보스니아-헤르체고비나에 자치국을 세우기로 합의한다(1878년 참조).

1 범슬라브주의 | 러시아를 중심으로 슬라브 민족을 통합하려는 사상과 운동. 독일, 오스트리아-헝가리를 중심으로 한 범게르만주의와 대립했다.

### 축음기가 발명되다

11월 21일, 미국의 발명가 토머스 에디슨이 음성을 기록하고 재생할 수 있는 장치인 축음기를 발명했다.

에디슨과 그의 초기 축음기

사진과 사진 캡션

17

---

### 지도

역사책에는 낯선 지역이 자주 등장한다. 그 정보를 지도로 보완해 역사의 입체적 이해를 도왔다.

노브고로드

노르만족 거주지

키예프

동로마제국

콘스탄티노플

9세기 노르만족의 러시아 방면 교역로 →

노브고로드, 키예프, 노르만족 교역로

### 세계 지도 속의 해당 지역

일부 지역만 그리면 이곳이 세계의 어디쯤인지 알 수 없는 사례가 있다. 이런 맹점을 피하기 위해 해당 지역이 세계 지도에서 차지하는 위치를 별도로 보여줬다.

### 도표와 그래프

수치와 복잡한 관계망을 가진 정보는 알기 쉽게 시각적으로 재구성했다.

| 주요 국가의 여성 참정권 도입 시기 | |
|---|---|
| 뉴질랜드 | 1893년 |
| 오스트레일리아 | 1902년 |
| 핀란드 | 1906년 |
| 노르웨이 | 1913년 |
| 러시아 | 1917년 |

## 머리말

한국사와 세계사를 함께 알아야 한다는 목소리가 높습니다. 한국사와 세계사를 함께 서술한 역사책도 나오고, 학교에서 배우는 역사 교과서도 한국사와 세계사를 함께 다루고 있습니다. 그동안 역사 교육과 역사 서술이 한국사에 치우치면서 한국인의 눈과 귀를 가로막고 세계화 시대에 걸맞은 한국인을 길러내는 것을 저해했다는 반성 때문이지요.

『한국사 대 세계사』는 한국사와 세계사를 같은 시간의 흐름 속에서 비교하며 살펴볼 수 있도록 만든 책입니다. 한국사와 세계사를 함께 다룬 역사 연표는 이전에도 있었습니다. 그러나 연대와 사건의 제목만 나열되어 있는 연표는 자료로 쓸 수는 있을망정 한국과 세계가 함께 호흡하며 나아간 역사의 흐름을 이해하며 읽기는 어렵습니다. 그래서 이 책은 역사적 사건들을 항목만 표시하는 데서 벗어나 최소한의 역사적 흐름을 살펴볼 수 있도록 사건의 내용과 역사적 맥락을 서술했습니다.

『한국사 대 세계사』는 한국사와 세계사를 1 대 1로 비교하며 서술했기 때문에 같은 시기에 한국과 세계에서 일어난 일들을 쉽게 대비하며 살펴볼 수 있습니다. 책을 펼치면 왼쪽 면에는 일정한 시대에 한국에서 일어난 사건들이 서술되고, 오른쪽 면에는 같은 시대에 세계에서 일어난 사건들이 서술됩니다. 조선 시대까지는 대개 10년 단위로 한국과 세계의 역사가 비교 서술되고, 1876년 개항 이후에는 1년 단위로 한국과 세계의 역사가 함께 펼쳐집니다.

이처럼 똑같은 시간대에 한국과 세계에서 일어난 일들을 비교하며 살피다 보면 놀랍고 흥미로운 사실을 발견할 수 있을 것입니다. 한국사와 세계사에서 따로따로 알고 있던 일들이 같은 시대에 일어난 일이거나 서로 관련되어 있는 일이라는 사실을 새삼스럽게 발견할 것이라는 말입니다.

예를 들어 한국에서 신석기 시대가 시작되었을 때 세계 곳곳에서도 농경과 목축을 특징으로 하는 신석기 시대가 일어났다는 사실을 쉽게 알 수 있습니다. 그리고 지금처럼 교통과 통신이 활발

하지 않던 시대에 멀리 떨어진 곳에서 비슷한 일이 일어나는 것을 보고 흥미를 느끼기도 할 것입니다. 신라가 백제와 고구려를 멸망시킨 뒤 당나라마저 몰아내고 삼국을 통일한 것도 당나라가 마침 토번(지금의 티베트)과 싸우느라 정신이 없었던 덕분이라는 사실을 알게 되면 역사를 더 쉽게 이해할 수 있을 것입니다. 또 서로 관계되어 있는 일들이 엄청나게 긴 시간을 두고 떨어져 있는 것을 발견하는 일도 있을 것입니다. 한국에서는 오랜 옛날부터 사용하던 종이가 유럽에서는 중세 이후에야 쓰이게 된 사실을 알면 묘한 쾌감을 느끼기도 할 겁니다. 물론 그 반대의 사례도 많지만 말입니다. 한국이 세계와 더욱 밀접한 관계를 가지고 움직이던 근현대사에서는 이러한 비교가 더욱 유용하게 다가오겠지요.

세계사는 한국사보다 내용이 엄청나게 많고 복잡한데 한국사와 세계사를 1 대 1로 비교하는 것은 적절하지 않다고 생각할 수도 있습니다. 하지만 지구가 우주의 미세한 일부라고 해서 우리가 지구에 대한 공부보다 바깥의 우주에 대한 공부를 더 많이 할 수는 없습니다. 아무리 작아도 지구는 소중한 우리의 터전이니까요. 마찬가지로 세계사가 한국사의 커다란 배경이라고 해도 한국사와 세계사를 객관적인 비율대로 공부할 수는 없습니다. 우리는 세계라는 무대를 한국인으로서 살아왔고 앞으로도 그러할 테니까요. 『한국사 대 세계사』는 2013년에 나온 『세계사와 함께 보는 타임라인 한국사』를 더 많은 독자와 만날 수 있도록 체재를 가다듬은 개정판입니다.
자, 이제 한국사와 세계사라는 두 마리 토끼를 잡으러 떠날 준비가 되었나요? 이 책과 함께라면 적어도 두 마리를 다 잡는 길은 활짝 열릴 겁니다. 그리고 더욱 드넓은 역사의 바다를 항해하고픈 유혹을 느껴 보세요.


2024년 가을 『한국사 대 세계사』를 만든 사람들

# 차례

# 1870년대

1876~1880

서세동점의 물결이 밀려오고,
조선이 개항하다

# 1870년대의 한국과 세계

## 서세동점의 물결이 밀려오고 조선이 개항하다

19세기 들어 서세동점(西勢東漸)의 물결이 동아시아를 뒤흔들었다. 산업화를 먼저 이루고 앞선 과학 기술로 무장한 유럽의 자본주의 국가들과 미국은 동아시아로 거침없이 밀고 들어왔다. 영국은 1840년 아편전쟁을 일으켜 청나라를 무릎 꿇게 했고, 미국은 1854년 일본을 힘으로 개항시켰다.

이웃 나라들에 거센 개항 바람이 밀어닥쳤다는 소식은 조선에도 들려왔다. 미리 대비해야 한다는 의견도 있었다. 그러나 조선은 준비를 충분히 갖추지 못한 채 개항의 순간을 맞이해야 했다. 조선을 개항시킨 것은 일본이었다. 군함을 앞세운 미국의 힘에 밀려 개항했던 일본은 똑같은 방법으로 조선의 문을 열었다. 일본은 운요호 사건을 일으킨 후 불평등조약인 조일수호조규(강화도조약)를 조선에 강제했다. 조선은 그렇게 일본의 힘에 밀려 개항하고, 이를 계기로 세계 자본주의 체제에 끌려들어 갔다.

한편 이 시기 유럽과 미국에서는 전화기, 4행정 내연 기관, 축음기 등 후대에 큰 영향을 끼치는 발명품이 연이어 탄생했다.

## 조선이 개항하다

2월, 조선은 일본과 강화도에서 12개조로 이뤄진 조일수호조규(강화도조약)를 맺고 부산을 개항했다. 일본이 강제로 밀어붙인 이 조약으로 조선은 세계 자본주의 체제에 끌려들어 가게 됐다.

1868년 메이지유신으로 먼저 국가 체제를 정비한 일본은 1875년 운요호[雲揚號] 사건을 일으켰고, 1876년 다시 군함을 몰고 와 개항을 강요했다. 쇄국의 상징이던 흥선대원군이 1873년에 물러난 조선에서는 개항을 할 수밖에 없다는 생각과 무력에 굴복해서는 안 된다는 의견이 팽팽히 맞섰으나, 결국 개항 쪽으로 대세가 기울었다. 일본이 서양 여러 나라와 맺었던 조약의 독소 조항을 그대로 조선에 강제했다는 점에서도 조일수호조규는 전형적인 불평등 조약이었다.

강화도 연무당에서 조선과 일본 대표들이 개항 협상을 하고 있다.(위)
운요호 사건을 다룬 일본의 다색 판화(아래)

**1 운요호 사건** | 1875년 8월, 일본 군함 운요호가 해안 측량을 핑계로 강화도 앞바다에 나타났다. 조선 수군이 이를 막자 일본은 함포를 쏘고 상륙해 조선군을 공격하고 주민을 살육했다. 1854년 미국의 함포 외교에 밀려 개항했던 자신들의 경험을 역으로 살려 조선을 의도적으로 도발한 사건이다.

**2 불평등 조약** | 청나라와 일본이 유럽 국가들 및 미국과 맺은 조약에 관세 부과권이 들어 있던 것과 비교해도, 조일수호조규는 매우 불평등한 내용이었다.

### 조일수호조규의 주요 조항과 문제점

**1조_조선은 자주국이다.**
일본은 이를 통해 조선에서 청나라를 배제하려 했다.

**5조_조선은 부산 이외에 2개의 항구를 무역항으로 추가 지정한다.**
일본은 이를 토대로 조선을 압박해 1880년 원산, 1883년 인천을 추가로 개항시켰다.

**7조_일본국 항해자가 조선 해안을 마음대로 측량할 수 있다.**
조선의 바다를 내주는 결과로 이어진다.

**10조_일본인이 개항장에서 저지른 범죄는 일본 관원이 심판한다.**
이러한 치외법권(治外法權)으로 인해 개항장에서 조선은 사법권을 가질 수 없게 됐다.

### 조선이 일본에 제1차 수신사를 파견하다

4월, 예조참의 김기수를 필두로 한 제1차 수신사 일행 76명이 일본으로 떠났다. 이들은 군사 시설, 공장 등을 돌아본 후 일본의 새로운 문물을 긍정적으로 평가했다. 수신사는 마지막 조선통신사(1811년) 이래 65년 만에 일본을 방문한 정부 공식 사절단이다.

### 관세 자주권 사라진 조일무역규칙이 체결되다

7월 6일, 일본이 제시한 원안대로 조일무역규칙이 조인됐다. 미곡 수출입을 사실상 허가하고, 일본 선박은 항구 이용료를 내지 않으며, 수출입품에 관세를 부과하지 않는다는 내용이었다. 이로써 조선은 관세 자주권을 뺏겼고, 일본 공산품이 무차별적으로 조선에 들어오는 길이 열렸다.

### 박효관·안민영, 시가집(詩歌集)『가곡원류』를 편찬하다

## 전화기가 발명되다

아메리카

3월 10일, 미국의 발명가 알렉산더 그레이엄 벨이 전화기를 발명해 최초의 음성 통화 실험에 성공했다. 그의 전화기는 전자석의 극 부근에 얇은 진동판을 설치해 음성을 전기 신호로 바꾸어 전달하는 원리를 이용했다. 처음으로 전해진 음성은 벨이 조수 토머스 왓슨에게 "이리 좀 와 주게. 자네가 필요하네"라고 말한 것이었다.

전화기를 시험하고 있는 벨

## 사족이 칼을 차지 못하게 되다

아시아

3월 28일, 메이지 정부가 사족(土族, 사무라이)이 칼을 차는 행위를 금지하는 폐도령을 공포했다. 사족의 전통적인 특권을 폐지하는 상징적인 조치였다.

8월 5일에는 사족에게 급료 대신 금록공채라는 채권을 나누어 주는 질록처분도 단행됐다. 사족들은 채권의 이자만으로는 생활이 어려웠기에 채권을 팔아 장사에 뛰어들기도 했으나 대개 몰락의 길을 걷는다.

1 메이지 정부 | 1867년 메이지유신 이후 일본의 근대화를 이끈 정부. 당시 천황이 메이지 천황이었기 때문에 메이지 정부로 불렸다.

## 4행정 내연 기관이 발명되다

유럽

5월 17일, 독일의 기술자 니콜라우스 오토가 오늘날 대부분의 자동차 엔진에 사용되는 4행정 내연 기관을 발명했다. 석탄 가스를 엔진의 실린더 안에서 폭발시키는 원리를 이용했으며, 흡입, 압축, 폭발, 배기의 4단계로 작동했다.

오토의 4행정 내연 기관

## 원주민들이 리틀빅혼전투를 승리로 이끌다

아메리카

6월 26일, 미국 사우스다코타주 리틀빅혼강 부근에서 시팅 불이 이끄는 원주민 연합 부대가 조지 암스트롱 커스터가 이끄는 미군 제7기병대를 거의 전멸시키는 대승리를 거뒀다. 이 지역에서 발견된 금광을 개발하기 위해 미국 정부가 원주민들을 원주민보호구역으로 강제 이주시키려 했기 때문이다.

리틀빅혼전투

## 전 세계에 대기근이 찾아오다

세계

인도, 중국, 아프리카 등에 유례없는 대기근이 찾아왔다. 1889년과 1896년에도 다시 찾아와 전 세계적으로 3000만~5000만 명의 사망자를 낳는다. 엘니뇨로 계절풍이 불지 않은 것이 직접적인 원인이었다.

2 원주민 연합 부대의 승리 | 언론들은 야만적인 원주민이 미군을 잔인하게 학살한 사건으로 왜곡 보도했고, 얼마 후 미국 정부는 대규모 병력을 파견해 원주민들의 저항을 분쇄한다.

3 엘니뇨 | 해수면의 온도가 평년보다 높아지는 현상

## 일본이 세운 부산 제생의원, 종두 실시를 알리다

2월 10일, 제생의원이 매월 15일 종두를 실시하겠다고 고시했다. 제생의원은 1876년 12월 29일(음력)에 일본이 개항장 부산에 세운 병원으로 군의관들이 진료를 맡았다. 일본인을 위한 병원이었지만 조선인에 대한 치료도 병행했다. 먼저 습득한 서양식 의술을 활용해 일본의 우수성을 깨닫게 하고, 이를 통해 일본이 지도하는 근대화를 받아들이게 하겠다는 목적이었다. 진료에 대한 조선인의 평가는 좋은 편이었지만, 일본 측은 의료를 "조선인을 회유해 일본을 존경하고 우러러보는 마음을 갖게 하는" 수단으로 여겼다.

제생의원

## 서대문 밖에 일본공사관이 들어서다

10월, 일본대리공사 하나부사 요시모토[花房義質]가 서대문 밖 천연정 옆 청수관[1]을 일본공사관으로 정했다. 조선 정부는 본래 도성에 일본인이 거주하지 못하게 했다. 그러나 조선의 이러한 방침은 일본공사관이 만들어지면서 무너졌다.

11월에 하나부사 요시모토는 조일수호조규에 따라 부산 이외의 다른 항구를 열 것 등을 요구하며 조선 정부를 압박했으나 조선 정부는 이를 거부하며 버텼다. 그러나 일본은 진도(전라도)의 벽파진, 거문도(경상도), 문천(함경도)을 저탄장(석탄 저장소)으로 강점하기 위한 저탄장설치약조를 맺는 데 성공했다.

하나부사 요시모토
일본대리공사

**1 청수관** | 청수관은 지금 서울적십자병원이 있는 곳이다.

## 전국의 가구 수와 인구 현황이 보고되다

12월 30일, 한성부가 전국의 가구 수와 인구 현황을 보고했다. 이에 따르면 가구 수는 158만 2287호이고, 남자는 332만 876명, 여자는 328만 6671명으로 이때 조사된 전체 인구는 660만 7547명이었다.

그러나 이 조사 결과는 실제 인구와 거리가 있었다. 조사 과정에서 누락된 사람이 많은 등 인구 조사가 정확하게 이뤄지지 않았기 때문이다. 현재 학계에서는 19세기 말 조선 인구가 1300만 명 정도였다고 보고 있다.

## 빅토리아 여왕이 인도 황제로 즉위하다

아시아

1월 1일, 영국의 빅토리아 여왕이 인도 콜카타에서 인도의 황제로 공식 즉위했다. 이로써 영국 왕은 러시아의 차르, 독일의 카이저와 같은 위상을 갖게 됐으며, 1857~1859년의 세포이항쟁을 진압한 뒤 사실상 직접 지배해 온 인도를 영국의 완전한 식민지로 선포했다.

빅토리아 여왕의 즉위식

## 일본에서 세이난전쟁이 일어나다

아시아

2월 15일, 사이고 다카모리를 중심으로 한 가고시마의 사족 1만 3000여 명이 메이지 정부에 대한 최대 규모의 반란을 일으켰다. 근대화 과정에서 몰락일로에 있던 사족들의 불만이 마침내 폭발한 것이었다. 초기에는 사이고군이 우세했으나 근대적인 무기와 편제를 지닌 정부군에 의해 점차 수세에 몰렸고, 9월 사이고가 사망함으로써 전쟁은 끝났다.

이후 메이지 정부는 일본 내에서 군사적으로는 누구도 대적할 수 없는 강고한 정권으로 자리 잡는다.

## 러시아 · 튀르크전쟁이 벌어지다

유럽

4월 24일, 러시아가 오스만튀르크에 선전 포고를 함으로써 발칸반도와 카프카스 지역에서 전쟁이 벌어졌다. 보스니아-헤르체고비나, 불가리아, 세르비아, 몬테네그로 등 오스만튀르크의 지배를 받던 발칸반도의 슬라브계 민족들이 1875년 이후 연이어 독립운동에 나서자, 러시아가 범슬라브주의[1]를 앞세워 이들 민족의 독립운동을 지원하고 나선 것이었다.

이 전쟁에서 승리한 러시아는 이듬해 3월 3일 오스만튀르크와 산스테파노조약을 맺어 세르비아와 몬테네그로, 루마니아를 독립시키고, 불가리아공국을 수립하며, 보스니아-헤르체고비나에 자치국을 세우기로 합의한다(1878년 참조).

1 범슬라브주의 | 러시아를 중심으로 슬라브 민족을 통합하려는 사상과 운동. 독일, 오스트리아-헝가리를 중심으로 한 범게르만주의와 대립했다.

## 축음기가 발명되다

아메리카

11월 21일, 미국의 발명가 토머스 에디슨이 음성을 기록하고 재생할 수 있는 장치인 축음기를 발명했다.

에디슨과 그의 초기 축음기

## 일본이 조선 해안을 측량하다

일본 군함

일본 군함 아마키[天城]호가 개항장으로 알맞은 곳을 찾기 위해 조선 해안을 측량했다. 4월에는 함경도 원산·덕원·문천·북청 해안 등을 측량했고, 8월에는 전라도와 충청도 해안을 조사한 후 9월에 부산 동래부에 입항했다.

조선은 아마키호의 원산만 측량을 중단시켰다. 그러나 일본은 '일본국 항해자가 자유로이 해안을 측량하도록 허가한다'는 조일수호조규에 따른 합법적인 조치라고 주장하며 측량을 강행했다.

## 조선의 관세 자주권 회복 시도가 실패로 돌아가다

**1 해관** │ 수입품을 검사하고 관세를 매기기 위해 설치한 관문. 지금은 '세관'으로 불린다.

9월, 조선이 개항장인 부산 동래부 두모진에 해관(海關)[1]을 설치했다. 개항 후 일본 상품이 밀려들면서 무역 적자가 늘어났기 때문이었다. 조선이 관세 개념을 제대로 알지 못한 채 맺은 조일무역규칙(1876년 참조)의 무관세 무역 조항으로 인해 생긴 문제였다.

이 문제를 해결하기 위해 두모진 해관이 일본과 무역을 하는 조선 상인들에게 세금을 걷자 일본에서 들어오는 물품의 가격이 올랐다. 그러자 일본 상인 135명이 동래부에 몰려와 해관 설치에 항의했다. 조선 정부는 조선인에게 부과하는 세금이므로 일본이 상관할 일이 아니라고 일축했다. 이에 일본은 '해관 설치는 조일수호조규 위반'이라며 부산항에 군함을 파견해 무력시위를 벌였다. 조선 정부는 일본의 압력에 굴복해 조선 최초의 세관인 두모진 해관을 석 달 만에 폐쇄했다. 무관세 무역 조항 때문에 발생한 문제를 해결하기 위한 조선의 첫 번째 시도는 이렇게 실패로 돌아갔다.

그 후 조선은 일본과 새로운 통상장정을 맺어 관세권을 회복하고자 하나 일본은 이를 강하게 거부한다. 그러던 중, 1882년 조선과 미국이 체결한 조미수호통상조약에서 조선의 관세권이 처음으로 인정되자 일본은 무관세를 더 고집할 수 없는 상황에 놓인다. 1883년, 조선은 일본과 조일통상장정을 맺고 관세권을 회복한다.

개항 직후 부산항

유럽

## 베를린조약으로 발칸반도에 갈등이 고조되다

영국과 오스트리아-헝가리는 러시아가 오스만튀르크와 전쟁에서 승리해 산스 테파노조약을 맺자 발칸반도에서 러시아의 영향력이 커질 것을 우려했다(1877년 참조). 이에 7월 독일의 베를린에서 다른 열강들과 함께 산스테파노조약을 대체할 새로운 조약을 맺어 러시아를 견제하려 했다. 그 결과 불가리아는 자치국에 머물고, 보스니아-헤르체고비나는 오스트리아-헝가리의 지배를 받게 됐다. 이후 발칸반도는 여러 작은 나라들의 각축 속에서 러시아의 범슬라브주의와 오스트리아-헝가리의 범게르만주의가 팽팽하게 맞서는 현장이 된다.

유럽

## 사회주의자탄압법이 제정되다

10월 19일, 독일 총리 오토 폰 비스마르크가 빠르게 성장하고 있던 사회주의 정당인 사회민주당을 위험 세력으로 여겨, 사회주의자들의 집회, 조직, 신문 등을 금지하는 사회주의자탄압법을 제정했다. 하지만 사회민주당은 탄압 속에서도 오히려 더욱 세력을 확대해 간다.

아시아

## 제2차 영국·아프가니스탄전쟁이 벌어지다

11월 21일, 영국이 1839년에 이어 아프가니스탄을 또다시 침략했다. 아프가니스탄의 셰르 알리 국왕이 친러시아 정책을 취하자 이 지역에서 러시아의 영향력이 확대될 것을 우려했기 때문이다. 1880년 9월 1일 칸다하르전투에서 영국군이 승리함에 따라 아프가니스탄은 외교권과 영토의 일부를 영국에 빼앗긴다.

1 뉴턴히스축구클럽의 유니폼 | 뉴턴히스 시절에는 녹색과 노란색이 섞인 유니폼을 입었으나, 맨체스터유나이티드가 되면서 지금과 같이 붉은색 유니폼을 입게 되었다.

유럽

## 맨체스터유나이티드축구클럽이 창단되다

영국에서 랭커셔-요크셔 철도의 뉴턴히스 지부 실업팀인 뉴턴히스축구클럽[1]이 창단됐다. 철도 노동자들로 이뤄진 이 축구클럽은 1902년 4월 26일 맨체스터유나이티드로 개명해 오늘에 이른다.

뉴턴히스축구클럽의 선수들

## 조선이 일본 압박에 밀려 원산 개항을 약속하다

7월 13일, 조선은 일본과 원산개항예약의정서를 체결했다. 조일수호조규에 따라 부산에 이어 동해안의 원산을 추가로 개항한다는 내용이었다. 일본은 강화도조약 체결 후 1878년 원산만 일대를 측량하는 등 조선을 압박하며 원산 개항을 요구해 왔다. 이 의정서에 따라 1880년 원산 개항이 이뤄진다.

## 지석영이 천연두에 맞서 우두법을 시행하다

지석영이 천연두에 맞서 우두법(牛痘法)이라는 새로운 종두법(예방 접종법)을 조선인으로는 처음으로 시행했다. 1796년 영국의 의사 제너가 최초로 실시한 우두법은 소 천연두(우두)를 사람에게 접종해 면역을 얻는 방식이다.

부산에 있는 일본 제생의원(1877년 참조)에서 우두법을 배운 지석영은 겨울에 처가가 있는 충주 덕산면에서 두 살배기 처남에게 처음으로 우두법을 실시했다. 소의 고름을 사람에게 넣는 것에 거부감을 보이는 이들도 많았지만, 매년 수많은 이의 목숨을 앗아간 천연두를 예방하는 효과가 있음이 확인되면서 널리 퍼졌다.

우두법 시행 전에 조선에서는 인두법(人痘法, 천연두를 앓은 이에게서 시료를 얻어 사람에게 접종해 면역을 얻는 방식)이 행해졌다. 그러나 인두법은 시료 채취 과정에서 천연두에 걸릴 위험성 등의 부작용이 있었다. 다산 정약용이 저서 『마과회통(麻科會通)』에 우두법을 소개하는 등 우두법의 존재 자체는 지석영이 처음 시행하기 전에 이미 조선에 알려져 있었다.

조선 후기 풍속화가 김준근이 『기산풍속도첩』에 그린 평양식 마마배송굿
제발 물러가 달라는 뜻으로 굿을 할 만큼 마마(천연두)는 백성들에게 공포의 대상이었다.

### 지석영의 빛과 그림자

지석영은 우두법을 보급해 천연두 피해를 줄이는 데 기여했지만, 친일 행각 때문에 비판을 받았다. 지석영은 조선 침략을 총괄한 이토 히로부미 조선통감이 1909년 안중근 의사에 의해 중국 하얼빈에서 처단되자, 이토 히로부미를 추도하는 모임에서 추도사를 읽는 등이 친일 행태를 보였다. 이 때문에 '부산을 빛낸 인물'(2002년) 및 한국과학문화재단이 마련한 '과학 기술인 명예의 전당' 등재 대상(2003년)으로 선정됐다가 철회된다.

지석영

## 줄루전쟁이 벌어지다

1월 11일, 남아프리카 줄루왕국의 케츠와요 국왕이 영국의 침략에 맞서 전쟁에 나섰다. 1월 22일 이산들와나평원에서는 약 2만 명의 줄루족 전사들과 1800여 명의 영국군이 전투를 벌였다. 영국군은 손쉬운 승리를 예상했지만 1300명 이상이 전사하는 참담한 패배를 맛봤다. 서구 열강의 군대가 아프리카에서 패배한 최초의 사건이었다.

그러나 영국군은 대오를 정비한 뒤 7월 4일 울룬디에서 줄루왕국의 주력 부대를 대파하고 케츠와요를 포로로 잡는다. 이후 줄루왕국은 영국에 의해 해체된다.

이산들와나전투

## 일본이 류큐왕국을 병합하다

3월, 일본 정부가 류큐에 4000여 명의 병력과 160명의 경찰을 파견해 오키나와현을 설치하고 공식적으로 병합했다.

**류큐왕국**
1429년부터 지금의 일본 오키나와에 존재했던 왕국이다.

## 독일과 오스트리아-헝가리가 동맹을 맺다

10월 7일, 독일 총리 비스마르크가 러시아의 세력 확장에 맞서기 위해 오스트리아-헝가리와 군사 동맹을 맺었다(1882년 참조).

## 실용적인 백열등이 탄생하다

10월 21일, 미국의 토머스 에디슨과 그의 조수들이 기존의 백열등을 개량해 실용화하는 데 성공했다. 에디슨의 백열등은 탄소 필라멘트, 낮은 전류, 개선된 진공 상태 등을 이용해 40시간 이상 빛을 낼 수 있었다.

에디슨의 초기 백열등

## 『진보와 빈곤』이 출간되다

미국의 경제학자 헨리 조지가 『진보와 빈곤』을 출간했다. 그는 이 책에서 사회적 불평등의 가장 큰 원인은 토지 소유의 불평등이며, 따라서 토지 소유로 인한 불로소득[1]을 모조리 세금으로 거둬들여야 한다고 주장했다. 전 세계적으로 수백만 부가 팔렸으며, 당대의 사회주의 운동에도 큰 영향을 끼쳤다.

헨리 조지

1 불로소득 | 직접 일하지 않고 얻는 소득

**1 필담**(筆談) | 말이 아니라 글
로 의사소통을 하는 것을 말한
다. 같은 한자 문화권에 속했
던 동아시아 지식인들은 필담
으로 소통할 수 있었다. 사신
으로 간 조선 관료가 베이징에
서 만난 중국 지식인이나 베트
남 사신과 뜻을 나누고, 조선
통신사로 일본에 간 조선 선비
가 일본 지식인과 교유한 것도
필담을 통해서였다.

**2 리델** | 병인양요 당시 통역
관으로서 프랑스 함대의 조선
침략을 도운 인물이다.

### 개화를 권한 『조선책략』이 조선을 뒤흔들다

5월, 조선은 김홍집과 수행원 58명으로 구성된 제2차 수신사(1876년 참조)를 일본
에 파견했다. 무관세 무역을 개정하고(1876~1878년 참조), 일본 상인들이 미곡을 대
량으로 유출하는 것을 금지하며, 한성부 코앞인 인천을 개항하라는 일본의 요
구에 대응하기 위해서였다. 일본은 이러한 요구를 받아들이지 않고 오히려 수신
사 일행에게 자신들의 발전상을 과시하는 데 주력했다.

일본에서 김홍집은 일본 주재 청나라 공사관 참사 황쭌셴[黃遵憲]을 만나 필담으
로 국제 정세 등에 관한 의견을 나눴다. 김홍집은 황쭌셴이 지은 『조선책략』을
가지고 일본에서 돌아와 고종에게 바쳤다. 조선을 가장 크게 위협하는 세력인
러시아를 막기 위해 청나라와 친하게 지내고(親中國) 일본과 손잡고(結日本) 미국
과 연대하며(聯美國), 개화를 적극 추진해야 한다는 내용이었다. 유생들은 이 책
을 격렬히 비난했지만, 『조선책략』은 집권층에게 상당한 영향을 끼쳤다.

### 12월, 리델[2] 신부가 한국어-프랑스어 사전인 『한불자전』을 발간하다

『한불자전』

### 개화 추진 기구인 통리기무아문을 설치하다

12월, 개화 정책을 총괄하는 기구인 통리기무아문(統理機務衙門)이 신설됐다. 통
리기무아문은 1882년 임오군란으로 대원군이 재집권한 후 폐지된다.

**3 봉금** | 만주는 청나라와 그
조상인 금나라가 일어난 지역
으로, 청나라 황실은 이곳을
신성한 곳으로 간주해 한족의
출입을 막았다.

**4 임나일본부설** | 왜가 한반
도 남부를 정벌했다는 주장.
한국 학자들은 임나일본부설
이 근거가 부족한 역사 왜곡
임을 지속적으로 밝
혀 왔다.

### 광개토대왕릉비가 발견되다

고구려의 옛 도읍인 국내성 지역에서 광개토대왕릉비가 발견됐다. 높이가 6.39
미터로 장수왕이 414년에 아버지(광개토대왕)의 업적을 기리고자 세웠다. 오랫동
안 베일에 싸여 있다가, 청나라가 봉금(封禁)[3]을 풀면서 세상에 알려졌다. 한때 금
나라 황제의 비로 오해되기도 했으나, 비문이 판독되면서 광개토대왕릉비라는
사실이 밝혀졌다. 비문엔 광개토대왕의 정복 활동 등이 기록돼 있는데, 일본
이 이 중 신묘년(391년) 부분을 사의적으로 해석해 임나일본부설[4]의 근거로
삼아 논란이 됐다.

광개토대왕릉비

## 일본에서 집회조례가 공포되다

4월 5일, 일본 정부가 정치 연설회 개최와 정치 단체 결성의 허가권, 집회 해산권 등을 경찰이 갖도록 하는 집회조례를 공포했다. 언론과 출판의 자유를 제한한 신문지조례, 출판조례와 더불어 1870년대 후반 불붙기 시작한 자유민권운동을 억누르기 위한 조치였다. 그러나 이러한 탄압에도 불구하고 국회기성동맹을 중심으로 한 자유민권운동 세력은 정부에 국회 개설, 헌법 제정 등의 민주적 개혁을 끈질기게 촉구한다(1881년 참조).

## 과학 전문지 『사이언스』가 창간되다

7월 3일, 미국의 언론인 존 마이클스가 훗날 세계에서 가장 권위 있는 과학 전문지 중 하나가 될 『사이언스』를 창간했다.

『사이언스』

## 11월, 러시아의 문호 표도르 도스토옙스키의 마지막 소설 『카라마조프의 형제들』이 출간되다

표도르 도스토옙스키

## 제1차 보어전쟁이 벌어지다

12월 20일, 남아프리카 지역의 보어인들이 영국인에 맞서 무장봉기를 일으켰다. 보어인은 17세기 중반 네덜란드 동인도회사가 케이프 식민지를 개척하면서 이주한 네덜란드인의 후손이었다. 18세기 들어 영국이 케이프 식민지를 점령하자 이들은 북동쪽으로 옮겨 가 오렌지자유국과 트란스발공화국을 수립했다. 그러나 오렌지강 부근에서 세계 최대 규모의 다이아몬드 광산이 발견되자 영국이 이 지역을 차지하기 위해 트란스발공화국을 합병했고, 이에 보어인들이 저항에 나선 것이었다. 보어인들은 1882년 2월 마주바전투에서 승리해 영국군을 몰아내는 데 성공한다.

트란스발공화국
오렌지자유국

오렌지자유국과 트란스발공화국

# 랑케가 『세계사』를 집필하기 시작하다

독일의 역사가 레오폴트 폰 랑케가 82세의 고령에 마지막 저작인 『세계사』를 집필하기 시작했다. 랑케는 엄밀한 사료 비판을 통한 객관주의 역사학을 주창해 '근대 역사학의 아버지'로 불린다. 그는 역사학의 목적이 과거의 사실을 있는 그대로 기술하는 데 있으며, 역사는 하나의 목적을 향해 나아가는 과정이 아니라 모든 시대가 나름의 독자적인 가치를 지닌다고 주장했다.

레오폴트 폰 랑케

(……) 부국강병의 성과를 거뒀다면 어찌
감히 함부로 수도 부근에 와서 엿보며
마음대로 위협할 수 있겠습니까? 참으로
분함을 금치 못하겠습니다.[1]

화친을 주장하여 나라를 팔아먹고
짐승을 끌어들여 사람을 해치려고
꾀하는 자가 있으면
사형으로 처단하기 바랍니다.[2]

1 박규수가 1876년 1월 20일 개항 요구에 어떻게 대처할지 논의한
어전회의에서 한 말
자주적인 개국을 주장해 온 박규수는 분하지만 전쟁을 피하기 위해 개항
요구를 받아들일 수밖에 없다고 판단했다.

2 1876년 1월 23일 최익현이 일본의 개항 요구를 받아들여서는 안 된다며
올린 상소 중에서

우리는 우리 방식대로 살기를 원했다.
우리가 원한 것은 오로지 평화였고,
우리를 그냥 내버려 두라는 것이었다.[1]

지금까지 역사는 과거를 심판하고
미래의 행복을 제시하는 과업을 맡아
왔다.
그러나 이 책은 그처럼 고상한 과업을
수행하려는 것이 아니라, 단지 과거가
실제로 어떠했는가를 보여 주고자 할
뿐이다.[2]

**1 크레이지 호스가 한 말**
크레이지 호스는 아메리카 원주민 라코타족 추장으로, 시팅 불의 수족과 힘을
합쳐 리틀빅혼전투에서 미군에 큰 승리를 거뒀다.

**2 레오폴트 폰 랑케, 『라틴과 게르만 민족의 역사』에서**
랑케는 엄격한 사료 비판을 통한 실증주의 역사학을 제창해 '근대 역사학의
아버지'로 불린다.

# 1880년대

1881~1890

조선은 개화를 시작하고,
열강은 식민지 쟁탈전에 본격적으로 나서다
—— I ——

# 1880년대의 한국과 세계

**조선은 개화를 시작하고, 열강은 식민지 쟁탈전에 본격적으로 나서다**

1880년대 들어 제국주의 열강은 아시아와 아프리카를 무대로 본격적인 식민지 쟁탈전에 돌입했다. 영국은 이집트와 버마, 남아프리카 지역을 침략했고, 프랑스는 북서아프리카와 인도차이나 지역을 공략했다. 열강 내부에서는 자본주의의 발달과 더불어 노동 운동과 사회주의운동이 점차 세를 늘려 갔다.

한편 동아시아의 일본과 청나라는 국가의 존립을 위해 한시바삐 열강을 따라잡으려 안간힘을 썼다. 일본은 서구의 민주주의 제도인 헌법과 국회를 도입했으며, 청나라도 근대식 해군의 창설에 막대한 예산을 쏟아부었다.

조선에서는 개화파와 수구파 사이의 갈등이 임오군란과 갑신정변으로 폭발했으나, 청나라와 일본의 간섭이 더욱 커지는 결과만 초래했다. 또한 외국, 특히 일본과의 교역이 늘어남에 따라 곡물이 해외로 빠져나가 많은 조선인이 굶주리는 일도 벌어졌다. 이러한 와중에도 사회 여러 부문의 근대화는 끊이지 않고 계속됐다. 최초의 근대식 학교와 병원이 세워졌으며, 신문이 발행되고 전선이 개통됐다.

| | | |
|---|---|---|
| 일본에 조사시찰단 파견 | **1881**년 | 러시아, 알렉산드르 2세 암살 |
| 청나라에 영선사 파견 | | |
| 임오군란 발발 | **1882**년 | 미국, 중국인이민금지법 제정 |
| | | 삼국동맹 결성 |
| 태극기를 국기로 제정 | **1883**년 | 크라카타우섬 화산 폭발 |
| 조선 최초의 신문 『한성순보』 창간 | | |
| 갑신정변 발생 | **1884**년 | 『끊을 수 없는 끈』 창간 |
| | | 청·프랑스전쟁 |
| | | 베를린회의에서 아프리카 분할 원칙 합의 |
| 최초의 서양식 국립 병원 제중원 설립 | **1885**년 | 후쿠자와 유키치, 「탈아론」 |
| 영국, 거문도 불법 점령 | | 인도국민회의 결성 |
| 신식 학교인 이화학당과 육영공원 설립 | **1886**년 | 미국, 헤이마켓 사건 |
| | | 코카콜라 시판 |
| 경복궁 최초 전깃불 가설 | **1887**년 | 에스페란토어 탄생 |
| 남로전선 개통 | **1888**년 | 헤르츠, 전자기파의 존재 입증 |
| | | 청나라, 베이양함대 창설 |
| 함경도에서 방곡령 선포 | **1889**년 | 대일본제국헌법 공포 |
| 조선 최초의 영어사전 및 문법책 출간 | | 제2인터내셔널 결성 |
| | **1890**년 | 미국, 운디드니 학살 |

## 영남 유생들이 개화를 비판하는 만인소를 올리다

2월 26일, 퇴계 이황의 후손인 이만손을 중심으로 한 경상도 안동·상주 등의 유생들이 개화를 비판하는 영남만인소를 올렸다(1821년 참조). 『조선책략』(1880년 참조)이 널리 유포되고 고종도 이에 관심을 보인 것에 위기감을 느꼈기 때문이다. 유생들은 미국과 일본도 오랑캐이니 손잡아서는 안 되며, 성리학의 가르침을 따르는 위정척사(衛正斥邪)의 길을 걸어야 한다고 역설했다.

이만손은 귀양을 갔지만 위정척사 운동은 다른 지역의 유생들에게 확산됐다.

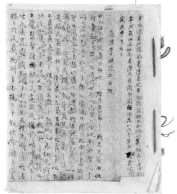

영남만인소

**1 조사시찰단** | 조사시찰단은 오랫동안 신사유람단(벼슬아치들이 한가로이 돌아다닌다는 뜻)으로 불렸다. 고종은 개화에 반발하는 여론 때문에 조사시찰단이 공식 시찰단으로 비치지 않도록 노력했다. 최근 역사학계에서는 사실상 정부 차원의 공식 출장임을 감안해 신사유람단 대신 조사시찰단이나 '1881년 일본시찰단'으로 부르고 있다.

## 일본에 조사시찰단을 파견하다

4월 10일, 박정양·어윤중을 비롯한 조사 12명과 수행원 등 62명으로 이뤄진 조사시찰단[1]이 동래에서 일본으로 떠났다. 시찰단은 일본 정부의 부처별 현황을 조사하고 세관, 포병공창, 박물관 등을 돌아봤다. 이들은 귀국 후 통리기무아문의 요직에 임명돼 개화를 추진하는 주축 세력으로 활동했다.

## 별기군을 창설하고 5군영제를 폐지하다

4월, 조선은 5군영제[2]를 폐지하고 신식 군대인 별기군을 창설했다. 5군영을 무위영과 장용영의 2영으로 개편하고, 무위영 소속으로 별기군을 창설한 것이다. 일본군 소위가 교관[3]을 맡아 양반 자제 80명(임오군란 때는 400명으로 늘어남)에게 사관생도 교육을 실시했다. 급료 등에서 별기군을 우대하고, 5군영을 2영으로 줄이는 군제 개편으로 많은 군인이 일자리를 잃어 이른바 구식 군대의 원성을 샀다.

별기군

**2 5군영** | 훈련도감, 어영청, 수어청, 금위영, 총융청. 조선 후기에 서울과 그 외곽을 방어하는 근간이었다

**3 일본군 교관** | 이 때문에 왜별기(倭別技)로 불렸다.

## 청나라에 영선사를 파견하다

9월 26일, 영선사 김윤식과 유학생 등을 비롯한 83명이 서구 과학 기술과 무기 관련 기술을 배우기 위해 청나라로 떠났다. 유학생들은 1882년 1월 텐진[天津]기기국에 배속돼 군사 지식과 자연과학 등을 배웠다. 그러나 유학생 중 19명이 질병 등의 문제로 중도 귀국하고 임오군란으로 대원군이 재집권하면서 재정 지원이 줄어 깊이 있는 학습을 한 유학생을 많이 길러 내기는 어려웠다. 유학생들은 1882년 11월까지 귀국했다.

## 알렉산드르 2세가 암살되다

3월 13일, 러시아의 차르 알렉산드르 2세가 인민주의자 조직인 '인민의 의지' 단원들이 던진 폭탄에 살해됐다. 인민주의자들은 차르 체제를 타도하고 농민에게 토지를 나눠 주기 위해 혁명 운동에 나선 지식인들이었다. 이들은 브나로드[1] 운동이 실패한 뒤 테러를 새로운 투쟁 방법으로 채택하고 차르를 제1의 공격 목표로 삼았다.

인민주의자들은 네 차례 이상 알렉산드르 2세의 암살을 시도했으며, 이날의 폭탄 테러로 마침내 목표를 달성했다. 차르는 프랑스의 나폴레옹 3세가 선물한 방탄 마차에 타고 있어 첫 번째 폭탄에는 무사했지만, 호위병들의 상태를 살피기 위해 마차에 내리자마자 날아든 두 번째 폭탄에 목숨을 잃었다.

알렉산드르 2세의 암살

1 브나로드 | 러시아어로 '인민 속으로'라는 뜻이다. 농민들이 혁명의 주역이 될 것이라 믿은 지식인들이 농촌으로 내려가 계몽 운동과 정치 선전을 펼쳤으나 농민들의 외면으로 뚜렷한 성과를 거두지는 못했다.

## 전차 운행이 시작되다

5월 16일, 독일 베를린에서 전차 운행이 시작됐다. 전차는 전기의 힘으로 도로 위의 궤도를 따라 움직이는 교통수단으로, 에른스트 베르너 폰 지멘스가 발명한 발전기의 원리를 이용했다.

지멘스의 전차

## 수단에서 마흐디 운동이 시작되다

6월 29일, 종교 지도자 무함마드 아마드가 오스만튀르크와 서구 열강의 간섭 아래 있던 수단의 독립과 이슬람으로의 회귀를 위해 '마흐디(구세자)'를 자처하며 저항 운동을 시작했다. 아마드가 이끄는 마흐디군은 정부군에 연이어 승리해 수단 전역을 차지한 뒤, 샤리아[2]를 국가의 유일한 법으로 선포했다. 그러나 1899년 9월 정부군의 지원 요청으로 개입한 영국군에 패해 몰락한다.

무함마드 아마드

2 샤리아 | 이슬람교의 경전인 『쿠란』을 바탕으로 한 법의 체계

3 관유물 불하 사건 | 홋카이도 개척 업무를 담당하는 관청인 개척사가 폐지돼 그 시설을 민간에 매각하는 과정에서 불거진 비리 사건

## 국회 개설의 조서가 공포되다

10월 12일, 일본 정부가 10년 뒤에 국회를 개설하겠다는 천황 명의의 조서를 발표했다. 7월 개척사 관유물 불하 사건[3]이 터져 국민 여론이 극도로 악화되자, 위기 돌파를 위해 자유민권운동 세력이 꾸준히 제기해 온 국회 개설 요구를 받아들인 것이었다. 이후 자유민권운동 세력은 자유당과 입헌개진당 등의 정당을 결성해 정치 참여에 나서지만, 정부의 탄압과 경제 불황으로 인해 점차 쇠퇴일로를 걷는다.

## 조선과 미국이 조미수호통상조약을 맺고 수교하다

# 구식 군인들이 개화에 반발해 임오군란을 일으키다

6월, 구식 군인들이 임오군란을 일으켰다. 13개월간 급료가 밀렸던 구식 군인들은 그나마 1개월치 급료로 받은 쌀에 겨와 모래가 잔뜩 섞여 있자 폭발했다. 이들은 부패한 민씨 정권의 핵심 인물들을 공격하고 일본공사관을 습격했다.

흥선대원군이 구식 군인들의 지지를 바탕으로 권좌에 복귀했지만, 청나라가 군대를 파견해 조선의 구식 군대를 제압하고 대원군을 납치했다. 그 결과 민씨 정권이 복귀했고, 청나라는 군대를 계속 주둔시키며 내정에 간섭했다.

도시 하층민이 합세한 데서도 드러나듯이 임오군란의 근원엔 민중을 배려하지 않은 일방적인 개화 정책에 대한 반발이 놓여 있다. 임오군란은 일본이 일시 후퇴하고 청나라의 영향력이 커지는 계기가 됐다.

1 구식 군인 | 대부분 한성부의 변두리인 왕십리, 이태원 등에 거주했다. 개항 후 쌀값 등이 폭등하자 이들은 채소를 기르기 위해 거주지 주변에 웅덩이를 파고 분뇨를 모았다. 이로 인해 파리가 많이 생겨 이들은 '왕십리 똥파리'로 불렸다.

불타고 있는 일본 공사관

## 제물포조약으로 289년 만에 조선 수도에 일본군이 들어오다

7월 17일, 조선과 일본이 제물포조약을 체결했다. 임오군란 때 공사관이 불타고 별기군 교관 등이 살해된 일본은 군함을 몰고 와 배상금 지불, 사죄 사절 파견 등을 요구했다. 조선은 이를 대부분 수용했다. 또한 공사관 경비 명목으로 일본군 1개 중대를 한성부에 배치하는 방안도 받아들였다. 이로써 임진왜란 이후 289년 만에 일본군이 조선 수도에 발을 디디게 됐다.

## 조청상민수륙무역장정으로 조선 수도에 청국 상인이 몰려오다

8월 23일, 조선과 청나라가 조청상민수륙무역장정(朝淸商民水陸貿易章程)을 체결했다. 이전에 외국 상인은 개항장에서 10리 이내에서만 장사를 할 수 있었지만, 조청상민수륙무역장정은 청나라 상인들에게 그 바깥에서도 장사를 할 수 있는 권리를 주었다. 이로써 도성 안에서 상점을 열 수 있게 된 청나라 상인들은 한성부로 몰려왔다. 아울러 청나라는 조청상민수륙무역장정에 "조선은 오랜 번속국", "속방"이라는 표현을 넣게 했다.

2 조청상민수륙무역장정 | 한국화교가 형성되는 계기가 됐다. 개항 이전에도 중국인이 한반도로 이주하는 경우가 있었지만 산발적이었다. 조청상민수륙무역장정 이후 청나라군에 군수품을 보급하기 위해 상인 40여 명이 들어온 것이 본격적인 한국 화교의 시작이었다. 화교들이 모여 산 차이나타운에서 탄생한 짜장면은 '국민 음식'이 됐다.

화교들의 차이나타운에서 탄생한 짜장면

유럽

## 결핵균을 분리하다

3월 24일, 독일의 의사 로베르트 코흐가 결핵환자로부터 결핵균을 분리해 냈다. 그는 1876년 배양액을 이용해 탄저균을 분리하고 그 세균을 쥐에 주입해 탄저병에 걸리도록 하는 실험에도 성공한 바 있었다. 코흐는 이러한 실험들을 통해 특정한 세균이 특정한 질병을 일으킨다는 사실을 밝혀 인류의 질병 치료에 크게 공헌했다.

로베르트 코흐

아메리카

## 미국이 중국인이민금지법을 제정하다

5월 8일, 미국 의회가 향후 10년간 중국인의 이민을 전면 금지하는 법안을 통과시켰다. 중국인들은 1848년 캘리포니아에서 금광이 발견돼 '골드러시'가 시작된 이후 미국에 건너와 광산과 대륙 횡단 철도 건설 현장 등에서 일해 왔다. 이들은 낮은 임금을 받으며 힘겨운 노동을 마다하지 않았기에 처음에는 환영받았지만, 점차 백인들의 일자리를 빼앗는 존재로 여겨져 미국 사회로부터 배척당하기 시작했다. 이 법을 계기로 '이민의 나라' 미국은 이제껏 유지해 온 자유 이민 정책을 포기하게 된다.

중국인이민금지법을 풍자한 만화
벽보에는 "공산주의자, 니힐리스트, 사회주의자, 페니언단원, 폭력배 환영. 그러나 중국인은 입장 불가"라고 적혀 있다.

유럽

## 독일, 오스트리아-헝가리, 이탈리아가 삼국동맹을 맺다

프랑스가 튀니지를 점령하자 오래전부터 튀니지에 눈독을 들여 온 이탈리아는 분노에 휩싸였다. 이에 5월 20일 독일 총리 비스마르크는 프랑스를 견제하고 고립시키기 위해 기존의 독일과 오스트리아-헝가리의 동맹(1879년 참조)에 이탈리아를 끌어들여 삼국동맹을 결성했다.

아프리카

# 이집트가 영국의 식민지가 되다

이집트는 1875년 오스만튀르크의 이집트 총독이 수에즈 운하를 영국과 프랑스에 완전히 팔아넘긴 이래 실질적으로 두 나라의 영향력 아래 있었다. 1881년 들어 유럽인들에 대한 이집트인의 반발과 저항이 거세어지자, 민족주의 성향의 우라비 파샤 대령이 "이집트는 이집트인에게"라는 구호를 내세우며 쿠데타를 일으켜 정권을 장악했다.

이에 영국은 함대를 파견해 1882년 7월 11일 알렉산드리아를 포격으로 초토화시키고, 9월 13일 우라비군을 최종적으로 굴복시켰다. 이집트는 이후 영국의 완전한 식민지로 전락한다.

우라비 파샤

태극기

1 원산학사 | 원산학사를 최초의 근대 학교로 보기 어렵다는 주장도 있다. 원산학사는 전통적인 향교 교육의 연장이자 과거 준비 기관의 성격이 더 강했다는 주장이다. 그러나 주로 기독교 계열에서 제기되는 이런 주장과 달리 일반적으로 원산학사를 최초의 근대 학교로 보고 있다.

### 태극기를 국기로 제정하다

1월 27일, 조선은 태극기를 국기로 선포했다. 최초의 태극기는 1882년 조미수호통상조약을 맺을 때 역관 이응준이 미국 배 안에서 만들었다.

### 조선 최초의 사진관이 들어서다

연초, 한성부에 사는 황철이 자기 집을 개조해 조선 최초의 사진관인 촬영국을 만들었다. 촬영국에서는 주로 초상 사진과 기록 사진을 찍었다.

### 최초의 근대 학교 원산학사가 세워지다

8월 28일, 함경도 덕원부사 정현석이 원산학사를 세웠다고 정부에 보고했다.
1880년 원산이 개항된 후 일본이 침투하는 것에 불안감을 느낀 덕원과 원산 주민들이 관료들과 힘을 합해 학교를 세운 것이다.
원산학사는 문예반과 무예반으로 나뉘었으며 산수, 농업 등 실용적 과목과 함께 『만국공법』 등도 가르쳤다고 한다. 원산학사는 최초의 근대 학교로 평가받고 있다.

**『만국공법(萬國公法)』**
미국 법학자 휘턴이 지은 권위 있는 국제법 교과서로 중국에서 활동한 미국 선교사 마틴이 1864년 한문으로 번역했다. 개항 후 조선에 들어온 이 책은 개화파에게 약소국이건 강대국이건 동등한 국제법적 권리를 누릴 수 있다는 희망을 안겨 줬다. 그러나 힘의 원리에 따라 움직이는 제국주의 현실에서 『만국공법』의 원칙은 무시되기 일쑤였다. 이 때문에 개화파 지식인 유길준은 1907년 "(만국)공법 천 마디가 대포 한 문만 같지 않다"라는 탄식을 하기도 했다.

## 조선 최초의 신문 『한성순보』가 창간되다

『한성순보』

10월 1일, 조선 최초의 신문인 『한성순보(漢城旬報)』 창간호가 나왔다. 열흘에 한 번씩 박문국에서 발간된 『한성순보』는 정부 정책을 알리는 관보이며 순한문 신문이었다. 『한성순보』는 청나라의 신문과 잡지를 번역해 서구의 과학 기술을 소개하는 등 개화에 우호적인 논조를 폈다. 고종과 개화파 관료들이 『한성순보』 발간을 추진한 이유는 개화에 반발해 민중이 거세게 저항했던 임오군란 같은 경험을 되풀이하지 않기 위해서였다.

## 크라카타우섬에서 대규모 화산 폭발이 일어나다

8월 26~27일, 지금의 인도네시아 크라카타우섬에서 끔찍한 규모의 화산 폭발이 있었다. 이 폭발로 섬의 대부분이 흔적도 없이 사라지고, 검은 재의 구름이 수십 킬로미터 상공까지 치솟아 주변 지역을 며칠간 암흑천지로 만들었다.

3000~4000킬로미터 떨어진 곳에서조차 그 폭발음을 들을 수 있었고, 40미터가 넘는 쓰나미가 3만 6000여 명의 인명을 앗아 갔다. 전세계로 퍼져나간 화산재는 태양 광선을 차단해 이듬해 지구 평균 기온을 1도 이상 떨어뜨린다.

크라카타우섬의 화산 폭발 재현도

## 러시아 최초의 마르크스주의 단체가 결성되다

9월, 게오르기 플레하노프를 비롯한 러시아 망명 지식인들이 스위스 제네바에서 러시아 최초의 마르크스주의 단체인 노동해방단을 결성했다. 플레하노프는 원래 인민주의자였으나 1880년 체포를 피해 스위스로 망명한 뒤 마르크스주의자로 전향했다. 그는 조직화된 산업노동자들(프롤레타리아트)만이 혁명을 주도할 수 있다는 마르크스의 사상을 러시아에 도입해, 훗날 '러시아 마르크스주의의 아버지'로 불리게 된다.

게오르기 플레하노프

## 오리엔트특급열차가 개통되다

10월 4일, 유럽 대륙 횡단 열차인 오리엔트특급열차가 첫 운행을 시작했다. 이 열차는 프랑스 파리에서 출발해 뮌헨, 빈, 부다페스트, 부쿠레슈티를 거쳐 이스탄불까지 2700여 킬로미터의 거리를 사흘 만에 주파했다.

오리엔트특급열차는 일반적인 교통수단이기보다는 호화 여행을 위한 열차였다. 개인 침실과 욕실, 고급 식당, 세련된 장식품 등 특급 호텔 못지않은 시설을 갖추고 있어 전 세계의 왕족과 귀족, 부유한 사업가들이 부의 과시와 사교 활동을 위해 이용했다.

오리엔트특급열차의
광고 포스터

갑신정변 주역들
왼쪽부터 박영효, 서광범,
서재필, 김옥균

1883년 미국에 파견된 사절단인
보빙사 일행
앞줄 왼쪽에서 첫 번째가 홍영식, 네
번째가 민영익, 다섯 번째가 서광범
이다. 미국에 함께 다녀온 홍영식·
서광범과 민영익은 갑신정변에서 적
으로 마주한다. 뒷줄 왼쪽에서 네 번
째는 유길준이다.

**1 우정국 낙성식** | 우정국은
역참제를 대신해 근대적 우편
행정을 담당한 관청이다. 낙
성식은 우정국 청사가 완공된
것을 기념하기 위한 행사였다.

**2 3일 천하로 끝난 갑신정변**
| 김옥균과 박영효는 일본으
로 망명했다. 일본 공사는 그
들을 조선 정부에 넘기려 했으
나, 이들이 탄 배의 선장인 쓰
지가 공사의 주장에 반대해 목
숨을 건졌다. 서광범과 서재
필은 일본을 거쳐 미국으로 갔
다. 그러나 홍영식은 국내에
서 살해됐다.

---

### 윤5월 15일, 청나라를 견제하고자 조선이 러시아와 수교하다

## 김옥균 · 박영효 등이 갑신정변을 일으키다

10월 17일, 김옥균·박영효·서재필·서광범·홍영식 등이 갑신정변을 일으켰다. 이들은 일본과 손잡고, 우정국 낙성식[1] 축하연장에 불을 지른 것을 신호로 민씨 정권의 주요 인물들을 살해했다. 김옥균 등은 고종과 명성황후의 신변을 확보한 후 새 정부 수립을 선포하고 14개조 정강을 발표했다. 정강에는 문벌 폐지, 인민 평등의 권리 제정, 재정 일원화 등의 내용이 담겼다. 이들의 모델은 일본을 근대 국가로 탈바꿈시킨 메이지유신이었다.

그러나 이들은 민씨 정권의 요청을 받은 청나라군에 패해 3일 만에 정권을 내줬다. 임오군란 후 조선에 주둔하던 청나라군 1500여 명은 예상 외로 발 빠르게 개입했다. 150여 명에 불과하던 일본군과 100명 남짓이던 조선인 무장 요원들은 청나라군을 당해 내지 못했다. 이로써 갑신정변은 3일 천하[2]로 막을 내렸다.

갑신정변은 양반 출신의 젊은 관료 세력이 위로부터 급진적으로 조선을 근대 국가로 만들려 한 시도로서, 최초의 근대적 개혁 운동으로 평가받고 있다. 그러나 이들은 평범한 백성과 함께할 생각은 하지 않았다. 이는 14개조 정강에 당시 백성을 괴롭히던 지주-소작제를 개혁하려는 내용이 담기지 않은 데서도 잘 드러난다. 백성의 힘을 모아 세상을 바꾸는 대신, 일본의 약속에 지나치게 의존했던 이들에게 백성들은 일본과 한패라며 적대감을 보였다.

## 조선이 한성조약을 맺고 일본에 사죄하다

11월 24일, 조선과 일본이 갑신정변의 후속 처리와 관련해 한성조약을 맺었다. 주요 내용은 조선이 일본에 공식 사과하고 보상금을 지급하며, 일본공사관을 새로 짓는 비용을 댄다는 것이었다. 조선은 일본으로 몸을 피한 김옥균 등을 돌려보낼 것을 요구했지만, 이는 받아들여지지 않았다. 일본이 제물포에서 무력시위를 하자, 조선은 이에 굴복해 요구를 일방적으로 받아들였다.

**유럽**

## 범이슬람주의 신문 『끊을 수 없는 끈』이 창간되다

3월 13일, 프랑스 파리에서 이슬람 사상가 자말 알딘 알 아프가니가 그의 제자 무함마드 아브두와 함께 『끊을 수 없는 끈』이라는 신문을 창간했다. 이 신문은 이슬람 세계에 대한 영국의 식민 지배를 비판하는 한편, 전 세계 무슬림의 통일된 이슬람제국을 건설해야 한다는 범이슬람주의 사상을 널리 홍보했다.

자말 알딘 알 아프가니

**아시아**

## 청나라와 프랑스가 베트남을 두고 전쟁을 벌이다

8월 23일, 청나라와 프랑스가 베트남의 지배권을 두고 전쟁을 벌였다. 이 전쟁에서 프랑스가 승리함에 따라 청나라는 베트남에 대한 종주권을 상실하고 베트남은 프랑스의 완전한 식민지가 됐다.

**유럽**

## 맥심 기관총이 발명되다

10월, 영국의 발명가 하이럼 맥심이 혁신적인 살상 무기를 세상에 내놓았다. 그의 이름을 딴 맥심 기관총은 1분에 약 600발의 탄환을 쏟아부어 적의 보병 부대를 궤멸시킬 수 있었다. 이 신무기는 서구 열강의 아프리카 식민화 과정 및 훗날의 제1차 세계대전(1914~1918년 참조)에서 그 살상력을 입증한다.

맥심과 맥심 기관총

**세계**

## 본초자오선이 그리니치 천문대를 기준으로 정해지다

10월 13일, 미국 워싱턴에서 열린 국제회의에서 영국의 그리니치 천문대를 지나는 자오선이 본초자오선으로 정해졌다. 이로써 경도 0도와 세계시[1]의 기준이 마련됐다.

1 세계시 | 전 세계 시간의 기준이 되는 시간. 일반적으로 세계 각지의 시간은 경도 0도를 기준으로 동쪽으로 15도 갈 때마다 1시간 빨라지고 서쪽으로 15도 갈 때마다 1시간 느려진다.

**유럽**

# 베를린회의에서 아프리카 분할의 기본 원칙이 마련되다

11월 15일, 독일 총리 비스마르크의 주재로 유럽 15개 나라 대표가 베를린에 모였다. 참가국들은 아프리카에서 열강들 사이에 무력 충돌이 벌어지는 것을 피하기 위해, 한 지역을 실질적으로 지배하고 있는 국가가 그 지역에 대한 우선권을 갖는다는 원칙에 합의했다.

이로 인해 열강들은 다른 나라보다 한발 먼저 식민지를 확보하는 데 혈안이 됐고, 훗날 아프리카의 국경선이 현지 주민들의 민족과 문화를 무시한 채 그어지는 결과를 가져온다.

베를린회의

## 최초의 서양식 국립병원인 제중원이 설립되다

제중원

2월 29일, 최초의 서양식 국립병원인 제중원이 세워졌다.[1] 고종이 선교사이자 의사인 미국인 알렌의 건의를 받아들여 제중원을 세웠다. 알렌은 갑신정변 당시 개화파의 공격으로 중상을 입은 민영익(명성황후의 조카)의 목숨을 구해 주어 왕실과 가까워졌다.

제중원의 경비를 부담하고 운영의 총책임을 맡은 것은 조선 정부였지만, 진료는 서양인이 맡았다. 1886년에는 부속 의학교를 세워 서양 의학이 조선에 정착하는 데 중요한 역할을 했다.

**1 제중원** | 처음에 광혜원이라 불리다가 개원 12일 후 백성을 구제한다는 뜻의 제중원으로 바뀌었다.

## 영국이 러시아를 견제하고자 거문도를 불법 점령하다

3월 1일, 영국이 거문도를 불법 점령했다. 영국은 거문도를 해밀턴항이라 부르고 요새를 구축했다. 얼지 않는 항구를 노리는 러시아가 거문도로 남하할 것으로 예측하고 취한 조치였다. 영국은 페르시아(지금의 이란)와 아프가니스탄 등에서도 러시아와 대립해 왔다.

청나라가 중재에 나서 러시아로부터 거문도를 점령하지 않는다는 약속을 이끌어 내자, 영국은 1887년 2월 거문도에서 철수했다. 이 과정에서 조선은 아무런 역할도 하지 못했고, 사태를 중재한 청나라의 영향력은 더 강해졌다.

거문도 사건과 영국·러시아의 대립

## 텐진조약으로 청군과 일본군이 모두 물러가다

3월 4일, 청나라 대표 리훙장과 일본 대표 이토 히로부미[伊藤博文]가 청나라 텐진에서 갑신정변 사후 처리를 위한 조약을 맺었다(텐진조약). 두 나라는 4개월 이내에 조선에서 군을 철수시킨다는 것과 장래 조선에 변란이 발생해 어느 한 나라가 파병하게 될 경우 사전에 상대국에 알리며, 사건이 해결되면 즉시 철수한다는 것을 핵심으로 하고 있다.[2]

텐진조약으로 일본은 유사시 조선에서 청나라와 대등한 위치에 설 수 있는 조건을 확보했다. 이 조약은 베트남에서 프랑스와 분쟁 중이던 청나라의 상황을 활용해 일본이 거둔 외교적 승리로 평가된다.

**2 텐진조약과 청일의 속셈** | 1894년 동학농민군에게 밀리던 조선 정부가 청나라에 파병을 요청하자, 일본은 이 조항을 근거로 조선에 군을 보내 청일전쟁을 일으켰다.

## 후쿠자와 유키치가 「탈아론」을 쓰다

3월 16일, 일본의 개화사상가 후쿠자와 유키치가 「탈아론(脫亞論)」이라는 논설을 써 일본의 제국주의화와 아시아 침략에 대한 사상적 기반을 마련했다. 서구화는 피할 수 없는 시대의 대세이기에, 일본이 나아갈 길은 중국, 조선 등의 아시아에서 벗어나 서구 열강의 일원이 되는 것뿐이라는 주장이다.

1만 엔권 지폐에 등장하는 후쿠자와 유키치

## 인도국민회의가 결성되다

12월 28일, 인도의 영국 식민 당국은 식민 통치에 대한 불만을 가라앉히기 위해 인도인들의 대표 기관인 인도국민회의를 설치했다. 초기에는 지주, 상인, 지식인 등 상류층이 주로 참여해 영국의 식민 지배를 지지하는 입장을 보이지만, 1905년 벵골분할령 이후에는 반영 민족 운동을 주도하게 된다.

## 가솔린 자동차가 만들어지다

독일의 기술자 카를 벤츠가 가솔린(휘발유)을 연료로 사용하는 자동차를 발명했다. 페이턴트 모터바겐이라는 이름의 이 자동차는 공기와 가솔린의 혼합 가스를 엔진 속에서 폭발시켜 동력을 얻었고, 시속 16킬로미터의 속도로 달릴 수 있었다.

페이턴트 모터바겐

## 현대식 자전거가 탄생하다

영국의 자전거 제조업자 존 켐프 스탈리가 안전 자전거를 개발했다. 기존의 자전거는 앞바퀴가 매우 크고 안장이 높아 탑승자가 다치는 일이

기존의 자전거와 새로운 안전 자전거

잦았지만, 안전 자전거는 앞바퀴와 뒷바퀴의 크기가 비슷하고 안장의 높이가 낮아 사고의 위험을 크게 줄였다. 또한 다이아몬드형 프레임을 채택하고 체인을 통해 페달의 동력을 뒷바퀴에 전달하는 등 현대식 자전거의 원형이 됐다.

## 니체가 『차라투스트라는 이렇게 말했다』를 쓰다

독일의 철학자 프리드리히 니체가 『차라투스트라는 이렇게 말했다』를 쓰기 시작했다. 니체는 "신은 죽었다"라는 표현을 통해 크리스트교 문명의 몰락과 새로운 시대의 도래를 선언하고, 사람들에게 삶의 허무로부터 도망치지 말고 정면으로 맞설 것을 요구했다.

프리드리히 니체

## 노비 세습과 매매를 금지하다

3월 11일, 정부가 노비 세습과 매매를 금지했다. 부모가 노비이면 그 자녀도 자동적으로 노비가 되고, 노비를 물건처럼 취급해 사고팔던 관행을 없앤 것이다. 빚을 못 갚은 사람을 노비로 만드는 것도 금지했다. 이로써 현재 노비 신분인 사람에게만 노비제를 적용하게 되었다.

조선 전기에는 부모 중 한쪽만 노비여도 그 자손을 노비로 삼았다. 이로 인해 노비가 늘고, 세금과 부역을 담당하는 양인(良人)[1]이 줄었다. 게다가 조선 후기에 노비가 도망가거나 돈을 내고 노비 처지에서 벗어나는 일이 늘면서 신분제가 흔들렸다.

이에 부담을 느낀 정부는 순조 때인 1801년 공노비 중 왕실과 중앙 관청에 속한 이들을 해방시켜 양인으로 만들었다. 그에 이어 여전히 노비[2]로 남아 있던 사노비와 지방 관청의 공노비를 대상으로 세습과 매매를 금지하는 조치를 취한 것이다.

**1 양인** | 조선 전기의 양천제(良賤制)에서 양인은 노비가 아닌 모든 사람을 가리켰다. 그러나 조선 후기에 양반, 중인, 양인, 천인의 4신분제로 바뀌면서 양인은 평민을 의미하는 말로 바뀌었다.

**2 노비** | 공노비는 왕실과 관청에 예속된 노비이고, 사노비는 개인에게 예속된 노비를 말한다. 노는 남자 종, 비는 여자 종을 뜻한다.

**절두산 순교 기념성당**
절두산은 서울 마포구 한강변에 있으며, 1866년 흥선대원군의 명에 따라 가톨릭 신자들의 목을 자른(切頭) 곳이다. 가톨릭교의 성지다.

**3 최혜국 조항** | 조약에서 한 나라(A)가 다른 나라(B)에 해 준 가장 유리한 대우를, 또 다른 조약을 맺는 상대국(C)에도 해 주도록 규정한 조항. 먼저 산업화한 나라들이 그렇지 못한 나라들을 침략할 때 즐겨 사용한 조항이다.

## 가톨릭이 포교권을 얻다

가톨릭이 종교 활동을 자유롭게 할 수 있는 포교권을 얻었다. 프랑스가 5월 3일 체결된 조불수호통상조약에 담긴 '교회'라는 말이 포교권을 인정하는 내용이라고 주장하자 조선이 이를 받아들인 것이다. 그 후 다른 나라들이 최혜국 조항[3]을 내세워 같은 권리를 요구해 개신교도 포교권을 인정받는다.

### 신식학교인 이화학당과 육영공원이 설립되다

서양식 학교인 이화학당과 육영공원이 한성부에 세워졌다.

이화학당은 4월 28일 미국 여선교사 스크랜턴이 세운 조선 최초의 근대식 여학교다. 여성들에게 영어, 성경, 한글을 가르친 데서 드러나듯이 교육과 선교를 병행했다. 8월에는 한국 최초로 교복을 제정했다. 러시아제 천으로 만든 붉은색 치마저고리였다.

육영공원은 고종이 6월 17일 외국어 교육 기관을 설립할 것을 명한 후 세워진 관립 학교다. 현직 관료와 양반 자제 중에서 학생을 선발했고, 만국지리 등도 가르쳤지만 교육은 주로 영어를 중심으로 이뤄졌다.

**아시아**

**1월 1일, 버마**(지금의 미얀마)**가 영국과의 전쟁에서 패해 식민지가 되다**

**아메리카**

## 세계노동절의 기원이 된
## 헤이마켓 사건이 벌어지다

헤이마켓 사건

5월 1일 미국의 노동자들이 하루 8시간 노동제의 도입을 요구하며 전국적인 총파업에 돌입한 가운데, 5월 4일 시카고의 헤이마켓 광장에서 전날 경찰의 발포로 파업 노동자들이 사망한 데 항의하는 대규모 시위가 벌어졌다. 경찰이 시위대를 해산시키는 과정에서 정체불명의 괴한이 폭탄을 터뜨려 7명이 죽고 수십 명이 다쳤다. 경찰은 즉각 노동 운동 지도자와 아나키스트[1] 8명을 주모자로 체포했고, 법원은 뚜렷한 증거도 없이 이들에게 사형과 징역형을 선고했다.

훗날 제2인터내셔널(1889년 참조)은 이들의 투쟁과 희생을 기리기 위해 5월 1일을 세계노동절로 정하고, 전 세계 노동자들의 연대와 단결을 위한 날로 삼는다.

1 아나키스트 | 모든 제도화된 권력과 정치 조직, 사회적 권위를 부정하려는 사상 및 태도를 지닌 사람

**아메리카**

## 코카콜라가 탄생하다

5월 8일, 미국의 약사 존 펨버턴이 코카 잎과 콜라 열매를 주원료로 한 코카콜라를 제조해 판매하기 시작했다. 캐러멜을 함유해 검은빛을 띠고 인산이 들어가 톡 쏘는 맛을 내는 것이 특징이었으며, 펨버턴의 '비밀 제조 공식'에 따라 만들어진다고 알려졌다. 처음에는 건강을 위한 음료로 홍보됐지만 주원료인 코카 잎에는 마약인 코카인 성분이 포함돼 있었다. 코카 잎은 훗날 원료에서 제외된다. 카카오콩의 꼬투리 모양에서 착안해 디자인한 코카콜라 병은 미국 문화와 자본주의 세계화의 상징으로 자리 잡는다. 오늘날 전 세계에서 하루 10억 병 이상 판매되고 있다.

코카콜라 병의 초기 디자인

**아메리카**

## 자유의 여신상이 세워지다

10월 28일, 프랑스가 미국의 독립 100주년을 축하하기 위해 선물한 자유의 여신상이 뉴욕항 입구의 리버티섬에서 그 위용을 드러냈다. 여신상은 전 세계 7개 대륙을 상징하는 7개의 뿔이 달린 왕관을 쓰고 있으며, 오른손에 "세계를 밝히는 자유"를 의미하는 횃불을 치켜들고 왼손에 "1776년 7월 4일"이라는 날짜가 새겨진 독립선언서를 들고 있다.

자유의 여신상 제막식

## 경복궁에 최초로 전깃불이 들어오다

경복궁 건청궁
전깃불 점등식을 한 곳

1월 26일, 경복궁에 조선 최초로 전깃불이 들어왔다. 이날 경복궁 안 건청궁에서는 백열등 2기의 점등식이 열렸다. 경복궁 안 향원정 연못에서 끌어올린 물로 발전기를 돌려 전기를 만들고, 이것으로 백열등을 밝힌 것이다. 이 발전기의 용량은 16촉 백열등 750개를 켤 수 있는 규모였다.

발전기를 설치하고 전등을 가설하는 작업은 미국 에디슨전등회사의 윌리엄 멕케이가 맡았다.

1883년 미국에 보빙사로 파견됐던 민영익과 홍영식 등이 돌아와서 발전소 건설을 건의했고, 고종이 이를 받아들여 에디슨전등회사에 작업을 맡긴 것이다.

조선에 전깃불이 들어온 것은 1879년 에디슨이 백열등을 발명한 지 8년 만이다.

### 전깃불의 별명들

밤에도 주변을 밝게 만드는 전깃불을 처음 봤을 때 사람들은 신기해했다. 이 때문에 전깃불은 다른 이름들을 얻게 됐다. 우선 사람들은 묘한 불이란 뜻으로 전깃불을 '묘화(妙火)'라고 불렀다. 또 성능이 완전하지 못해 자주 전등이 꺼지고 그 때문에 비용이 많이 들자 꼭 건달 같다 하여 '건달불'이라고도 불렀다. 연못 물로 만들었다 하여 '물불', 연못 물로 발전기를 돌린 탓에 수온이 올라가 연못의 물고기가 떼죽음을 당하자 '증어(蒸魚, 물고기를 끓인다는 뜻)'로도 불렀다. 이와 함께 발전기를 돌리는 요란한 소리가 밤새 끊이지 않아 궁궐에 사는 사람들이 한동안 짜증이 늘었다는 이야기도 있다.

## 청, 조선의 외교 자주권을 뺏으려 하다

**1 청이 요구한 세 가지 조건 |**
▶조선 공사가 해당국에 도착하면 먼저 청나라 공사관에 가서 알리고, 청나라 공사와 함께 해당국 외교부서로 갈 것
▶공식석상에서 조선 공사는 반드시 청나라 공사의 뒤를 따를 것
▶큰일을 처리할 때 조선 공사는 청나라 공사와 협의한 뒤 지시를 따를 것

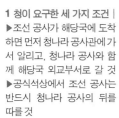

위안스카이

5월 16일, 고종은 민영준과 김가진을 일본에 파견했다. 그러자 청나라는 '속방(屬邦)'인 조선이 자신들에게 알리지도 않고 사신을 보냈다며 조선을 질책했다. 그러나 고종은 사절 파견 의지를 굽히지 않았다.

외교권을 뺏으려는 청나라와 조선의 갈등은 박정양 문제에서 다시 드러났다. 6월 29일, 고종은 박정양을 주미전권공사로 임명했다. 청나라는 처음에는 파견 자체를 방해하다가 나중에는 받아들이되 외교권을 제한하는 쪽으로 방법을 바꾸었다. 그러면서 조선이 지켜야 할 세 가지 조건(삼단)을 제시했다.

그렇지만 박정양은 청나라의 요구를 무시하고 독자적으로 미국과 교섭했다. 그러자 위안스카이는 박정양에게 죄를 물어야 한다고 끈질기게 요구해 결국 조선 정부는 박정양을 국내로 소환해야 했다.

조선은 위안스카이를 청나라로 데려가라고 요구했지만, 청나라는 이에 응하지 않았다.

유럽

## 국제 공통어 에스페란토가 탄생하다

7월 26일, 러시아령 폴란드의 의사 루도비코 자멘호프가 세계인이 함께 쓸 수 있는 새로운 언어인 에스페란토를 만들었다. 그가 태어나 자란 곳은 폴란드인, 독일인, 러시아인, 유대인이 한데 뒤섞여 살던 지역이었다. 자멘호프는 민족들 사이의 적대와 차별이 언어의 차이에서 비롯된다는 생각에 19세 때 이 언어의 기본 형식을 만들었고, 이를 보완해 28세에 발표한 것이었다.

"희망하는 사람"이라는 뜻의 '에스페란토'는 원래 자멘호프가 사용한 필명이었다. 에스페란토의 보편어, 국제어적인 성격 때문에 공산주의자로 몰려 박해를 받을 것을 우려해 필명을 사용했던 것이다.

에스페란토는 소리 나는 대로 적으며 문법이 매우 단순하고 규칙적이어서 누구나 쉽게 배울 수 있었다. 그래서 세계 평화와 만인 평등을 지향하는 전 세계 지식인들에게 큰 호응을 얻었다. 1889년 최초의 에스페란토 잡지가 출간되고, 1905년 프랑스 불로뉴에서 제1회 세계에스페란토대회가 열린다.

루도비코 자멘호프
"내가 태어나 자란 곳에는 4개의 민족이 함께 살았는데, 서로가 서로에게 적대감을 갖고 있었다. 나는 이것이 언어의 차이 때문이라고 생각했고, 어른이 되면 반드시 이 문제를 바로잡겠다고 다짐했다."

아시아

## 프랑스령 인도차이나가 만들어지다

10월, 프랑스가 일찍이 청·프랑스전쟁(1884년 참조)으로 차지한 베트남과 새로이 병합한 캄보디아를 통합해 프랑스령 인도차이나라는 식민지를 설치했다. 1893년에는 시암(지금의 타이)과의 전쟁에서 승리해 빼앗은 라오스도 여기에 포함시켜, 인도차이나반도 전역을 지배하게 된다.

프랑스령 인도차이나

유럽

## 코넌 도일이 「셜록 홈스」 시리즈를 쓰기 시작하다

영국의 추리 소설 작가 코넌 도일이 「셜록 홈스」 시리즈의 첫 번째 작품인 『주홍색의 연구』를 발표했다. 명탐정 셜록 홈스와 그의 친구 왓슨 박사가 다양한 범죄 사건을 해결하는 이 시리즈는 4편의 장편소설과 56편의 단편소설로 출간돼 전 세계인의 사랑을 받는다.

『주홍색의 연구』의 삽화

초기의 무선전신

러시아에 개방된 경흥부

## 5월 27일, 한성–공주–전주–대구–부산으로 이어지는 남로(南路)전선이 개통되다

### 조선이 러시아와 육로통상장정을 체결하다

7월 13일, 조선과 러시아가 육로통상장정(일명 '두만강 국경 지역의 통상에 관한 규정')을 체결했다. 국경 지대인 경흥부를 러시아에 교역장으로 추가 개방하고, 러시아인에게 경흥부에서 100리 이내는 마음대로 여행할 수 있는 권리를 준다는 것을 골자로 하고 있다(경흥부는 1889년 개방된다).

이에 앞서 1884년 수호통상조약 체결을 통해 제물포, 원산, 부산, 한성부, 양화진이 러시아에 이미 개방된 상태였다. 다른 서양 국가들과 달리 조선과 국경을 접했던 러시아는 두만강 연안 100리를 모두 개방할 것을 요구했다. 러시아인에게 특권이 부여된 개항장으로서 평양을 열라는 요구도 제시했다. 그러나 조선은 평양 개항 요구를 받아들일 생각이 없었다. 청나라도 러시아를 방해하면서 추가 개방지는 경흥부 한 곳으로 제한됐다.

거문도 사건(1885년 참조) 등으로 인해 조선 진출에 제동이 걸렸던 러시아는 육로통상장정을 통해 조선에서 확고한 세력을 구축하게 됐다. 또한 조선인도 러시아 영토 내에서 이곳저곳 다니며 통상을 할 수 있게 됐다.

조선 정부가 러시아와 육로통상장정을 맺은 까닭은 러시아를 이용해 청나라의 내정 간섭에 맞서기 위해서였다.

### 함경도 곳곳에서 농민들이 들고일어나다

7월, 함경도 영흥에서 전·현직 부사의 탐욕과 잘못된 정치를 견디다 못한 농민과 명화적(明火賊)이 봉기했다. 명화적은 나라가 혼란스러워져 살길이 막힌 농민들 중 일부가 변해 만들어진 도적 무리로, 19세기 후반에 집중적으로 나타났다. 영흥뿐 아니라 1888년 들어 초원, 북청, 길주 등 함경도의 다른 지역에서도 연이어 농민들이 들고일어났다. 그러나 각지에서 봉기한 농민들이 서로 연결해 공동 행동을 취하지는 않았다.

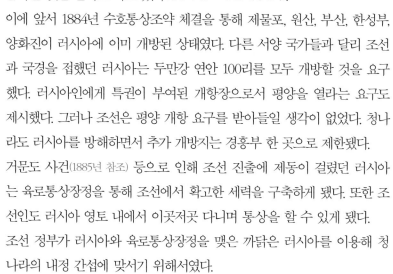

유럽

## 9월, 벨기에의 스파에서 세계 최초의 미인 대회가 열리다

아메리카

## 『내셔널지오그래픽』이 창간되다

10월, '지리학 지식의 확대와 보급'을 기치로 설립된 미국국립지리학회가 『내셔널지오그래픽』이라는 잡지를 펴내기 시작했다. 이 잡지는 해저와 우주, 야생 동물의 세계 등에 대한 풍부한 설명과 총천연색 사진, 정밀한 지도를 포함하고 있어 미국만이 아니라 해외에서도 선풍적인 인기를 얻는다. 오늘날 전 세계 32개 언어로 매달 약 900만 부가 간행되고 있다.

유럽

# 독일에서 헤르츠가 전자기파의 존재를 입증하다

11월 13일, 독일의 물리학자 하인리히 루돌프 헤르츠가 전자기파를 만들어 내고 그 속도를 측정했다. 헤르츠의 실험은 1864년에 나온 제임스 맥스웰의 이론을 입증한 것이었다. 맥스웰은 전기와 자기가 동일한 것이며, 빛 또한 전자기의 한 형태라고 주장한 바 있다.

하인리히 루돌프 헤르츠

아시아

## 청나라가 베이양함대를 창설하다

12월 17일, 청나라가 22척의 군함으로 이뤄진 동아시아 최대 규모의 베이양(북양)함대를 창설했다. 청나라 정부는 1875년 근대적인 해군을 설치하기로 결정하고, 북양, 동양, 남양에 3개의 함대를 만들되 그중 베이양함대를 먼저 창설하기로 했었다. 창설의 책임은 직례총독 리훙장이 맡았다. 그는 철갑선 딩위안, 전위안 등 수십 척의 군함을 외국에서 도입하고, 해군 장교를 육성하기 위해 유학생을 파견했다.

그러나 베이양함대는 막강한 위세에도 불구하고 많은 문제점을 갖고 있었다. 해군에 책정된 예산이 다른 곳에 쓰여 새로운 군함의 도입이 중단됐고, 군인들의 훈련과 규율이 부족했다. 또한 다른 2개 함대와 별개의 지휘 체계를 갖춰 협동 작전에도 어려움이 많았다. 이는 결국 1894년의 청·일전쟁에서 베이양함대가 일본 해군에 참패하는 결과를 낳는다.

베이양함대의 철갑선 딩위안과 전위안

**1 방곡령** | 개항 후 다른 지역에서도 방곡령이 실시됐지만 1889년 함경도에서처럼 심각한 외교 문제로 번진 사례는 별로 없었다. 함경도의 방곡령이 외교 문제가 된 것은 도시화로 곡물 수요가 늘어난 일본이 1889년 대흉작을 겪었기 때문이다. 일본은 조선의 곡물을 값싸게 가져가 이 문제를 해결하고자 했다.

조병식

잡곡을 키질하는 젊은 조선 여인들

일본 어민

**2 일본 어민의 세금 문제** | 조선과 일본은 조일통상장정을 맺으면서 조선 연해에서 어업 활동을 하는 일본 어선에 대한 세금 문제를 2년 내에 풀기로 했다. 그러나 일본은 협상을 길게 끌면서 세금을 내지 않고 마음대로 어업을 했다.

## 함경도 관찰사 조병식이 방곡령을 선포하다

9월 15일, 함경도 관찰사 조병식이 방곡령[1]을 선포했다. 연이은 흉작으로 백성이 굶주리자, 1년간 일본에 대한 곡물 수출을 금지한 것이다.

방곡령은 본래 조선 후기부터 지방관이 흉년에 다른 지방으로 곡물을 유출하지 못하도록 직권으로 실시해 온 것이다. 그런데 개항 이후 일본으로 빠져나가는 곡물의 양이 늘면서 방곡령은 국가 간의 문제가 됐다. 이에 조선과 일본은 조일통상장정에 미곡 수출을 금지할 때는 시행 1개월 전에 알린다는 조항을 넣었다. 조병식도 이에 따라 방곡령 시행 사실을 일본에 미리 알렸다.

그러나 일본은 알린 지 1개월도 되지 않아 방곡령을 시행했다고 주장하며 조선을 압박했다. 이에 조선 정부가 방곡령 중단을 명했지만, 조병식은 더 강력하게 시행했다. 일본은 조병식을 처벌하고 손해배상을 하라고 요구했다. 결국 조선 정부는 1890년 조병식을 강원도 관찰사로 옮기게 하고, 1893년 일본에 배상하기로 합의한다.

## 함경도에 이어 강원도에서도 농민들이 들고일어나다

1888년 함경도에서 농민들이 들고일어난 데 이어, 1889년에는 강원도 정선, 낭천, 흡곡 등에서 농민들이 봉기해 군수와 아전 등을 공격했다. 이러한 고을별 농민 봉기는 1890년 경기도(안성), 경상도(함창), 전라도(나주)로 번진다.

## 조선이 일본과 불평등한 어업협정을 체결하다

10월 20일, 조선과 일본이 어업협정인 조일통어장정(朝日通漁章程)을 체결했다. 1883년 조일통상장정을 맺은 후 6년간 협상한 결과였다. 조일통어장정에 따라 일본 어민들은 조선의 바다(전라·경상·강원·함경 4도 해역)에서 어업을 하는 대신 조선에 세금을 내게 됐다. 그러나 일본 어민이 내는 세금은 수익에 비해 매우 적었다.[2] 일본 어민의 범죄를 조선이 아니라 일본 영사관이 처벌하도록 한 점도 문제였다.

## 언더우드가 조선 최초의 영어사전 및 문법책인 『한어자전』과 『한영문법』을 출간하다

## 대일본제국헌법이 공포되다

**아시아**

2월 11일, 일본 정부가 1881년에 약속한 대로 헌법을 제정해 공포했다(1881년 참조). 공식 명칭은 대일본제국헌법이며 제국헌법 혹은 메이지헌법으로도 불렸다. 독일 헌법을 참고해 만든 근대적 헌법이었지만, 천황이 국민들에게 하사하는 형식을 취했다. 이듬해에는 이 헌법에 따라 중의원과 귀족원의 양원으로 이뤄진 제국의회가 설치된다.

1 에펠탑 | 박람회가 끝난 뒤 프랑스의 많은 지식인과 예술가들은 에펠탑을 흉물이라며 철거해야 한다고 주장했지만, 지금은 파리를 상징하는 건축물이 됐다.

## 파리만국박람회가 개최되다

**유럽**

5월 6일, 프랑스혁명 100주년을 기념해 파리의 샹드마르스 광장에서 만국박람회가 열렸다. 프랑스가 제국으로서의 위용을 과시하기 위해 야심차게 준비한 행사였으며, 35개국이 참가해 각국의 최신 발명품과 이국적인 문물을 전시했다. 가장 눈에 띄는 전시품은 박람회장 입구에 세워진 300미터 높이의 에펠탑[1]이었다. 이전까지 전 세계에서 가장 높았던 건축물보다 2배나 더 높았고, 사용된 철의 무게만 해도 7300톤이나 됐다.

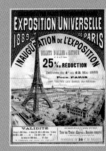

파리만국박람회의 포스터

## 고흐가 〈별이 빛나는 밤〉을 그리다

**유럽**

6월, 네덜란드의 화가 빈센트 반 고흐가 정신병원에서 〈별이 빛나는 밤〉을 완성했다. 그가 그린 밤하늘의 별빛은 실제와 다른 색채와 형태로 소용돌이치며, 별빛 자체만이 아니라 그것을 바라보는 화가 자신의 감정까지도 고스란히 전해 준다.

〈별이 빛나는 밤〉과 〈자화상〉
고흐는 경제적 궁핍과 극심한 정신 질환으로 고통받는 가운데서도 많은 아름다운 작품들을 그려 냈지만, 결국 1890년 7월 권총 자살로 불행한 삶을 마친다. 생전에는 그림 한 점 제대로 팔리지 않는 무명화가였으나, 20세기 들어 서구 미술사의 가장 위대한 화가 중 한 명으로 평가 받고 있다.

## 제2인터내셔널이 결성되다

**유럽**

7월 14일, 20개국의 사회주의 정당과 노동조합 대표들이 프랑스 파리에 모여 제2인터내셔널을 결성했다. 1876년 해산된 제1인터내셔널을 계승해 전 세계 사회주의 운동의 구심점을 마련하기 위한 것이었다.

## 닌텐도가 설립되다

**아시아**

9월 23일, 일본의 화가 야마우치 후사지로가 닌텐도곳파이라는 개인 상점을 열어 화투를 제작해 팔기 시작했다. 지금은 닌텐도라는 이름으로 세계 최대의 비디오 게임 제작사로 이름을 날리고 있다.

## 시전 상인들이 청나라 · 일본 상인 철수를 요구하며 시위를 하다

**1 시전 |** 고려와 조선의 도성 에 있었던 큰 가게

1월, 시전[1] 상인 수백 명이 청나라와 일본 상인들을 한성부에서 내보내라며 시위를 벌이고, 상점 문도 닫았다(철시). 시전이 아닌 다른 곳에서 장사하는 상인들과 일반 백성들도 이들과 함께 시위를 벌였다. 상인들은 1887년에도 철시를 한 적이 있다.

청나라 상인들은 조청상민수륙무역장정(1882년 참조) 이후 한성부에 진출해 상권을 장악했다. 일본 상인들도 조일수호조규속약 및 청나라와 같은 권리를 누리는 최혜국 조항을 통해 한성부에 속속 들어왔다. 조일수호조규속약은 1882년에 체결됐으며, 핵심은 일본 상인의 활동 범위를 개항장에서 100리까지 확대하는 것이었다. 개항장인 제물포를 기준으로 100리면 조선의 수도까지 닿는다. 청나라 상인들은 숭례문 일대, 일본 상인들은 남산 아래 진고개 일대를 거점으로 삼았다.

각각 500명이 넘는 청나라와 일본의 상인들이 진출하면서 설 자리를 점점 잃어 온 조선 상인들은 결국 집단행동을 택했다. 시위가 거세지자 청나라는 고종이 시위의 배후가 아니냐며 압박했고, 일본은 제물포로 군함을 보냈다. 정부는 요구를 들어주겠다며 시위대를 적극 설득했고, 이에 시위대는 일주일 만에 해산했다. 그렇지만 청나라와 일본 상인들은 물러가지 않았다.

종로 시전 거리

청나라 상인과 일본 상인의 거류지

### 일본 어민들이 제주에 와서 행패를 부리다

6월 20일, 일본 어민들이 제주도 배령리에 상륙해 주민을 살해했다. 이에 앞서 1887년에는 모슬포에서 닭과 돼지를 약탈하고 주민을 살상했다. 또한 이들은 잠수기선을 몰고 와 전복 등을 싹쓸이했다.

정부가 이에 단호하게 대처하지 않자, 주민들은 분노했다. 1891년 정부는 순심사 이전을 파견하지만, 주민들은 이전을 내쫓고 관청을 점거한다. 그리고 일본 어선의 어로 금지를 요구하게 된다.

그러나 같은 해에 일본 어선 수십 척이 건입포에 들어와 주민 16명을 살해하는 등 침탈은 계속된다.

## 비스마르크가 독일 총리에서 물러나다

3월 20일, 1862년에 프로이센의 총리가 된 이래 독일의 통일과 선진 공업국으로의 발전을 이끌어 온 오토 폰 비스마르크가 총리직에서 물러났다. 젊은 황제 빌헬름 2세와 여러 차례 정치적 충돌을 벌인 끝에 사실상 해임된 것이었다.

비스마르크는 대외적으로 서구 열강 사이의 동맹과 협상을 통해 전쟁을 방지하려는 정책을 추구했으나, 그의 사임 이후 빌헬름 2세는 공격적인 해외 진출과 제국주의 정책을 편다. 이로 인해 독일은 훗날 제1차 세계대전에서 국제적으로 고립되는 처지에 놓인다.

오토 폰 비스마르크

## 미국에서 셔먼 반독점법이 제정되다

7월 2일, 미국에서 독점[1] 기업의 부당한 횡포를 막기 위한 셔먼 반(反)독점법이 제정됐다. 이 법은 자유로운 교역을 가로막는 기업 연합을 규제하고, 한 기업이 특정한 산업 부문을 독점하는 것을 금지했다. 스탠더드오일을 비롯해 미국 경제를 지배하던 거대 독점 기업들이 각종 편법과 담합[2]을 통해 중소기업과 소비자들에게 커다란 피해를 주고 있었기 때문이다.

1 독점 | 한 개인이나 기업이 시장과 생산을 지배해 이익을 독차지하는 것

2 담합 | 한 산업 부문에 속한 기업들이 상품의 가격이나 생산량을 서로 은밀히 협의해 결정하는 것

## 운디드니 학살이 벌어지다

12월 29일, 미국 사우스다코타주 운디드니계곡에서 미군 제7기병대가 수족 원주민 200여 명을 무차별 학살했다. 당시 이 지역의 원주민들은 극도의 굶주림 속에서 '영혼의 춤'이라는 종교 의식에 심취해 있었다. 춤을 열심히 추면 죽은 조상들이 부활하고, 평원에 물소 떼가 넘쳐나며, 백인들이 모두 멸망하리라는 예언가 워보카의 가르침에 따른 것이었다.

미국 정부는 이러한 움직임이 반란으로 이어질 것을 우려해 군대를 파견했는데, 이를 피해 달아나는 원주민들을 체포하는 과정에서 참극이 벌어졌다. 이 사건 이후 미국에서 원주민들의 저항은 더 이상 찾아볼 수 없게 되고, 미국 전역은 온전히 백인들의 땅이 된다.

'영혼의 춤'을 추는 원주민들

1. 청나라에 잡혀간 흥선대원군을 즉시
   돌아오게 하며 청나라에 행하던 조공의
   허례는 폐지한다.

2. 문벌을 폐지해 인민 평등의 권리를 제정하고,
   능력에 따라 관리를 임명한다.

3. 지조법(地租法)*을 개정해 관리의 부정을 막고
   백성을 구제한다.

4. 내시부를 없애고 그중 우수한 인재는 등용한다.

5. 부정부패를 저질러 나라를 심하게 병들게 한
   사람에겐 죄를 묻는다.

12. 국내 재정에 속한 것은 모두 호조에서 관할한다.

14. 정부, 육조 이외의 불필요한 관직은
    모두 없앤다.[1]

1 14개조 정강에서
14개조 정강은 1884년 갑신정변 당시 김옥균을 비롯한 주도 세력이 제시한
국가 개혁 방안이다. 그러나 여기에 백성을 힘들게 하던 지주-소작제를 개선할
방안은 담겨 있지 않았다.

● 지조법 | 토지와 관련된 세금을 매기는 방법

우리는 이웃 나라의 개화를 기다려 줄 여유가
없다. 그들에게서 벗어나 서양의 문명국들을
따라가야 한다. 중국이나 조선을 대하는
방식도 이웃 나라이기 때문에 특별히 봐주는
것이 아니라 서양인이 이들을 대하는 것과
똑같이 해야 할 것이다.[1]

지난 수백 년 동안 크리스트교 세계가 이슬람
세계를 압도해 왔다는 사실을 부정하지는 않는다.
하지만 나는 언젠가 이슬람 사회가 자신의 구속을
모두 끊어 내고 서구를 따라 문명화의 길로 결연히
나아가리라는 것을 믿어 의심치 않는다.[2]

**1 후쿠자와 유키치, 「탈아론」에서**
후쿠자와는 제국주의 침략 속에서 일본이 살아남는 길은 스스로 제국주의
국가가 되는 것뿐이라고 주장했다.

**2 이슬람 사상가 자말 알딘 알 아프가니가 한 말**
아프가니는 이슬람교가 크리스트교보다 열등한 종교가 아니며, 이슬람 사회도
머지않아 서구와 같은 근대화를 이룰 수 있을 것이라고 주장했다. 그의 사상은
19세기 말과 20세기 초의 이슬람 근대화 운동에 큰 영향을 끼친다.

# 1890년대

1891~1900

조선에서 동학농민운동이 일어나고,
제국주의 국가들은 식민지 쟁탈전을 벌이다
—— l ——

# 1890년대의 한국과 세계

**조선에서 동학농민운동이 일어나고, 제국주의 국가들은 식민지 쟁탈전을 벌이다**

1890년대 들어 제국주의 국가들은 식민지 확장에 주력했다. 식민지를 자기 나라에서 생산된 공산품을 팔 시장으로 삼는 동시에 천연자원과 값싼 노동력을 가져다 쓸 수 있는 땅으로 만들고자 한 것이다. 그 과정에서 제국주의 국가들은 서로 충돌했다. 아프리카에서 땅따먹기에 열을 올리던 영국과 프랑스는 파쇼다에서 한판 힘겨루기를 했다. 신흥 강국 미국도 한때 세계를 주름잡았던 에스파냐를 상대로 한 전쟁에서 승리하며 뒤늦게 식민지 확보 경쟁에 뛰어들었다. 약한 나라를 지배하기 위한 쟁탈전은 동아시아에서도 무력 충돌로 이어졌다(청·일전쟁). 일본은 청나라를 가볍게 물리치며 동아시아의 강자로 떠올랐다. 조선 농민들은 아래로부터 새로운 조선을 만들고자 들고일어났지만(동학농민운동), 일본의 무력에 무릎을 꿇어야 했다. 청나라와 조선 농민군을 물리친 일본은 조선을 쥐락펴락할 수 있을 것이라 생각했다. 그러나 러시아가 일본에 제동을 걸었다. 청나라가 쫓겨난 조선을 놓고 일본과 러시아가 정면 대결하는 형국으로 바뀐 것이다. 이러한 상황에서 일본은 명성황후를 살해하는 무리수를 뒀다. 명성황후가 러시아를 끌어들여 일본을 견제했기 때문이다. 이에 러시아 공사관으로 몸을 피했던 고종은 궁으로 돌아온 후 대한제국을 선포했다.

## 청나라 밀무역에 뿔난 일본이
## 대동강 입구의 개항을 요구하다

일본이 개항을 요구한 철도

1 밀무역 | 세관을 거치지 않고 법을 어긴 채 몰래 하는 무역

2월, 일본이 대동강 입구에 있는 철도(鐵島)를 개항할 것을 요구했다. 또한 일본은 자국 상인들도 청나라 상인들처럼 평안도와 황해도 연안에서 무역을 강행하겠다고 으름장을 놓았다.

황해도와 평안도의 경계 지역에 있는 철도는 각 지역의 상선들이 평양으로 들어가는 통로로 황해도 황주목에 속했다. 철도는 국방 차원에서도 중요한 곳이었다. 1866년 제너럴셔먼호 사건이 발생한 후 박규수의 건의에 따라 평안도 용강현 동진과 철도에 진(鎭, 군사상 중요한 지역에 둔 지방 행정 구역)이 설치됐다. 일본이 이러한 철도를 개항하라고 요구한 것은 청나라 상인들의 밀무역[1] 때문이었다. 일본 상인보다 한발 늦게 조선에 들어온 청나라 상인 중 일부는 개항장이 아닌 평양을 근거지로 삼아 밀무역을 자행했다. 이를 부추긴 건 위안스카이였다. 위안스카이는 조선 해관(1878년 참조)이 청나라 병선(兵船)을 검사하지 못하게 해 밀수를 사실상 합법화하는 규정을 조선에 강요했다. 청나라에만 적용된 이 규정은 1888년부터 시행됐다. 조선은 청나라 사람들의 밀무역 천국이 됐고, 청나라 상인들은 공공연히 조선의 연안을 드나들며 밀수품을 점검하려는 해관원을 때리거나 민간인들에게 행패를 부렸다. 이러한 밀무역은 경제를 좀먹고 농민 생활을 더 어렵게 만들었다.

이처럼 청나라 상인들의 밀무역이 성행하면서 일본 상인들이 타격을 받자, 일본이 발끈해 청나라와 같은 특권을 달라고 요구한 것이다. 조선은 이를 받아들이지 않았다. 한편 청나라도 같은 달 철도 개항을 요구했지만 조선은 이 또한 거부했다.

### 6월, 한성과 원산을 잇는 북로(北路)전선이 개통되다

### 연안 경비용 군함을 구입하기로 결정하다

11월 17일, 정부가 평양 일대의 탄광을 담보로 해서 군함을 영국에 발주했다.

유럽

**8월, 프랑스와 러시아가 독일, 오스트리아–헝가리, 이탈리아의
삼국동맹**(1882년 참조)**에 맞서 동맹을 맺다**

아시아

## 이란에서 국왕과 외세에 반대하는 담배 불매 운동이 벌어지다

12월, 종교 지도자 미르자 하산 쉬라지가 담배 흡연을 금지하는 파트와(종교 법령)를 선포해 전국적인 담배 불매 운동이 불붙었다. 나세르 알딘 국왕이 영국인 제럴드 탤벗에게 이란에서 담배 판매를 독점할 수 있는 권한을 넘겨주자, 4월부터 담배 농가와 상인들이 격렬한 저항에 나선 터였다.

파트와가 선포돼 대부분의 이란인이 담배를 끊고 국왕과 영국에 반대하는 운동에 동참함에 따라, 국왕은 자신의 결정을 철회할 수밖에 없었다.

아메리카

## 농구 경기가 개발되다

미국 매사추세츠 주 스프링필드의 YMCA체육학교(지금의 스프링필드대학)에서 교사로 근무하던 캐나다인 제임스 네이스미스가 추운 겨울에도 실내에서 즐길 수 있는 운동 경기인 농구를 개발했다. 초기에는 축구공을 던져 벽에 매달린 복숭아 바구니에 집어넣는 방식으로 진행됐다. 1894년 농구공이 도입되고, 1912년 지금과 비슷한 형태의 골대가 도입된다.

네이스미스와 초기의 농구 골대

아시아

# 호모 에렉투스의 화석이 발견되다

네덜란드의 해부학자 외젠 뒤부아가 지금의 인도네시아 자와섬에서 호모 에렉투스[1]의 화석을 발견했다. 뒤부아는 이 화석의 주인공이 인간과 원숭이의 중간 단계라고 주장했다. 그러나 발견한 부위가 머리뼈와 넓적다리뼈, 치아의 일부에 불과해 당시 학계의 인정을 받지는 못했다.

호모 에렉투스는 대략 서기전 160만~30만 년 전에 살던 원시 인류로, 두개골의 용적은 900~1000밀리리터였고[2], 두 발로 서서 걸으며 불을 사용했다.

**1 호모 에렉투스 |** 두 발로 서서 걷는 사람이라는 뜻이다.

**2 두개골의 변화 |** 현생 인류의 두개골 용적은 약 1450밀리리터다.

호모 에렉투스

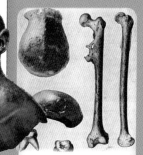

뒤부아가 발견한 화석

## 청나라가 차관 20만 냥으로 조선을 더 옥죄다

9월, 조선은 청나라로부터 10만 냥의 차관을 들여왔다. 기선[1]을 사기 위해 독일 회사에서 빌린 돈을 갚기 위해서였다. 10월, 일본 은행과 미국 회사의 빚 독촉이 심해지자 조선은 청나라로부터 10만 냥을 더 빌렸다. 그 결과 차관을 매개로 한 청나라의 압박이 더 심해졌다.

그동안 청나라는 1882년 50만 냥, 1885년 한성-의주 전선 가설 경비로 10만 냥 등을 빌려 주면서 이권을 뺏고 조선을 옥죄는 수단으로 차관을 활용했다. 조선은 여러 차례 청나라 이외의 다른 나라로부터 대규모 차관을 들여오려 시도했지만, 청나라의 방해로 거의 실패했다. 1889년 청나라는 "조선은 청의 속국이며 청을 제외한 다른 나라로부터 차관을 들여오려면 청의 결재를 받아야 한다"라고 조선에 통보한 바 있다.

청나라공사관

1 기선 | 기계의 힘으로 움직이는 배

## 동학교도가 공주 · 삼례에서 최제우의 억울함을 호소하다

2 교조 | 어떤 종교를 처음 세운 사람

3 신원(伸冤) | 억울함을 해소해 한을 풀어 준다는 뜻. 최제우의 신원은 1907년 이뤄졌다.

11월 2일, 동학교도 수천 명이 전라도 삼례에 모여 교조[2] 최제우를 신원[3]하고 포교의 자유를 달라고 요구했다. 이에 앞서 10월 충청도 공주에서도 동학교도가 모여 같은 요구를 했다.

최제우는 사람이 곧 하늘이라는 인내천(人乃天) 교리를 강조하며 1860년 동학을 창시했다. 무능한 정부와 탐욕스러운 관리의 횡포에 지친 사람들은 새로운 세상을 꿈꾸며 최제우의 가르침에 귀를 기울였다. 그러자 정부는 1864년 세상을 어지럽히고 백성을 속인다는 죄목을 씌워 최제우를 처형했다. 또한 동학을 믿는 것을 금지하고 동학교도를 감옥에 가뒀다. 동학을 단속한다는 명목으로 재산을 뺏는 일도 다반사였다. 동학을 은밀히 믿다가 정부에 들켜 목숨을 잃는 사람도 있었다.

그럼에도 동학은 농민들 사이에 널리 퍼졌다. 그렇게 세를 확장한 동학교단이 최제우의 억울함을 풀어 달라고 공주와 삼례에서 집회를 연 것이었다. 그러나 전라도 감사와 충청도 감사는 요구를 받아들일 수 없다고 밝혔다.

삼례 동학농민광장

## 아시아

## 호세 리살이 필리핀민족동맹을 결성하다

에스파냐의 식민지였던 필리핀의 마닐라에서 의사이자 작가인 호세 리살이 필리핀민족동맹을 결성했다. 리살은 일찍이 에스파냐 마드리드대학에 유학하던 시절부터 언론과 집필 활동을 통해 식민 당국에 여러 식민지 개혁 조치들을 요구해왔다. 필리핀인 대표를 에스파냐 의회에 파견하고, 필리핀인의 집회와 결사의 자유를 보장하며, 필리핀인과 에스파냐인 사이의 법적 평등을 보장하라는 것 등이었다. 또한 에스파냐의 식민 통치를 정면으로 비판한 그의 소설 『내 몸에 손대지 마라』는 필리핀인들에게 커다란 호응을 얻으며 필리핀 민족주의와 독립운동의 사상적 기반을 마련했다.

호세 리살

리살은 1896년 폭동을 주동한 혐의로 공개 처형되지만, 지금까지도 필리핀 독립의 아버지로 추앙받고 있다.

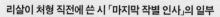

**리살이 처형 직전에 쓴 시 「마지막 작별 인사」의 일부**
안녕히, 나의 조국이여
햇빛 찬란한 동쪽 바다의 진주여, 잃어버린 에덴동산이여
슬픔으로 가득 찬 내 생명을 네게 기쁘게 바치니
이제 내 생명은 더욱 밝아지고 더욱 새로워지리니……

## 유럽

## 세균보다 더 작은 병원체, 바이러스가 발견되다

러시아의 미생물학자 드미트리 이바노프스키가 담배모자이크병을 연구하는 과정에서 바이러스의 존재를 발견했다. 이바노프스키는 모자이크병에 걸린 담뱃잎의 추출액이 세균 여과기를 통과한 뒤에도 여전히 병을 옮길 수 있다는 사실을 알게 됐다. 이 병원체는 훗날 다른 과학자들에 의해 세균과는 전혀 다른 존재인 바이러스임이 밝혀진다.

바이러스는 전자 현미경으로나 간신히 볼 수 있을 만큼 크기가 작으며,[1] 스스로 물질대사를 할 수 없어 다른 생물의 세포에 기생해 자신을 복제하며 살아간다. 바이러스라는 이름은 '독'을 뜻하는 라틴어 '비루스'에서 따 왔다.

1 **바이러스의 크기** | 가장 작은 세균의 크기가 약 400나노미터인 데 비해 바이러스의 크기는 20~250나노미터밖에 되지 않는다. 1나노미터는 0.000000001미터다.

담배모자이크바이러스와 드미트리 이바노프스키

**1 복합상소** | 대궐 문 앞에 엎드려 올리는 상소

## 동학교도가 광화문 앞에서 상소하고, 외국인은 물러가라는 벽보가 붙다

2월 11일, 동학교도가 자신들을 탄압하지 말라는 복합상소[1]를 광화문 앞에서 올렸다. 정부는 요구를 들어주겠다고 하고 해산시킨 후, 동학에 대한 탄압을 더 강화했다.

한편 복합상소 직후 외국인 거주 지역에 조선에서 떠나라는 벽보가 붙었다. 돌아가지 않으면 토벌하겠다는 내용도 있어 각국이 긴장했다. 실제로는 아무 일도 일어나지 않았지만 정부의 권위는 떨어졌다. 벽보는 동학 내 급진파가 붙인 것으로 짐작된다.

광화문

## 동학교도가 보은과 금구에서 일본과 서양을 몰아내자고 외치다

3월 11일, 충청도 보은에 동학교도 2만 명이 모여 '일본과 서양을 몰아내고 의를 떨치자(척왜양창의, 斥倭洋倡義)'고 주장했다. 같은 때, 전라도 금구에도 동학교도 1만 명이 모여 척왜양을 외쳤다. 금구 집회는 동학 내 급진파가 주도했다.

척왜양은 개항 후 생활이 더 고달파진 농민들 사이에 퍼진 외세에 대한 적대감이 담긴 구호였다. 정부가 무력으로 진압하겠다고 압박하자 지도부가 몸을 피하면서 4월 보은 집회는 막을 내렸고, 그 후 금구에 모인 이들도 해산했다.

> **보은 집회 참가자**
>
> 보은 집회 참가자 수는 2만 명, 2만 7000명, 6만 7000명, 7만 명, 수십만 명 등 기록에 따라 차이가 있다. 그렇지만 대부분의 자료가 적어도 2만 명 이상이 모인 것으로 기록하고 있다. 또한 당시 각지의 동학교도가 소와 땅을 팔아 식량 등을 싸서 짊어지고 보은으로 향했다는 기록도 있다.

### 봉기 65건, 방방곡곡에서 백성들이 들고일어나다

과도한 세금 등에 반발해 65건의 봉기가 발생했다. 한 도에 집중됐던 1888년(함경도), 1889년(강원도)과 달리 전라도와 평안도를 중심으로 방방곡곡에서 백성이 들고일어났다. 농민 출신 지도자가 늘고 민회(民會)를 열어 민주적으로 의사를 결정하는 곳이 많아진 점도 이전과 달랐다.

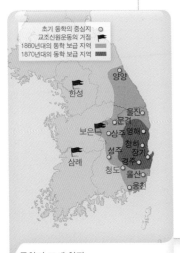

초기 동학의 중심지
교조신원운동의 거점
1860년대의 동학 보급 지역
1870년대의 동학 보급 지역

양양
한성
울진
문경
보은 상주 영해
성주 청하 장기
삼례 경주
청도 울산
웅천

동학의 교세 확장

아메리카

## 미국 대법원이 토마토를 채소로 결정하다

5월 10일, 미국 연방대법원이 토마토가 채소인지 과일인지를 가리는 소송에서 토마토가 채소에 속한다고 판결했다. 당시 미국의 관세법은 수입된 채소에만 세금을 물리고 과일에는 세금을 물리지 않았는데, 존 닉스 등이 토마토는 과일이므로 세금을 면제해 달라는 소송을 제기한 것이었다.

연방대법원은 토마토가 꽃을 피우는 식물의 씨방이 성숙한 기관이므로 식물학적으로는 과일이지만, 법정에서는 일반적으로 통용되는 상식을 따라야 한다며 판결의 취지를 밝혔다. 과일은 대개 후식으로 먹는 것인데 토마토는 후식이 아닌 주 요리의 재료이며, 굳이 식물학적으로 따지자면 오이와 호박, 콩도 모두 과일로 분류해야 한다는 것이 그 근거로 제시됐다.

"토마토는 채소다"

오세아니아

## 뉴질랜드에서 세계 최초로 여성 참정권이 도입되다

9월 19일, 뉴질랜드 여성들이 세계 최초로 선거에서 투표할 수 있는 권리를 획득했다. 뉴질랜드에서는 일찍이 1878년부터 여성 선거권을 도입하려는 시도가 있었지만, 번번이 의회에서 부결된 바 있었다. 이에 여성기독교금주연맹의 케이트 셰퍼드라는 여성 운동가는 1891년 이래 해마다 국민들의 서명을 받은 탄원서를 의회에 제출해 왔다. 그리고 마침내 1893년 전체 백인 성인 여성의 4분의 1에 해당하는 3만여 명의 서명이 담긴 탄원서에 힘입어 여성 선거권 법안이 의회를 통과한 것이다. 같은 해 11월 23일에는 여성이 참가한 최초의 총선거가 치러진다. 여성의 피선거권[1]은 1919년에 인정된다.

뉴질랜드의 사례는 전 세계 여성들의 참정권[2] 운동에 중요한 자극과 계기가 된다.

| 주요 국가의 여성 참정권 도입 시기 | |
| --- | --- |
| 뉴질랜드 | 1893년 |
| 오스트레일리아 | 1902년 |
| 핀란드 | 1906년 |
| 노르웨이 | 1913년 |
| 러시아 | 1917년 |
| 캐나다, 영국 | 1918년 |
| 독일, 오스트리아, 폴란드, 체코슬로바키아 | 1919년 |
| 미국, 헝가리 | 1920년 |
| 대한민국 | 1948년 |

케이트 셰퍼드

1 피선거권 | 선거에 입후보할 수 있는 권리

2 참정권 | 국민이 정치에 참여할 수 있는 권리. 선거권, 피선거권, 공무원이 될 수 있는 권리 등이 있다.

## 1월 10일, 고부 봉기를 계기로 농민전쟁이 불붙다 (64~65쪽 참조)

### 갑신정변의 주역 김옥균이 암살되다

2월 22일, 김옥균이 청나라 상하이에서 홍종우[1]에게 암살됐다. 갑신정변 후 일본으로 건너간 김옥균은 일본 정부로부터 유배를 당하는 등 푸대접을 받았다. 김옥균이 상하이로 건너간 것도 그러한 갑갑한 상황을 타개하기 위해서였다. 김옥균을 죽인 홍종우는 최초의 프랑스 유학생으로서 『춘향전』과 『심청전』을 프랑스어로 번역·소개한 인물이다.

한편 김옥균이 죽자, 일본 지도층은 태도를 바꿔 '김옥균이 조선의 개화와 독립을 위해 싸우다 희생됐다'며 김옥균 암살을 청나라와 조선에 대한 적개심을 높이는 계기로 활용했다.

### 이제마, 사상의학을 책으로 정리하다

4월 13일, 이제마가 사상의학을 정리한 책 『동의수세보원(東醫壽世保元)』[2]을 지었다.

### 일본군이 경복궁을 점령한 후 갑오개혁이 이뤄지다

6월 21일, 일본군이 경복궁을 점령하고 민씨 정권을 무너뜨렸다. 일본을 등에 업은 새 정부는 군국기무처를 설치하고 신분제·과거제 폐지, 과부의 재혼 허용, 군주권 제한, 조세 금납화[3] 등 위로부터 급속한 근대화 정책을 추진했다 (갑오개혁).

## 일본의 기습 공격으로 청·일전쟁이 터지다

6월 23일, 일본군이 청나라군을 기습 공격하면서[4] 청·일전쟁이 시작됐다. 일본은 풍도, 성환, 평양에서 승리하고 베이양함대(1888년 참조)를 격파한 후 청나라까지 쳐들어갔다. 일본군은 뤼순과 다롄에서 민간인을 학살했고, 조선에서 노동력과 식량을 징발했다.

### 9월 농민군이 일본을 몰아내고자 다시 일어서다 (64~65쪽 참조)

### 일본인 하나야마가 청·일전쟁 중에 인력거 10대를 들여와 조선 최초로 인력거 영업을 하다

일본 화가가 그림으로 재현한 김옥균 암살 장면

일본 군함이 청나라 군함을 격침시키고 있다.

**1 홍종우** | 김옥균 암살 후 조선으로 돌아온 홍종우는 1898년 황국협회를 조직해 독립협회와 대립한다.

**2 사상의학(四象醫學)** | 같은 질병이라도 체질에 따라 다르게 치료해야 한다는 학설. 이제마는 사람을 기질과 성격에 따라 태양인, 소양인, 태음인, 소음인으로 나눴다.

**3 조세 금납화** | 모든 세금을 돈으로 내게 하는 것. 갑오개혁 이전에는 돈으로도, 현물로도 세금을 낼 수 있었다.

**4 일본의 기습 공격** | 일본은 청일전쟁, 러일전쟁, 태평양전쟁에서 모두 기습 공격을 먼저 하고 선전포고는 나중에 했다.

오세아니아

## 하와이공화국이 수립되다

7월 4일, 백인 사탕수수 농장주들 및 미군의 지지를 등에 업은 로린 서스턴과 샌포드 돌 등이 쿠데타를 일으켜 릴리우오칼라니 여왕을 쫓아내고 하와이공화국의 수립을 선포했다.

하와이의 백인 사탕수수 농장주들은 미국의 관세법 개정으로 사탕수수 수출에 어려움이 생기자 아예 하와이를 미국에 합병시키려 노력해 왔다. 실제로 이때 수립된 하와이공화국은 미국으로의 합병을 위한 중간 단계에 지나지 않았다. 하와이는 1898년 미국의 영토가 되고, 1900년 준주(準州)가 됐다가, 1959년 50번째 주(州)로 승격된다.

**릴리우오칼라니 여왕**
음악에 재능이 있던 릴리우오칼라니 여왕은 공주 시절에 우리에게도 잘 알려진 「알로하오에(안녕, 내 사랑)」라는 노래를 직접 작곡하기도 했다.

유럽

# 드레퓌스사건이 벌어지다

12월 22일, 프랑스의 유대계 육군 대위 알프레드 드레퓌스가 독일에 군사 기밀을 팔아넘긴 혐의로 종신형을 선고받았다. 제시된 증거는 범인의 필체가 드레퓌스의 것과 비슷하며, 범인의 암호명이 드레퓌스 이름의 첫 글자인 'D'라는 것이 전부였다. 드레퓌스는 혐의를 부인했지만, 반(反)유대주의[1] 여론은 일제히 법원의 판결을 환영하고 나섰다.

한편 프랑스의 문호 에밀 졸라는 「나는 고발한다」라는 글을 통해 군부가 자신들의 조작과 실수를 숨기고 있으며 드레퓌스가 명백한 무죄라고 주장했다. 이후 프랑스에서는 드레퓌스 사건을 두고 극심한 대립과 갈등이 벌어진다. 무죄를 믿는 사람들은 진실을 밝히기 위해 재판을 다시 해야 한다고 주장하지만, 유죄를 지지하는 사람들은 드레퓌스를 사형에 처하라며 시위를 벌인다. 결국 사건의 증거가 조작됐음이 밝혀져 1906년 7월 법원은 이전의 판결을 뒤집고 드레퓌스의 무죄를 선고한다.

**알프레드 드레퓌스**

『로로르』에 실린 에밀 졸라의 「나는 고발한다」

오세아니아

## 뉴질랜드에서 최저임금제가 시행되다

뉴질랜드 의회가 산업조정중재법을 제정해 세계 최초로 최저임금제[2]를 도입했다. 최저임금제란 기업주가 지나치게 낮은 임금으로 노동자를 착취하는 것을 막기 위해 법으로 최소한의 임금 기준을 정해 두는 제도를 말한다.

1 **반유대주의** | 유대인을 차별하고 박해하는 운동과 이념. 유대인들은 고대로부터 유럽 곳곳에 흩어져 살아 왔는데, 유대교를 믿는다는 이유로 대개 크리스트교를 믿는 유럽인들에게 차별과 박해를 받아 왔다.

2 **최저임금제** | 한국에서는 1988년부터 시행됐다. 2013년 현재 최저임금은 시간당 4860원이다.

# 조선을 뒤흔든 민중 혁명, 동학농민운동

### 1894년

### ❶ 고부 봉기를 계기로 농민 전쟁이 불붙다(1차 농민 전쟁)

**1 접주** | 동학의 교단 조직인 접의 책임자

음력 1월 10일, 전라도 고부 농민들이 나쁜 정치를 견디다 못해 들고일어났다. 동학 접주인 전봉준이 이끈 농민들은 군수 조병갑을 몰아내고 관아를 점령했다. 사태 수습을 위해 정부에서 보낸 관리가 오히려 농민을 탄압하면서 고부 봉기는 농민 전쟁으로 번졌다.

3월, 전봉준은 4000여 농민군을 이끌고 무장(지금의 전북 고창)에서 다시 봉기했다. 동참자가 점점 늘어, 새롭게 본진을 꾸린 백산(지금의 전북 부안)에 모인 농민군은 8000명이 넘었다. '앉으면 죽산(竹山), 서면 백산(白山)'(농민군이 앉으면 손에 든 죽창만 보이고, 다 일어나면 흰 옷 입은 사람만 보인다는 뜻)이라는 말이 나올 정도로 백산 일대는 보국안민을 외치는 농민군으로 가득 찼다.

**2 보국안민(輔國安民)** | 나라를 보호하고 백성을 편안하게 한다는 뜻

4월 들어 전봉준·손화중·김개남 등이 이끈 농민군은 황토현(지금의 전북 정읍)에서 전라도 감영군을 대파했다. 농민군의 기세에 놀란 정부가 대포와 기관총을 갖춘 중앙군을 보냈지만, 농민군은 황룡촌(지금의 전남 장성)에서 중앙군을 물리치고 4월 27일 전주성마저 점령했다.

다급해진 민씨 정권은 청나라에 파병을 요청했다. 5월 초 청나라군이 조선에 도착했고 일본도 톈진조약(1885년 참조)을 내세워 군대를 보냈다. 5월 7일 농민군은 정부와 전주화약을 맺고 전주성에서 물러났다. 청나라와 일본이 간섭할 구실을 주지 않기 위해서였다. 그러나 일본군은 조선에서 철수하지 않고, 정치를 개혁해야 한다며 조선을 압박했다.

농민 봉기에 함께할 사람을
모으는 데 쓰인 사발통문

### ❷ 농민군, 일본을 몰아내고자 다시 일어서다(2차 농민 전쟁)

**3 도소** | 농민군이 설치한 자치 기구

전주화약 이후 전봉준은 전라감사 김학진과 협력 체제를 구축하고 집강소와 도소를 통한 폐정개혁(1890년대의 목소리 참조) 활동에 주력했다. 이와 달리 김개남을 중심으로 한 농민군 내 급진 세력은 질이 나쁜 관리와 양반, 지주 등과 직접 맞서 싸우는 데 힘을 쏟았다.

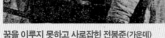

꿈을 이루지 못하고 사로잡힌 전봉준(가운데)

전봉준 고택

그러던 농민군이 가을 들어 다시 봉기했다. 경복궁 점령 후 조선 정부를 노골적으로 위협하는 일본을 몰아내기 위해서였다. 농민군의 사회 개혁을 두려워하던 양반층이 민보군을 조직해 각지에서 농민군을 공격한 것도 농민군이 봉기하게 만든 원인 중 하나였다. 먼저 일어선 것은 김개남이었다. 음력 8월 말, 김개남은 남원에서 재봉기를 결의했다. 신중한 태도를 취하며 처음에는 재봉기를 말리던 전봉준도 9월 초 삼례에서 일어섰다. 이에 더해 그동안 전봉준을 비난하던 동학교단(북접)도 뒤늦게 봉기에 합류했다. 북접 지도부는 본래 일본이나 정부에 맞설 생각이 없었지만, 봉기를 요구하는 교인들의 요구에 밀려 동참했다. 전봉준이 이끈 남접에 가난한 하층 농민이 많았던 것과 달리, 북접에는 경제적으로 여유가 있는 부민 비중이 높았다. 농민군은 20만에 이르렀고 2차 농민 전쟁은 전라도를 넘어 충청·경상·황해·강원도에서도 진행됐다.

음력 11월 초, 전봉준이 이끈 농민군은 일본군·관군의 연합 부대와 공주 우금치에서 혈전을 치렀지만 패했다. 전봉준이 함께 일본군을 물리치자고 관군에게 호소했지만 소용없었다. 김개남 부대도 청주에서 패했다. 그 후 일본군과 관군, 민보군은 농민군을 잔혹하게 진압했고 전봉준 등은 사로잡혀 처형된다.

### 동학농민운동 일지

| 1월 | 고부 봉기(10일) |
|---|---|
| 3월 | 무장에서 1차 기병하고 창의문 선포(20일) / 그 후 백산에 호남창의대장소(대장 전봉준) 설치하고 농민군 4대 행동 강령 선포 |
| 4월 | 황토현전투(6~7일) / 황룡촌전투(23일) / 전주성 점령(27일) |
| 5월 | 청나라군(2일)과 일본군(6일), 인천 도착 / 전주화약(7일) |
| 6월 | 일본군, 경복궁 점령(21일) / 청·일전쟁 시작(23일) |
| 7월 | 전봉준과 전라감사 김학진, 서로 협력해 폐정개혁하기로 합의(6일) |
| 8월 | 남원, 공주, 산청, 울산, 영천, 언양, 김해, 기장, 의령 등에서 농민군 재봉기 |
| 9월 | 전봉준이 이끄는 농민군, 재봉기 위해 삼례로 집결 / 동학교주 최시형, 남접 농민군과 연합해 봉기할 것을 선언 |
| 10월 | 전봉준, 논산에서 충청감사에게 격문 띄워 항일전선 구축 촉구(16일) |
| 11월 | 전봉준 부대, 우금치에서 대공세 펼쳤으나 일본군과 관군에 패배(9~12일) / 전봉준, 항일 연합전선 구축 다시 촉구(12일) / 김개남 부대, 청주 공격 실패(13일) |
| 12월 | 김개남(1일), 전봉준(2일), 손화중(11일) 체포 |

역사
확대경

### ③ 동학농민운동의 역사적 의의 (갑신정변, 갑오개혁과 비교한 동학농민운동)

황룡 전적지 동학농민운동 승전 기념탑

1876년 개항 이후 조선은 두 가지 과제에 맞닥뜨린다. 세계와 흐름을 맞춰 근대라는 이름에 걸맞은 사회로 조선을 바꿔 가는 것이 그 하나였고, 강하지 않으면 살아남지 못하는 냉정한 세계의 파도에 휩쓸리지 않고 자신만의 힘으로 서는 것이 다른 하나였다. 이 문제를 풀기 위해 1895년까지 조선에서는 커다랗고도 중요한 세 번의 움직임이 있었다. 갑신정변과 갑오개혁, 동학농민운동이 바로 그것이다. 이 중 갑신정변과 갑오개혁

동학혁명 백산 전적비

은 엘리트들이 위로부터 조선을 바꾸려 한 것이었고, 동학농민운동은 평범한 백성들이 아래로부터 새로운 조선을 만들려 한 시도였다. 그러나 새로운 세상을 향한 엘리트와 평범한 백성들의 꿈은 행복하게 만나지 못했다.

'근대 자본주의 국가'를 지향한 갑신정변 주도 세력의 꿈을 현실로 만들기 위해 꼭 필요했던 지지 계층은 1884년 당시 충분히 성숙하지 않은 상태였다. 이들은 시간이 오래 걸리더라도 평범한 백성들의 힘을 바탕으로 새로운 세상을 만들어 갈 생각을 하지 않았다. 이들이 발표한 14개조 정강에서도 이 점은 잘 드러난다. 백성을 고통스럽게 했던 지주-소작제 문제를 해결하기 위한 조항은 정강에서 찾아볼 수 없다. 기존의 지주-소작제를 그대로 인정한 상태에서 세금을 공정하게 거두면 문제가 해결될 것이라는 구상이 담겨 있을 뿐이다. 이

들은 평범한 백성과 함께 한 걸음씩 나아가기보다는 일본을 끌어들여 자신들의 부족한 힘을 단기간에 메우려 했다. 청나라의 간섭에서 벗어나 '자주 독립'을 이뤄야 한다는 생각은 강했지만, 일본이 조선의 진정한 '자주 독립'을 가로막을 더 무서운 외세가 될 수 있다는 점까지는 충분히 고려하지 않은 것이다.

갑오개혁 주도 세력도 마찬가지였다. 갑오개혁은 '경복궁 쿠데타[1]'를 계기로 시작됐기 때문에 일본의 영향력에서 벗어나기 어려웠다. 그리고 갑오개혁 주도 세력도 지주-소작제 문제에 대해서는 손대지 않았다. 갑신정변 주도 세력과 마찬가지로 기존의 지주층을 중심으로 한 근대화를 꿈꿨기 때문이다(이는 갑신정변-갑오개혁과 달리 군주를 중심으로 한 근대화를 시도한 대한제국에서도 똑같이 나타난다). 갑오개혁을 주도한 이들은 농민들이 더 '난리'를 일으키지 않도록 폐정개혁안을 일부 수용해야 한다는 정치적 판단은 했지만, 이들에게 농민군은 근대화를 방해하는 '비도(匪徒)[2]'이자 배운 것 없는 무지렁이일 뿐이었다. 일본군과 손잡고 농민군을 토벌한 것도 그 때문이었다.

이와 달리 동학농민운동 당시 농민군은 평범한 백성의 바람을 근본으로 삼았다. 지주-소작제의 문제점을 뜯어고치자는 내용도 개혁안에 당연히 포함돼 있었다. 갑오개혁 주도 세력과 달리 외국에 다녀온 경험은 거의 없었지만, 외국의 압력에 떠밀려 이뤄진 개방은 백성에게 치명적인 독이 될 수 있다는 사실은 훨씬 잘 알고 있었다. 개항 후 곡식이 나라 바깥으로 빠져나가고 면제품을 비롯한 외국 물품이 쏟아져 들어온 것은 부유층에게 큰 부를 쌓을 수 있는 기회가 됐지만, 평범한 백성들에게는 생존을 위협하는 문제로 다가왔기 때문이다. 물론 새로운 세상으로 나아가기 위해서는 국왕과도 맞서 싸워야 함에도 그런 면에서 철저하지 못한 모습을 보이는 등 농민군도 부족한 점을 여럿 드러냈다. 그렇지만 외국에 휘둘리지 않고, 오랫동안 내려온 낡은 사회의 문제를 근본적으로 해결하려 한 동학농민운동은 이후 한국 역사의 고비마다 많은 영감을 준다.

**우금치 동학혁명운동 위령탑**

1 경복궁 쿠데타 | 일본군의 경복궁 기습 점령

2 비도 | 무기를 갖추고 사람을 해치거나 재물을 뺏는 도적 떼

시모노세키에서 열린 청일 강화회의 모습을 담은 일본 판화

**1 타이완** | 타이완 사람들은 시모노세키 조약을 받아들이지 않고 타이완민주국 수립을 선언했다. 이 때문에 청나라와 일본은 일본 군함 위에서 타이완을 주고받는 절차를 밟아야 했다. 일본군은 타이완 독립운동을 무력으로 진압했다.

**2 펑후제도** | 청나라 남부 푸젠[福建] 성과 타이완 사이에 있는 제도

**3 요동반도 포기의 대가** | 일본은 그 대신 청나라로부터 랴오둥반도 반환금 3000만 냥을 받는다.

『한성신보사』 앞에 모인 일본인들

**4 낭인** | 메이지유신에서 소외된 일본의 정치 지망생들로 대륙 침략에 앞장섰다. 을미사변에 가담한 낭인 중 일부는 일본 신문인 『한성신보사』 기자 신분으로 조선에 머물고 있었다.

**5 단발령에 대한 반발** | 유생 최익현은 "내 머리는 자를 수 있어도 머리털은 자를 수 없다(吾頭可斷 此髮不可斷)"며 단발령에 강하게 맞섰다.

### 청나라를 이긴 일본이 삼국간섭에 밀려 랴오둥반도를 포기하다

3월 23일, 일본이 청나라와 시모노세키조약을 맺고 청·일전쟁을 마무리했다. 승전한 일본은 청나라로부터 랴오둥반도, 타이완,[1] 펑후제도와[2] 배상금 2억 냥(일본의 3년치 예산이 넘는 금액)을 받고 중경 등을 새 개항장으로 확보했다. 그런데 6일 후, 러시아·독일·프랑스가 랴오둥반도를 포기하라고 요구했다. 일본이 랴오둥반도를 차지하면 평화가 위협받는다는 것이 그 이유였다. 결국 랴오둥반도를 포기한[3] 일본은 삼국간섭을 주도한 러시아를 가상 적국으로 삼아 군비 확충에 돌입했다.

## 일본이 을미사변을 일으켜 명성황후를 살해하다

8월 20일 새벽, 일본군과 낭인[4] 등이 경복궁을 습격해 명성황후를 살해하고 시신을 불태웠다(작전명 '여우 사냥'). 일본이 훈련시킨 조선인 부대인 훈련대도 일부 가담했다. 명성황후가 러시아를 끌어들여 일본을 배제하려 하면서 친일 인사들이 밀려나고 친러 내각이 구성되자, 일본이 무리수를 둔 것이다. 일본은 을미사변 직후 고종을 압박해 다시 친일 내각이 들어서게 했다.

을미사변에 대해 조선 내부는 물론 미국, 러시아 등도 거세게 반발했다. 일본은 흥선대원군을 꼭두각시로 세운 후 '을미사변은 흥선대원군과 훈련대가 한 일'이라고 발뺌했다. 그러나 반발이 더 거세지자, 주모자인 미우라 고로 공사를 비롯한 48명을 일본으로 불러들여 옥에 가뒀다. 일본은 이듬해 이들 전원에게 무죄 판결을 내렸다.

### 친일 내각의 단발령에 백성이 반발하다

11월 15일, 고종이 단발령을 내리고 상투를 잘랐다. 머리카락을 서양식으로 자르는 단발령은 친일 내각이 주도한 을미개혁의 일환이었다. 순검(경찰)들은 거리에서 백성의 머리카락을 강제로 잘랐다. 을미사변 결과 출범한 친일 내각이 난발령을 강제하자 유생은 물론 일반 백성들도 거세게 반발했다.[5]

### 조선 최초의 서양견문록인 유길준의 『서유견문』이 출간되다

## 유럽 바스크민족당이 결성되다

7월 31일, 바스크 독립 국가 건설을 목표로 한 바스크민족당이 비밀리에 결성 됐다. 에스파냐와 프랑스의 국경 지대에 위치한 바스크 지방 사람들은 예로부터 고유한 언어와 문화를 간직해 왔으며, 19세기 후반부터는 민족주의 성향을 강하게 드러내 왔다. 지금은 자치 정부를 갖고 있지만, 완전한 독립을 요구하는 '바스크 조국과 자유'라는 테러 조직도 여전히 활동하고 있다.

## 유럽 독일에서 뢴트겐이 X선을 발견하다

11월 8일, 독일의 물리학자 빌헬름 뢴트겐이 음극선을 연구하는 과정에서 다른 광선들보다 투과력이 훨씬 큰 방사선을 발견해 X선이라고 이름 붙였다. X선은 그 파장이 0.01~10나노미터에 불과해 종이나 직물 같은 부드러운 물체를 쉽게 통과할 수 있었다. 이로써 의사가 환자의 환부를 직접 열어 보지 않고도 진단과 치료를 행할 수 있는 길이 열렸다.

뢴트겐이 아내의 손을 촬영한 최초의 X선 사진

# 유럽 뢰미에르 형제가 최초로 영화를 상영하다

12월 28일, 오귀스트 뢰미에르와 루이 뢰미에르 형제가 프랑스 파리에서 세계 최초의 영화 상영회를 개최했다. 상영회에는 33명의 관객이 1프랑씩의 관람료를 내고 입장했으며, 역에 들어오는 기차나 공장에서 퇴근하는 노동자의 모습 등을 담은 1~3분 길이의 영화 10여 편이 상영됐다.

영화를 촬영하고 영사하는 장치는 1891년 미국의 토머스 에디슨과 그의 연구원 윌리엄 케네디 로리 딕슨에 의해 처음으로 발명됐다. 그러나 이들의 촬영 장치는 덩치가 몹시 커서 들고 다닐 수 없었고, 영사 장치는 한 사람씩 구멍에 눈을 들이대고 봐야 했다.

시네마토그라프

뢰미에르 형제는 이 장치의 단점을 보완해 시네마토그라프라는 장치를 개발했다. 시네마토그라프는 하나의 기계로 촬영과 영사를 모두 할 수 있고, 크기가 작아 휴대가 가능하며, 외부의 스크린에 영사할 수 있었다.

뢰미에르 형제가 찍은 최초의 영화 속 장면들

## 정부가 양력을 도입하다

정부가 태양력을 채택하고 음력 1895년 11월 17일을 양력 1896년 1월 1일로 삼았다. 태음태양력(음력)인 시헌력[1] 대신 서양의 그레고리력[2]을 택한 것이다. 적잖은 백성들은 양력을 모르고 돌아가신 조상들이 제사 시기를 놓치는 것 아니냐고 걱정했다. 그러나 음력이 완전히 사라진 것은 아니었다. 정부는 1908년까지 음력 달력도 계속 발간했다. 한편 개항 이후 조금씩 확산되던 요일제도 태양력 도입을 계기로 빠르게 퍼졌다.

1 시헌력 | 1653년부터 조선에서 사용된 역법

2 그레고리력 | 1582년 교황 그레고리우스 13세가 기존에 사용되던 율리우스력을 수정해 공포한 달력으로 오늘날 거의 모든 나라에서 쓰이고 있다.

### 을미사변과 단발령에 격분해 의병이 들고일어나다

1월, 을미사변과 단발령에 반발해 곳곳에서 의병이 일어났다(을미의병). 의병들은 친일 관리를 죽이고 일본인을 습격했다. 정부는 의병을 폭도로 규정하고 일본군과 함께 진압했다.

한편 의병 내부에서는 신분의식으로 인한 문제도 발생했다. 유생 의병장 유인석은 선봉장으로 활약하던 평민 출신 포수 김백선을 양반에게 공손하지 않다 하여 처형했다.

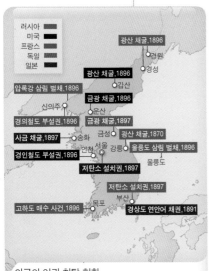

**외국의 이권 침탈 현황**
러시아는 함경도 경원·경성 금광 채굴권에 이어 압록강 유역과 울릉도의 삼림 벌채권을 가져갔고, 미국은 평안도 운산의 금광 채굴권과 경인철도 부설권을 얻었다. 프랑스(경의철도 부설권) 등 다른 열강도 '기회 균등'을 내세우며 이권 획득에 주력했다.

### 고종이 러시아 공사관으로 몸을 피하다(아관파천)

2월 11일 새벽, 을미사변 이후 신변의 위협을 느끼던 고종이 경복궁을 빠져나와 러시아 공사관으로 몸을 피했다(아관파천). 친일 내각을 이끌던 김홍집 등이 그 직후 성난 군중의 손에 목숨을 잃으면서, 친러 내각이 성립됐다. 아관파천을 계기로 일본의 세력이 위축되고 러시아의 영향력이 커졌으며, 이권이 속속 외국으로 넘어갔다.

『독립신문』

### 최초의 민간 신문인 『독립신문』이 탄생하다

4월 7일, 최초의 민간 신문인 『독립신문』이 창간됐다. 『독립신문』은 갑신정변의 주역으로 미국에서 돌아온 서재필[3]이 정부 자금으로 만든 신문이었다. 순한문이던 『한성순보』와 달리 1~3면은 순 한글, 4면은 외국인을 위한 영어판이었다.

3 서재필 | 서재필은 7월에 독립협회를 만드는 데도 참여한다.

### 6월, 일본이 러시아에 '유사시 북위 38도선 경계로 조선 분할[4]'을 은밀히 제의하다

4 조선 분할 계획 | 러시아는 이를 받아들이지 않았다. 38선을 경계로 한 한반도 분할 계획은 이때 처음 제기된 것이다.

## 에티오피아가 아두와전투에서 이탈리아를 물리치다

3월 1일, 에티오피아가 아두와에서 이탈리아군을 크게 물리쳤다. 이탈리아가 속임수로 맺은 우치알리조약을 명분으로 에티오피아를 보호국으로 삼으려 하자, 에티오피아 국왕 메넬리크 2세는 조약을 무효로 선언하고 전쟁에 돌입했다. 이로써 에티오피아는 아프리카에서 서구 열강의 지배를 받지 않은 몇 안 되는 나라 중 하나가 된다.

아두와전투

# 제1회 근대 올림픽이 개최되다

4월 6~15일의 10일간 그리스 아테네에서 제1회 근대 올림픽 대회가 열렸다. 393년 고대 올림픽 대회가 중단된 뒤 약 1500년 만의 일이었다. 제1회 대회에는 14개국에서 245명의 선수가 참가했으며 육상, 수영, 레슬링, 체조, 역도, 사격, 테니스, 펜싱, 사이클 경기가 치러졌다. 하지만 여성 선수들은 출전할 수 없었고,[1] 1위의 선수에게는 지금과 달리 금메달이 아닌 은메달이 수여됐다.

아테네 올림픽의 개회식

1 여성의 올림픽 출전 | 여성은 제2회 파리대회부터 출전할 수 있게 된다.

## 마르코니가 무선 통신 장치를 발명하다

6월 2일, 이탈리아의 발명가 굴리엘모 마르코니가 무선 통신 장치의 특허를 취득했다.[2] 헤르츠의 전자파 이론에 기초해, 선을 연결하지 않고도 정보를 전달하는 장치를 개발해 낸 것이었다. 이로써 라디오와 텔레비전, 휴대폰 등 다양한 무선 통신 기술의 기초가 마련됐다.

2 무선 통신 장치의 발명 | 미국의 니콜라 테슬라도 거의 같은 시기에 무선 통신을 발명했다. 1943년 미국 특허청은 테슬라의 발명이 마르코니보다 더 이르다고 판정한다.

## 필리핀인들이 독립을 위해 혁명을 일으키다

8월, 필리핀의 민족주의 비밀 결사인 카티푸난이 혁명정부를 조직하고 무장봉기를 일으켰지만 실패하고 말았다. 혁명정부의 수반 에밀리오 아기날도는 해외로 망명했으나 미국·에스파냐전쟁(1898년 참조)이 일어나자 필리핀으로 돌아와 필리핀공화국의 수립을 선포한다. 그러나 에스파냐와 미국은 이를 인정하지 않고, 에스파냐는 미국과의 전쟁에서 패하자 필리핀을 미국에 넘겨줘 버린다.

카티푸난의 전사들

## 1월 1일, 조선 최초로 종로에 석유 가로등이 등장하다

# 고종이 대한제국을 선포하고 황제에 등극하다

10월 12일, 고종이 원구단에서 대한제국을 선포하고 황제의 자리에 올랐다. 태조 이성계가 나라를 세운 지 505년 만에 조선에서 대한제국으로 이름이 바뀐 것이다. 또한 고종은 그동안 써온 청나라의 연호를 버리고, 광무(光武)라는 독자적인 연호를 사용했다.

원구단

이에 앞서 고종은 2월 20일, 아관파천을 한 지 1년여 만에 궁으로 돌아왔다. 고종은 이때 을미사변이 일어난 경복궁 대신 러시아·미국·영국 등의 공사관과 가까운 경운궁(지금의 덕수궁)으로 돌아왔다. 일본에 대한 고종의 두려움은 여전했다.

고종이 아관파천을 끝낸 것은 국왕이 외국 공사관에 피신해 있는 것이 나라의 수치이니 돌아오라는 각계의 요구가 있었기 때문이다. 이와 함께 러시아의 간섭이 심해진 것에 대한 고종의 거부감, 아관파천을 할 때에 비해 일본의 영향력이 줄어든 점 등도 작용했다.

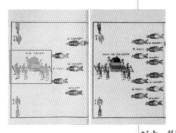

고종 가마를 황제로 표기한 고종 대례 의궤

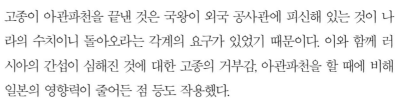

고종은 궁으로 돌아온 후, 갑오개혁 이래 약화된 자신의 권한을 강화하는 데 힘썼다. 9월에 내각제를 폐지하고 의정부 제도를 부활시킨 것도 그러한 조치의 일환이었다. 그에 이어 10월에 대한제국을 선포한 데에는 군주의 권한을 강화해 나라의 위기를 극복하겠다는 고종의 구상이 담겨 있었다.

## 독립문이 완공되다

11월 20일, 독립문이 완공됐다. 독립협회 주도로 국민 성금을 모아 공사를 시작한 지 1년 만이었다. 고종도 독립문을 세우는 데 들어간 비용의 5분의 1을 기꺼이 내주었다. 독립문은 더 이상 외세에 휘둘리지 말고 자주 독립을 이루자는 뜻으로, 중국 사신을 영접하던 영은문이 있던 자리에 세워졌다.

독립문

그러나 독립문을 세우는 데 앞장선 사람들은 '독립'이 청나라의 영향력에서 벗어나는 것을 뜻한다고 여겼다. 청나라를 누르고 동아시아의 강국으로 떠오른 일본의 침략에 맞서 싸워야 한다는 것까지는 생각하지 않았다.

## 유대 민족 국가의 건설을 위한 시온주의자대회가 개최되다

유럽

8월 29일, 스위스 바젤에서 유대인 지도자 196명이 모여 제1회 시온주의자대회를 열고 장차 팔레스타인 땅에 유대인들의 민족 국가를 건설할 것을 선언했다. 시온주의는 유럽 곳곳에 흩어져 살며 차별과 배척에 시달려 온 유대인들이 고향으로 돌아가기를 갈망하는 유대 민족주의를 뜻한다. 이를 정치적 운동의 차원으로 끌어올린 것은 테오도르 헤르츨이라는 헝가리 출신의 유대계 언론인이었다.

헤르츨은 원래 유대인이 유럽인의 일부로 동화돼야 한다는 입장을 갖고 있었다. 그러나 드레퓌스 사건(1894년 참조)을 통해 유럽인들의 뿌리 깊은 반유대주의를 접하며 독자적인 민족 국가 건설만이 대안이라는 생각을 품게 됐다. 그는 오스만튀르크에 팔레스타인의 자치권을 요구하기도 하고, 영국 정부로부터 우간다의 일부 지역을 유대인 정착지로 제안받기도 하지만, 유대 민족 국가의 수립을 보지 못한 채 눈을 감는다. 1948년 마침내 이스라엘이 팔레스타인 땅에 세워진다.

테오도르 헤르츨

## 디젤 엔진이 제작되다

유럽

독일의 기술자 루돌프 디젤이 최초의 실용적인 디젤 엔진을 제작했다. 디젤 엔진은 기존의 증기 기관이 연료의 에너지를 고작 10퍼센트만 활용하던 것에 비해 무려 26퍼센트를 활용하는 높은 효율을 자랑했다. 연료가 포함된 공기를 압축하면 스스로 폭발하며 동력을 발생시키는 원리를 이용한 것이었다. 지금도 선박, 기차, 중장비 등 높은 효율을 필요로 하는 기계에 널리 쓰이고 있다.

디젤 엔진

## 원자보다 작은 전자의 존재가 발견되다

유럽

영국의 물리학자 조지프 존 톰슨이 음극선을 연구하는 과정에서 원자보다 훨씬 더 작고 가벼운 입자인 전자의 존재를 발견했다. 이로써 물질의 최소 단위가 원자라는 믿음이 깨어졌다.

**톰슨의 원자 모형**
톰슨은 원자가 전기적으로 중성이 되기 위해서는 양전하를 갖는 물질 속에 그와 동일한 양의 음전하를 갖는 전자가 분포돼 있어야 한다고 생각했다. 푸딩(원자) 안에 건포도(전자)가 박혀 있는 것 같다고 해서 '건포도 푸딩 모형'으로도 불렸다. 그러나 이 원자 모형은 1909년 어니스트 러더퍼드에 의해 부정된다.

**1 만민공동회** | 1894년 동학농민운동에 이어 만민공동회에서 드러난 '평범한 사람들의 평범하지 않은 힘'은 하나의 흐름을 이뤄 이어지면서 역사를 바꿨다. 1919년 31운동, 1960년 4월혁명, 1980년 518민주화운동, 1987년 6월 항쟁과 노동자대투쟁, 2002년 이후 촛불집회 등이 그러한 사례다.

만민공동회

**2 절영도 조차** | 절영도는 지금의 부산 앞 영도다. 조차는 다른 나라의 영토 일부를 빌려 정해진 기간 동안 통치하는 것을 말한다.

**3 이토 히로부미와 독립협회** | 독립협회는 이토 히로부미를 '조선 독립 유공자'(조선이 청나라의 간섭에서 벗어나는 데 도움을 준 사람)로 규정했다.

감옥에 갇힌
독립협회 인사들
뒷줄 오른쪽에서 다섯 번째가 훗날 대한민국 초대 대통령이 되는 이승만이다. 1902년 사진.

# 만민공동회에 모인 백성들이 지위를 초월해 자주 독립을 외치다

3월 10일, 종로에서 독립협회가 주관한 만민공동회(萬民共同會)[1]가 열렸다. 이 자리에 모인 1만 명은 러시아를 규탄하고 자주 독립을 외쳤다. 러시아는 여론에 밀려 군사 교관과 재정 고문을 철수시키고, 절영도 조차[2] 요구도 철회했다.

만민공동회는 백성들이 지위와 상관없이 함께한 근대적 대중 집회였다. 쌀장수 현덕호가 3월에 회장을 맡고 백정 출신인 박성춘이 10월에 개막 연설을 한 것은 이를 상징한다. 백성들은 7월에 독일과 일본을 각각 규탄하는 집회를 여는 등 러시아 이외의 다른 열강이 이권을 가져가는 것도 비판했다. 독립협회와 관계없이 백성들이 스스로 만민공동회를 열기도 했다. 3월 12일 남촌의 평민들이 자발적으로 연 만민공동회에는 수만 명이 모였다.

### 5월 29일, 가톨릭 종현본당(지금의 명동성당)이 완공되다

### 독립협회가 이토 히로부미를 환영하다

독립협회가 8월 2일 경부철도 부설권을 얻고자 조선에 온 이토 히로부미를 환영했다.[3] 독립협회는 러시아의 이권 침탈을 강하게 비판했지만 일본, 미국 등에 대해서는 그렇게 하지 않았다.

### 정부와 독립협회가 정면충돌하다

12월 23일, 고종이 군대를 동원해 만민공동회를 강제로 해산하고 독립협회를 무력하게 만들었다. 이에 앞서 7월 이후 독립협회는 자신들을 중심으로 한 반관반민(半官半民)의 의회를 만들어 군주권을 제한하려 했다. 독립협회는 10월 29일 정부 대신들을 참석시킨 관민공동회를 열고 헌의 6조를 채택했다. 이를 수용할 듯 하던 고종은 결국 독립협회의 움직임을 정권 장악 음모로 받아들였다. 정부는 독립협회 지도자 17명을 구속하고 해산 명령을 내렸다. 또한 11월 21일 보부상을 주력으로 하는 황국협회로 하여금 만민공동회를 습격하게 했다.

> **헌의 6조 주요 내용**
> ▶외국인에게 의존하지 말고 관민이 합심해 전제 황권을 공고히 할 것
> ▶이권 양도, 차관 도입, 조약 체결은 각 부 대신과 중추원 의장이 합동으로 서명하고 시행할 것
> ▶재정은 모두 탁지부에서 관리하고 예산·결산을 공표할 것
> ▶황제가 칙임관(고위 관리)을 임명할 때는 정부에 그 뜻을 물어 다수 의견에 따를 것

## 유럽

### 러시아혁명의 주역이 될 러시아사회민주노동당이 결성되다

3월 14일, 러시아 민스크에서 훗날 러시아혁명(1917년 참조)을 주도하게 될 마르크스주의 정당인 러시아사회민주노동당이 결성됐다.

## 아메리카

### 미국 · 에스파냐전쟁이 벌어지다

4월, 미국이 에스파냐와 전쟁에 돌입했다. 에스파냐가 쿠바인들의 독립운동을 폭력적으로 탄압하자 에스파냐를 쿠바에서 몰아내야 한다는 국내 여론이 크게 일어났기 때문이다. 미군은 필리핀과 쿠바에서 에스파냐 함대를 격파하고, 12월 10일 파리조약을 맺어 쿠바를 독립시키고 필리핀과 푸에르토리코, 괌을 에스파냐로부터 빼앗는다.

## 아시아

# 변법자강운동이 시작되다

4월 23일, 청나라의 젊은 황제 광서제가 변법자강운동[1]의 개시를 명령했다. 청·프랑스전쟁(1884년 참조)과 청·일전쟁(1894년 참조)의 잇따른 패배로 양무운동[2]의 실패가 명백해지자, 청나라가 서구 열강의 틈바구니에서 멸망하지 않으려면 이제 황제가 앞장서 과감한 개혁을 추진해야 한다는 캉 유웨이의 주장에 따른 것이었다. 광서제는 개혁파 관리들을 고위직에 발탁하고, 개혁 추진 기구를 설치하며, 상업과 공업을 육성하고, 신식 학교를 설립할 것 등을 지시했다.

하지만 서태후와 수구파 세력은 개혁으로 인해 자신들이 권력을 잃을 것을 우려해 정변을 일으킨다. 8월 4일 광서제는 연금에 처해지고, 개혁파는 해외로 망명하거나 붙잡혀 처형당한다. 이로써 변법자강운동은 100여 일 만에 좌절하고 만다.

## 아프리카

### 영국과 프랑스의 제국주의가 파쇼다에서 충돌하다

9월 19일, 아프리카 수단의 파쇼다에서 영국군과 프랑스군이 일촉즉발의 위기를 맞았다. 아프리카 대륙의 식민지를 카이로에서 케이프타운까지 남북으로 연결하려는 영국의 종단 정책과 알제리에서 마다가스카르까지 동서로 연결하려는 프랑스의 횡단 정책이 부딪친 것이었다. 결국 두 나라는 군사적 충돌을 피하기 위해 나일강과 콩고강 유역을 양 측의 경계로 삼기로 타협한다.

1 변법자강 | '법을 바꾸어 부국강병을 도모한다', 즉 서구의 제도를 받아들이는 것을 뜻했다.

2 양무운동 | 1860년대 이후 진행된 개혁 운동으로, 서구의 군사 및 과학 기술을 도입해 나라의 힘을 키우는 것을 목표로 했다.

캉 유웨이

서태후
함풍제의 후궁이자 동치제의 친어머니였으며, 청나라 말의 약 반세기 동안 실질적인 통치자였다.

종단 정책과 횡단 정책

1 대안문 | 지금의 덕수궁 대한문

초기 전차

2 축첩 반대 시위 | 축첩은 본부인 이외에 첩을 두는 일을 말한다. 축첩 관습은 쉬이 사라지지 않아 4월혁명 직후인 1960년 7월 19일에도 여성들이 "아내 밟는 자, 나라 밟는다", "축첩자에 투표 말라, 새 공화국 더럽힌다" 등을 외치며 축첩 반대 시위를 벌였다.

3 전차 노선 | 12월에 종로-남대문-용산 노선이 추가로 개통됐다.

4 양전지계사업 | 양전은 토지 조사, 지계는 토지 소유권 증명서를 말한다. 정부는 지계에 지가(땅값)를 써넣게 하고 이 지가를 기준으로 세금을 거두고자 했다.

5 구본신참(舊本新參) | 옛것(조선의 고유한 제도와 문화)을 근본으로 하고 새것(서구 문물)을 참조한다는 뜻. 점진적으로 서구 문물을 받아들이자는 논리다.

6 경인철도 | 경인철도 개통을 알린 『독립신문』 기사에는 "산천초목이 모두 활동하여 닿는 것 같고 나는 새도 미처 따르지 못하더라"라고 표현돼 있다.

경인철도에 타는 사람들

## 3월, 여우회 소속 여성 50여 명이 대안문[1] 앞에서 축첩 반대 시위[2]를 하다

### 서대문-청량리 구간을 운행하는 전차가 개통되다

5월 17일, 동대문 앞에서 전차(전기의 힘으로 궤도를 달리는 교통수단) 개통식이 열렸다. 개통 구간[3]은 서대문(기점)에서 청량리(종점)까지였고 미국 자본이 투입된 한성전기회사가 궤도 건설을 맡았다. 차량에는 지붕이 없었고, 내부는 상등칸과 하등칸으로 나뉘었으며, 웬만한 곳에서는 손만 들면 태워 줬다. '쇠당나귀'라 불린 전차는 대표적인 대중교통수단으로 자리 잡는다.

## 대한제국이 국제를 반포하고 황제 중심 근대화를 시도하다

고종이 8월 17일 대한국 국제(國制)를 반포하고 강력한 황제권 중심의 통치 체제를 구축했다. 황제는 군 통수권, 법률 제정·공포권, 조약 체결권 등 입법·사법·행정의 전제적 권한을 확보했다. 고종은 황실 중심으로 재정을 재편하는 한편, 철도·해운 회사 등을 육성하려 했다. 아울러 세금이 제대로 걷히지 않는 토지를 찾고자 양전지계사업[4]을 실시했다.

고종은 대한제국 선포 후 구본신참[5] 이념을 바탕으로 이러한 정책들(광무개혁)을 추진하며 황제를 구심점으로 한 자주적 근대화를 이루려 했다. 그러나 광무개혁은 1860년대 이후 곳곳에서 들고일어난 농민들의 개혁 열망과는 거리가 있었다. 정부는 미곡 수출을 통해 부를 늘린 지주층의 소유권을 더 확고하게 한 양전지계사업에 주력하면서, 지주-소작제의 폐해를 없애기 위한 토지 개혁 문제는 모른 척했다.

### 한반도 최초의 철도가 노량진-제물포 구간에서 개통되다

9월 18일, 서대문과 제물포를 잇는 경인철도[6] 중 노량진-제물포 구간(33.2킬로미터)이 개통됐다. 경인철도는 한반도 최초의 철도다. 정부는 1896년 3월 미국인 모스에게 부설권을 줬으나, 일본이 1899년 1월 이를 넘겨받아 경인철도를 건설했다. 시속 20~30킬로미터였던 경인철도를 타면 한성에서 제물포까지 가는 데 약 1시간 30분 걸렸다.

## 영국이 제2차 보어전쟁을 일으키다

10월 11일, 영국군이 트란스발공화국을 침공함으로써 제2차 보어전쟁(1880년 참조)이 벌어졌다. 1886년에 발견된 세계 최대 규모의 금광을 노린 것이었다. 1902년 5월 영국군이 승리함에 따라 남아프리카의 트란스발공화국과 오렌지자유국은 영국의 식민지가 되고, 1910년 영국령 남아프리카연방(지금의 남아프리카공화국)의 일부로 통합된다.

보어인 게릴라들

## 프로이트가 『꿈의 해석』에서 무의식의 존재를 주장하다

11월, 유대계 오스트리아인 지그문트 프로이트가 자신의 정신 분석 이론을 담은 『꿈의 해석』을 출간했다. 프로이트는 인간의 마음속에는 스스로 인식하지 못하는 '무의식'의 영역이 존재한다고 주장했다. 무의식 속에는 주로 성(性)적인 욕망들이 억눌린 채 꿈틀거리고 있는데, 꿈은 그러한 욕망들이 의식의 표면 위로 드러나는 순간이라는 것이었다.[1]

프로이트의 정신 분석 이론은 인간이 본질적으로 이성적인 존재라는 근대적 인간관을 뒤집은 매우 혁명적인 주장으로, 20세기 서구 사상에 막대한 영향을 끼친다.

1 오이디푸스 콤플렉스 | 프로이트는 우리의 무의식 속에 억눌려 있는 어머니에 대한 성적 욕망과 아버지에 대한 강한 반항심을 그리스의 고대비극 『오이디푸스 왕』에 빗대 '오이디푸스콤플렉스'라고 이름 붙였다.

지그문트 프로이트

# 청나라에서 의화단운동이 일어나다

11월, 반(反)외세, 반(反)크리스트교 운동 세력인 의화단이 '부청멸양[2]'의 구호를 내세우며 크리스트교 교회와 교인들을 공격하고 철도와 전신 시설을 파괴하기 시작했다. 의화단은 원래 권법을 익히고 주문을 외우면 신비한 힘이 생긴다고 믿는 종교적 비밀 결사였지만, 몰락 농민과 실업자, 일부 관리와 지식인들까지 가담해 상당한 규모를 갖췄다.

의화단은 1900년 5월 베이징에 진입해 교회와 외국인 거주지를 불태우고 열강의 공사관을 공격했다. 그러나 청나라 정부가 이들을 진압하기는커녕 비호하고 나서자 영국, 러시아, 일본, 미국, 독일, 프랑스, 이탈리아는 8개국 연합군을 구성해 청나라를 침공했다. 연합군은 8월에 베이징을 점령하고 무자비한 방화와 약탈을 저질렀다.

열강들 내에서는 청나라를 나누어 차지하자는 주장도 나왔다. 그러나 청나라가 열강에 4억 5000만 냥의 배상금을 지급하고 열강의 군대 주둔을 허락하는 선에서 사태가 마무리됐다. 청나라는 가까스로 주권을 지켰지만 이후 사실상 열강의 반(半)식민지로 전락한다.

2 부청멸양(扶淸滅洋) | '청나라 조정을 받들고 외국 세력을 멸망시킨다'는 뜻

8개국 연합군

## 소설 『홍길동전』의 활빈당이 나타나다

조선 중기에 허균이 지은 소설 『홍길동전』에 나오는 활빈당이 현실에 나타났다. '가난한 사람을 살리는 집단'이라는 뜻의 활빈당은 소설에서처럼 의적을 표방했다. 1899년 충청도에서 처음 나타난 활빈당은 1900년 이후 경상·전라·충청·강원도를 중심으로 활동했다. 이들은 수십 명씩 무리를 지어 부자에게서 재물을 빼앗은 뒤 그중 일부를 가난한 사람들에게 나눠 줬다. 이와 함께 관아는 물론 일본인의 장삿배를 터는 등 외국인도 공격했다. 그렇지만 행인이나 행상을 약탈하는 일은 거의 없었다. 활빈당은 비밀 조직으로서 1년에 한 번씩 전국대회를 열었고, 대낮에도 부잣집을 털 정도로 세력이 커졌다.

활빈당은 외국인과 소수의 부유층만 이득을 보는 근대화에 대한 반감 때문에 생겨났다. 이들은 개항 후 관리, 부자, 외국인 때문에 가난한 백성이 더 살기 힘들어졌다고 생각했다. 이러한 생각은 이들의 13가지 강령에서 잘 드러난다. 강령에는 ▶개화 반대 ▶외국 상인의 국내 진출 금지 ▶금광 채굴 금지 ▶방곡령을 실시해 미곡 수출을 금지할 것 ▶곡식 가격을 안정시킬 법을 시행할 것 ▶철도 부설권을 다른 나라에 넘기지 말 것 ▶행상에게서 세금을 걷지 말 것 등의 내용이 담겨 있다.

그러나 활빈당은 고종을 공격 대상으로 삼지는 않았다. 자신들의 요구를 청원할 대상으로 여겼기 때문이다. 활빈당에는 1894년 동학농민운동에 참가했던 농민군이 일부 포함돼 있었다. 활빈당은 러·일전쟁이 끝날 무렵까지 활동을 계속했으며, 이들 중 일부는 1906년 이후 의병으로 활동한다.

경인철도에서 운행된 초기 기관차
미국 브룩스사에서 만든 모갈형 기관차다.

한강철교

### 한강철교가 놓이고 경인철도가 완전히 개통하다

7월 5일, 경인철도에서 어려운 공사 구간으로 꼽히던 한강철교가 준공됐다. 한강철교는 지금의 용산구 이촌동과 동작구 노량진동을 잇는 다리로 한강에 놓인 최초의 철제 교량이다. 한강철교 준공을 계기로 11월 12일 서대문에서 경인철도 개통식이 열렸다.

## 영국노동당이 결성되다

2월 27일, 영국의 독립노동당과 페이비언협회 등이 통합해 노동자대표위원회 (1906년 이후의 노동당)를 결성했다. 노동당은 혁명을 통한 급속한 사회 변혁을 추구하기보다는 점진적이고 온건한 의회사회주의의 길을 걷는다. 의회사회주의란 폭력 혁명을 거치지 않고서도 의회의 다수 의석을 차지함으로써 사회주의 체제로 나아갈 수 있다는 입장이다. 오늘날 서구의 거의 모든 사회주의 정당들이 이러한 입장을 갖고 있다.

## 플랑크가 양자 가설을 수립해 양자 역학의 토대를 닦다

12월 14일, 독일의 물리학자 막스 플랑크가 양자 가설을 수립해 오늘날 물리학의 기본 이론인 양자 역학의 토대를 마련했다. 뉴턴 이후의 고전 물리학에서는 에너지가 연속적인 형태로 존재한다고 믿어 왔지만, 플랑크는 실험을 통해 에너지가 아주 작은 알갱이(양자)의 형태로 불연속적으로 존재한다는 사실을 입증했다.

막스 플랑크

## 파블로프가 조건 반사 실험을 하다

러시아의 생리학자 이반 파블로프가 반복적인 실험을 통해 개에게 먹이를 줄 때마다 종소리를 들려주면 먹이를 주지 않고 종소리만 들려줘도 침을 흘린다는 사실을 발견했다. 파블로프는 이처럼 특정한 조건에 신체가 반응하는 것을 조건 반사라고 이름 붙이고, 이러한 반응이 대뇌의 작용에 의한 것임을 입증했다. 이로써 뇌 과학의 토대가 마련됐다.

이반 파블로프와 그가 실험에 사용한 개

## ABO식 혈액형 분류법이 발견되다

오스트리아의 병리학자 카를 란트슈타이너가 ABO식 혈액형 분류법을 찾아냈다. 이전까지는 환자에게 수혈을 할 때 피가 굳어 사망하는 사례가 매우 많았다. 란트슈타이너는 이것이 혈액들 사이의 항원 항체 반응[1] 때문이라는 사실을 밝히고, 혈액을 그 항원에 따라 A·B·C 세 종류로 분류했다.

AB형은 1902년에 발견되고, C형은 어떤 피와 섞여도 굳지 않는다는 의미에서 O형으로 이름이 바뀐다. 혈액형 분류법은 ABO식 외에도 Rh식, MN식, P식, Q식, 루테란식 등 수백 가지가 있다. 물론 ABO식 혈액형에 따라 사람의 성격이 결정된다는 주장은 과학적 근거가 없는 이야기다.

1 항원 항체 반응 | 사람의 몸에 들어온 특정 물질(항원)이 몸 안의 또 다른 특정 물질(항체)과 결합해 일어나는 반응을 말한다. 우리 몸에 침투한 세균을 막아내는 면역 반응도 항원 항체 반응에 해당한다.

탐관오리, 횡포를 부린 부자,
불량한 양반은 처벌한다.
노비문서는 태워 버린다.
천인의 대우를 개선한다.
청춘과부의 재혼을 허용한다.
무명잡세는 모두 폐지한다.
토지는 균등하게 나눠
경작하게 한다.[1]

새야 새야 파랑새야 녹두밭에 앉지 마라
녹두꽃이 떨어지면 청포장수 울고 간다.[2]

1 1894년 농민군이 자치 기관인 도소와 집강소를 통해 실행한 폐정개혁안
12개조의 주요 내용

2 1894년 농민군의 패배를 안타까워하며 백성들이 부른 것으로 전해지는
민요
파랑새는 파란색 군복을 입은 일본군, 녹두꽃은 녹두장군 전봉준으로 상징되는
농민군을 가리킨다.

나는 정의가 승리하리라는 것에 대해
조금도 절망하지 않습니다.
그 무엇보다 강렬한 확신으로 거듭 말합니다.
진실은 전진하고 있으며,
누구도 그것을 막을 수 없을 것입니다.[1]

인종, 계급, 종교, 성별과 같은
모든 종류의 분리와 차별은
비인간적인 것이며,
반드시 극복돼야만 한다.[2]

**1 에밀 졸라, 「나는 고발한다」에서**
프랑스의 문호 에밀 졸라는 이 논설을 통해 억울한 누명을 뒤집어쓴
드레퓌스의 무죄를 강력히 주장하고, 드레퓌스를 유죄로 몰아간 장본인들과
프랑스의 비이성적인 사회 분위기를 통렬히 비판했다.

**2 뉴질랜드의 여성 운동가 케이트 셰퍼드가 한 말**
셰퍼드가 주도한 여성 참정권 운동 덕분에 뉴질랜드의 여성들은 세계 최초로
선거에서 투표할 수 있는 권리를 획득했다.

# 1900년대

1901~1910

한국은 일본의 식민지가 되고,
세계는 새로운 세기의 희망에 부풀다

# 1900년대의 한국과 세계

**한국은 일본의 식민지가 되고, 세계는 새로운 세기의 희망에 부풀다**

일본은 러·일전쟁에서 승리한 뒤 강제로 을사조약을 맺어 대한제국의 외교권을 빼앗고 사실상 보호국으로 만들었다. 한국인들은 의병 운동과 국채보상운동 등을 통해 기울어 가는 국운을 되살리기 위해 노력했으나 결코 쉽지 않은 일이었다. 급기야 1910년 8월 22일 대한제국은 일본의 완전한 식민지가 됐다.

서구 열강의 시민들은 풍요와 진보의 새 세기에 대한 기대에 부풀어 있었다. 과학 기술과 생산력의 급속한 발달은 멋진 신세계의 도래를 약속하는 듯했다. 비행기를 타고 자유롭게 하늘을 날 수 있게 됐고, 공장에서는 자동차가 쏟아져 나왔으며, 신소재 플라스틱도 첫선을 보였다. 비서구 및 식민지 민족들에게 이러한 장밋빛 미래는 아직 먼 이야기였지만, 그들 또한 독립과 변혁을 향해 과감한 발걸음을 내딛고 있었다. 중국인들은 무능한 청나라 정부를 타도하기 위한 혁명 운동에 나섰고, 인도인들은 영국 식민 통치에 맞서 저항 운동을 벌였다. 튀르크에서는 근대적인 개혁이 추진됐고, 멕시코에서는 대토지 소유 제도와 외세의 타도를 위한 혁명이 시작됐다.

| | 연도 | |
|---|---|---|
| 이재수의 난 | **1901**년 | 제1회 노벨상 시상식 |
| 경부철도 기공식 | | |
| 민간인용 전화 개통 | **1902**년 | 영·일 동맹 |
| | | 홉슨, 『제국주의론』 출간 |
| 러시아, 용암포 무단 점령 | **1903**년 | 라이트 형제, 동력 비행 성공 |
| 러·일전쟁 발발 | **1904**년 | 플레밍, 진공관 발명 |
| 제1차 한·일협약 | | |
| 일본, 독도 강탈 | **1905**년 | 러시아, 피의 일요일 사건 |
| 제2차 한·일협약 | | 아인슈타인, 특수상대성이론 |
| | | 중국혁명동맹회 결성 |
| 우측통행령 시행 | **1906**년 | 인도, 스와라지·스와데시 운동 |
| 국채보상운동 | **1907**년 | 영국, 프랑스, 러시아 삼국협상 |
| 헤이그 밀사 사건 | | 피카소, 〈아비뇽의 처녀들〉 |
| 군대 강제 해산 | | 볼트우드, 방사성 연대 측정법 발견 |
| 13도 창의군, 한성 진공 작전 | **1908**년 | 청년튀르크당혁명 |
| | | T형 포드 시판 |
| 안중근, 이토 히로부미 사살 | **1909**년 | 로버트 피어리, 북극점 도달 |
| | | MSG 등장 |
| 한·일병합조약 | **1910**년 | 멕시코혁명 |

## 제주도민이 과도한 세금과 가톨릭에 맞서 들고일어나다

1 희생된 카톨릭교의 수 | 가톨릭에서는 500~700명이 희생됐다고 봤다. 그러던 중 사망자 316명(이 중 가톨릭교도는 308명)의 이름이 적힌 자료가 2003년 발굴됐다.

5월, 이재수 등이 제주도민들을 이끌고 제주성을 점령한 후 300명 이상의 가톨릭교도를 죽였다('이재수의 난'). 중앙 정부에서 파견한 관리가 세금을 부당하게 걷고 징수원으로 고용된 가톨릭교도가 행패를 부렸기 때문이다. 가톨릭이 토착 신앙과 민간 풍습에 대해 적대적인 태도를 취한 점도 반감을 증폭시켰다.

### 이재수의 난
일반적으로 지도자의 이름을 따서 '이재수의 난'이라고 불리지만 가톨릭에서는 '신축교안(敎案)', 진보 성향의 역사학자 등은 '신축제주항쟁'이라 부른다. 제주도 출신 작가 현기영은 이 사건을 다룬 소설 『변방에 우짖는 새』를 썼다. 1999년에는 영화로도 만들어졌다.

그러나 6월에 이들은 진압군과 가톨릭 신부의 요청으로 출동한 프랑스 함대에게 제주성을 내줬고 이재수 등은 그 후 처형됐다. 이에 앞서 1898년에도 가혹한 세금을 견디다 못한 제주도민들이 방성칠을 중심으로 들고일어난 적이 있다.

영화 〈이재수의 난〉 포스터

### 일본이 철도 건설을 내세워 땅을 뺏고 조선인을 강제로 부려먹다

남대문과 부산 초량을 잇는 경부철도 기공식이 8월과 9월 영등포와 초량에서 각각 열렸다. 부설권을 갖고 있던 일본은 철도 건설 과정에서 많은 문제를 일으켰다. 일본은 정거장 부지 등을 공짜나 시가의 10분의 1 가격으로 수용했다. 사실상 약탈이었다. 이런 식으로 땅을 뺏긴 조선인은 1만 명이 넘었다. 일본은 이에 더해 보수를 주지 않고 조선인을 강제로 공사에 동원했다.

2 수용 | 공공사업을 위해 특정한 자산의 소유권을 넘겨받는 일

이 때문에 곳곳에서 갈등이 불거졌다. 1901년 경부철도 남대문 정거장 부지로 일본이 20만 평을 요구했다는 소식을 들은 주민 수백 명이 한성부에 달려가 항의했다. 초량에서도 민가 철거 문제로 갈등이 벌어졌다.

일본과 조선인은 경의철도 건설 과정에서도 충돌했다. 경의철도는 본래 1896년 프랑스가 부설권을 얻었으나 공사에 착수하지 못해 부설권을 잃었다. 일본은 러·일전쟁 발발 직후 조선을 압박해 부설권을 뺏고 군사용 철도로 건설한다. 그런데 경의철도 때문에 300여만 평을 수용당한 용산 주민들은 1905년 8월 일본 헌병과 충돌한다. 평양 사람들도 일본군의 발포에 투석전으로 맞선다.

부산 초량에서 열린 경부철도 기공식

유럽
## 제1회 노벨상 시상식이 열리다

12월 10일, 스웨덴의 화학자 알프레드 노벨의 유언에 따라 물리학, 화학, 생리학/의학, 문학, 평화의 5개 분야에서 제1회 노벨상 수상자가 선정됐다.[1]

노벨은 1866년 일반적인 폭약보다 훨씬 더 안전하고 성능 좋은 다이너마이트라는 폭약을 발명해 엄청난 부를 쌓았다. 하지만 죽기 전 자신의 재산 중 약 3100만 크로네를 스웨덴 왕립과학아카데미에 기부해 매년 인류의 복지를 위해 가장 공헌한 사람을 뽑아 시상해 달라는 유언장을 남겼다.

하지만 노벨의 유언장이 공개되자 가족들은 자신들이 받을 유산을 엉뚱한 데 빼앗기게 됐다며 분통을 터뜨렸다. 스웨덴의 국민 여론 또한 수상자의 자격에 국적 제한이 없기 때문에 국부가 해외에 유출될 것을 우려했다. 하마터면 노벨상이 제정되지 못할 뻔했던 것이다.

우여곡절 끝에 제1회 노벨상은 X선을 발견한 빌헬름 뢴트겐(물리학상)과 적십자사를 창설한 장 앙리 뒤낭(평화상) 등이 수상했다. 한국인으로는 2000년에 김대중 전 대통령이 한국과 동아시아의 민주주의 발전 및 한반도의 평화와 화해를 위해 노력한 공로로 평화상을 수상한다.

노벨의 유언장과
노벨상 메달

1 노벨상의 수상 분야 | 경제학상은 이와 별개로 1969년 스웨덴 국립은행이 제정해 시상하기 시작했다.

유럽
## 러시아에서 인민주의자들이 사회혁명당을 결성하다

빅토르 체르노프, 알렉산드르 케렌스키 등 러시아의 인민주의자들이 사회혁명당을 결성했다. 이들은 차르 전제정의 타도와 농민을 중심으로 한 농업 사회주의의 건설을 지향했으며, 요인 암살과 같은 테러리즘을 그 수단으로 삼았다.

1917년 2월혁명 이후 이 당의 케렌스키가 임시정부의 수반이 된다. 10월혁명 이후에는 제헌의회 선거에서 과반수 의석을 차지해 제1당이 되지만 볼셰비키가 제헌의회를 강제로 해산시킴에 따라 볼셰비키와 내전에 돌입한다(1917년 참조).

사회혁명당의 1917년
선거 포스터

초기 전화 교환원

**1 장리** | 외국인들은 장리를 둔 것에 대해 사생활 침해 혹은 도청이라고 항의했다.

## 민간인용 전화가 개통되다

3월 20일, 민간인이 가정에서 사용할 수 있는 전화가 최초로 한성-제물포 구간에서 개통됐다. 6월에는 한성에서 시내 전화도 개통됐다. 교환원을 거쳐 상대방과 연결하는 방식이었고, 요금은 시외·시내 전화 모두 5분 한 통화에 50전이었다. 1903년에는 공중전화를 할 수 있는 '전화소'도 생기는데, 이곳에서는 통화하는 사람 주변에 장리(掌吏)[1]가 앉아 있었다. 장리는 불온·저속한 말을 주고받거나 말싸움을 하면 통화를 중단시킬 수 있다는 전화 규칙을 집행하는 관리였다. 전화 받을 사람을 불러와야 할 경우에는 거리를 계산해 1리에 2전씩 요금을 더 받았다.

### 하와이 이민이 시작되다

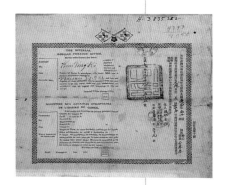

하와이행 여권

**2 이민자들의 열악한 노동 환경** | 1905년 3월 멕시코로 떠난 1033명도 하와이 이주자와 마찬가지로 이러한 상황에 놓였다.

12월 22일, 하와이로 떠나는 조선인들을 태운 갤릭호가 제물포항에서 출발했다. 이들은 이듬해 1월 하와이에 도착한 후 사탕수수 농장에서 일했다. 이들을 기다리고 있던 것은 채찍으로 맞아가며 일해야 할 정도로 가혹한 노동 조건, 낮은 임금, 그리고 차별이었다. 당시 하와이의 백인 농장주들은 원주민만으로는 일손이 모자라자 임금이 백인의 4분의 1 수준이던 아시아인을 고용했다. 주한 미국 공사 알렌이 조선인 고용을 주선했고, 그렇게 해서 1905년까지 65차례에 걸쳐 조선인 7226명이 하와이에 도착했다.

이들이 처음부터 돌아오지 않을 생각으로 떠난 것은 아니었다. 그러나 머무는 기간이 길어지면서 차츰 정착해 이민자로 살아가게 된다. 독신 남성의 결혼 문제도 '사진 신부'들이 오면서 해결된다. 이민자들은 노예 노동에 비교될 만큼 열악하던[2] 조건을 극복하고 미국 내에서 한인 사회를 형성해 간다.

### 사진 신부

하와이나 미국 본토로 이민 간 남성들이 보내온 사진을 보고 남편 상대를 골라 시집간 여성을 말한다. 1910년 최사라가 최초의 사진 신부로서 하와이에 왔다. 이민을 더 엄격히 제한하는 방향으로 미국의 국적법이 개정된 1924년까지 하외이로 951명, 미국 서부 연안으로 115명의 사진 신부가 이주했다.

아시아

## 영국과 일본이 동맹을 맺다

1월 30일, 영국과 일본이 러시아의 남하에 공동 대응하기 위해 제1차 영·일동맹을 맺었다. 두 나라는 영국이 청나라에 대한 이권을 차지하고, 일본이 조선에 대한 이권을 차지하기로 합의했다. 또한 각국이 두 나라 이상의 적국과 전쟁을 벌일 경우 서로 돕기로도 약속했다.

유럽

## 홉슨이 『제국주의론』을 통해 열강의 제국주의 정책을 비판하다

영국의 언론인 존 앳킨슨 홉슨이 『제국주의론』을 출간해 영국 등 서구 열강의 제국주의를 신랄히 비판했다. 홉슨은 당시 영국의 영토 팽창 정책이 오직 소수의 금융 자본가들만의 이익을 위한 것이며, 국민 전체의 이익이나 윤리와는 전혀 무관하다고 주장했다.

그의 이러한 제국주의 비판은 훗날 레닌과 부하린 등의 마르크스주의자들에 의해 체계화된다. 그러나 홉슨이 제국주의를 마음먹기에 따라 쉽게 바로잡을 수 있는 정책적 오류라고 믿은 것과 달리, 레닌 등은 자본주의가 일정한 단계에 도달하면 반드시 나타날 수밖에 없는 필연적 현상이라고 보았다.

영국령　　　프랑스령　　　독일령　　　에스파냐령　　　포르투갈령　　　이탈리아령
벨기에령　　　네덜란드령　　　미국령　　　덴마크령　　　1900년 당시 독립국

1900년 열강의 세계 분할

유럽

## 최초의 공상 과학 영화 〈달세계 여행〉이 상영되다

프랑스의 영화감독 조르주 멜리에스가 쥘 베른의 소설 『지구에서 달까지』를 각색해 〈달세계 여행〉이라는 14분짜리 무성 흑백 영화를 제작했다. 이 영화의 등장인물들은 커다란 대포를 제작해 우주선을 달로 쏘아 올린다는 기발한 아이디어를 통해 달나라 여행을 실행에 옮긴다. 초기의 영화들이 주로 현실의 재현에만 관심을 가졌던 것과 달리, 꿈과 환상의 세계를 창조해 보여 준 최초의 공상 과학 영화로 평가받고 있다.

〈달세계 여행〉의 한 장면

# 1903

## 러시아가 압록강 하구 용암포를 무단 점령하다

4월 21일, 러시아가 압록강 하구의 작은 항구인 용암포를 불법 점령했다. 러시아는 1896년 조선에서 가져간 압록강 유역의 삼림 벌채권을 보호한다는 명목으로 군대를 보냈다. 의화단 사건(1899년 참조) 이후 만주를 점령하고 있던 러시아는 용암포를 '니콜라이항'이라고 부르며 이곳에 포대를 설치했다. 또한 용암포를 조차(1898년 참조)하겠다고 대한제국에 요구했다.

러시아가 용암포를 점령하자 다른 열강들이 반발했다. 1902년 동맹을 맺은 일본과 영국은 러시아의 용암포 점령에 강하게 반대하면서, 미국과 함께 인근에 있는 의주를 개항하라고 대한제국을 압박했다. 영국·미국·일본이 손잡고, 남하 정책을 펴는 러시아를 견제하는 형국이었다.

이 와중에 일본은 '러시아가 만주를, 일본이 한반도를 각각 점령하자'고 러시아에 제안했다. 러시아는 이를 거부하고, 북위 39도선 이북은 중립화하고 그 이남만 일본이 차지하는 방안을 일본에 역으로 제시했다. 그러나 이번엔 일본이 받아들이지 않았다. 협상이 실패로 끝나면서 러시아와 일본 사이에는 전쟁 분위기가 고조됐다.

만주와 한반도를 차지하기 위해 대결하는 러시아(곰)와 일본(사무라이)

용암포

## 팔미도에서 한반도 최초의 등대가 불을 밝히다

6월 1일, 제물포 앞 팔미도에 한반도 최초의 등대가 들어섰다. 팔미도 등대는 일본의 요구에 따라 설치됐다. 일본은 이를 통해 한반도 해안 지형에 어두운 자국 선박의 안전을 확보하는 한편 러시아를 견제하려 했다. 일본인 이시바시 아야히코가 설계했고 자금과 인력은 대한제국이 부담했다.

## 고종 즉위 40년을 기념해 자동차를 도입하다

고종 황제가 즉위 40주년(고종은 1863년에 조선의 제26대 국왕으로 등극했다)을 기념해 자동차를 도입했다. 이때 들어온 차종이 포드라는 설과 캐딜락이라는 설이 맞서고 있지만, 포드라는 견해가 우세하다. 일반적으로 1903년을 한국 자동차의 원년으로 본다.

팔미도 등대

아메리카

## 라이트 형제가 인류 최초의 동력 비행에 성공하다

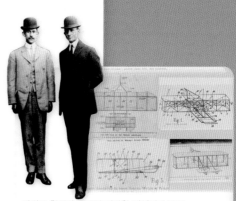

라이트 형제와 그들이 제작한 비행기의 구조

12월 17일, 미국의 자전거 제조공 윌버 라이트와 오빌 라이트 형제가 하늘을 나는 인류의 오랜 꿈을 마침내 실현했다. 사흘 전에 형 윌버가 동전 던지기로 조종사를 맡았다가 이륙에 실패했기 때문에, 이날은 동생 오빌이 최초의 비행기인 플라이어 1호의 조종석에 앉았다. 오빌은 첫 번째 비행에서 12초 동안 36.5미터를 날았고, 마지막 비행에서는 59초 동안 약 260미터를 나는 데 성공했다.

라이트 형제는 새의 움직임에서 착안해 비행기의 날개를 살짝 비트는 방식으로 공중에 뜨고 방향을 바꾸는 문제를 해결했다. 또한 손수 제작한 가솔린 엔진을 사용했으며, 체인으로 엔진과 프로펠러를 연결하는 획기적인 방법도 고안해 냈다.

| 비행의 역사 | |
| --- | --- |
| 1485년경 | 레오나르도 다빈치가 비행기의 모습을 스케치하다 |
| 1783년 | 몽골피에 형제가 열기구 비행에 성공하다 |
| 1849년 | 조지 케일리가 글라이더를 제작해 하늘에 띄우다 |
| 1891년 | 오토 릴리엔탈이 글라이더를 타고 비행하다 |
| 1900년 | 페르디난트 폰 체펠린이 실용적인 비행선을 제작하다 |
| 1903년 | 라이트 형제가 최초의 동력 비행에 성공하다 |

유럽

## 치올콥스키가 로켓의 기본 원리를 밝히다

러시아의 고등학교 수학교사이자 청각장애인이었던 콘스탄틴 치올콥스키가 「로켓을 이용한 우주 공간의 탐구」라는 논문을 발표해 로켓 발사의 원리를 설명했다. 치올콥스키는 이 논문을 통해 로켓의 속도가 가스의 분출 속도와 비례하며, 로켓의 처음 무게와 연료를 모두 사용한 뒤의 무게 사이의 비율과 관련된다는 공식을 제시했다. 또한 액체 연료 사용의 이점과 다단계 로켓의 원리를 밝혀 훗날 인류의 우주 탐사를 위한 초석을 닦았다.

## 일본의 기습 공격으로 러·일전쟁이 벌어지다

2월 8일, 일본 함대가 뤼순항에 있던 러시아 함대를 기습 공격하면서 러·일전쟁이 시작됐다. 이어 일본은 제물포 앞바다에서 러시아 군함 2척을 격침시킨 후 한성을 점령했다. 주도권을 잡은 일본은 1905년 3월 펑톈에서 러시아와 격전을[1] 치른다.

1 봉천 | 지금의 중국 선양

러일전쟁
뤼순항을 공격하는 일본군

펑톈전투에서 패한 러시아는 전세를 뒤집기 위해 유럽에 있던 발트 함대를 파견한다. 그러나 발트함대는 1905년 5월 동해에서 도고 헤이하치로가 이끈 연합함대에게 참패한다. '피의 일요일' 사건(1905년 참조)을 계기로 국내 상황마저 불안해진 러시아는 이로써 패전을 현실로 받아들여야 하는 처지에 놓인다.

예상 밖으로 일본이 승리한 이유 중 하나는 영국과 미국의 적극적인 지원이었다. 두 나라는 일본이 부담한 전쟁 비용의 약 3분의 2를 빌려 줬다. 또한 영국은 발트함대의 움직임을 일본에 속속 알려 줬다.

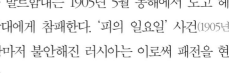

**도고 헤이하치로**

일본 연합함대 사령관. 이순신을 존경해 다음과 같은 말을 남겼다. "(1805년 트라팔가해전에서 나폴레옹의 함대를 물리친 영국의) 넬슨이나 나는 거국 내각의 전폭적인 뒷받침을 받아 결전에 임했다. 그러나 이순신은 그런 지원 없이 전략으로 홀로 싸워 이겼다. 나를 넬슨과 비교하는 것은 몰라도 이순신과 비교하는 것은 황공한 일이다."

## 일본이 한일의정서와 제1차 한·일협약을 강제하다

2월 23일, 일본이 러·일전쟁에서 중립을 선언한 대한제국을 위협해 한·일의정서를 체결했다. 이로써 일본은 전쟁 수행에 필요하다고 판단하면 대한제국의 어디든 사용할 수 있게 됐다.

8월 22일에는 역시 일본의 강요로 제1차 한·일협약이 체결됐다. 이를 통해 일본은 외국인 고문들을 앞세워 대한제국에 간섭했다. 앞서 6월에 일본은 국토의 30퍼센트에 달하는 황무지를 '개척'할 권리도[2] 요구했다.

2 황무지 '개척권' | 일본은 거센 반대 여론에 밀려 두 달 만에 이 요구를 철회한다.

한편 이 와중에 일부 지식인들은 '러·일전쟁에서 일본의 승리는 곧 황인종의 승리'라며 일본을 응원했다. 손병희가 이끄는 동학교단도 군수 물자를 수송해 주고 러시아군의 기밀을 탐지하며 일본을 도왔다.

유럽

## 플레밍이 진공관을 발명하다

11월, 영국의 물리학자 존 앰브로즈 플레밍이 진공 상태에서 전자의 흐름을 조종할 수 있는 장치인 진공관을 만들었다. 진공관은 전기 신호를 증폭하거나 변경할 수 있어 라디오와 텔레비전, 컴퓨터 등 다양한 전자 기기에 두루 사용된다. 지금은 그 역할을 트랜지스터와 집적 회로가 대신하고 있다.

플레밍의 진공관

유럽

## 〈피터 팬〉이 공연되다

12월, 영국의 극작가 제임스 배리의 희곡을 바탕으로 제작된 크리스마스 아동극 〈피터 팬〉이 처음으로 공연됐다. 웬디라는 소녀가 네버랜드라는 공상의 나라에 사는 피터 팬을 만나 겪는 모험을 그린 작품이었다. 훗날 애니메이션, 영화 등 다양한 장르로 제작된다.

유럽

## 스탈링이 호르몬을 발견하다

영국의 생리학자 어니스트 스탈링이 십이지장에서 만들어진 세크레틴이 이자(췌장)의 활동을 촉진하는 것을 발견하고, 이러한 물질들을 호르몬이라고 이름 붙였다. 호르몬은 동물의 몸 안에서 생성되는 화학 물질을 통틀어 가리키며, 혈관을 타고 여러 기관으로 이동해 물질대사[1], 체온과 혈당의 유지, 성별에 따른 신체적 특징의 형성 등의 기능을 한다.

1 물질대사 | 생물이 외부로부터 섭취한 영양 물질을 이용해 생명 활동에 필요한 물질과 에너지를 만들어 내고, 필요 없는 물질을 외부로 내보내는 작용

유럽

## 로댕이 〈생각하는 사람〉을 출품하다

프랑스의 조각가 오귀스트 로댕이 대표작 〈생각하는 사람〉을 살롱에 출품했다. 이 작품은 원래 1880년에 제작한 〈지옥의 문〉의 일부였다. 〈지옥의 문〉은 단테의 서사시 『신곡』의 「지옥」 편을 주제로 한 작품이었으며, 〈생각하는 사람〉은 그 지옥의 문 위에 걸터앉아 처절한 고통 속에서 괴로워하는 인간들을 내려다보며 깊은 생각에 잠긴 시인의 모습을 형상화한 것이었다. 로댕은 현대 조각의 시조로 불리며 〈칼레의 시민〉, 〈입맞춤〉, 〈청동 시대〉 등 수많은 작품을 남겼다.

오귀스트 로댕

〈생각하는 사람〉

〈지옥의 문〉

## 1월 1일, 경부철도(1901년 참조)가 완전히 개통되다

## 2월 22일, 일본이 '다케시마(독도)를 시마네현에 편입한다'고 공시하고 독도를 강탈하다[1]

### 7월에 시작된 화폐 정리 사업을 계기로 일본이 조선의 재정권을 장악하다

### 가쓰라 · 태프트 밀약과 제2차 영 · 일동맹이 체결되다

7월 27일 일본 수상 가쓰라 다로와 미국 육군장관 윌리엄 하워드 태프트가 밀약을 맺었다. 핵심은 일본의 대한제국 지배와 미국의 필리핀 지배를 서로 인정한다는 것이었다. 8월 12일 제2차 영·일동맹을 맺은 영국도 일본의 대한제국 지배권을 승인했다.

### 포츠머스강화조약[2]으로 러 · 일전쟁이 끝나다

9월, 일본과 러시아가 포츠머스강화조약을 맺고 러·일전쟁을 끝냈다. 패배한 러시아는 한반도에 대한 일본의 우월권을 인정하고 북위 50도 이남의 사할린 등을 일본에 넘겼다. 그러나 러시아가 배상금을 줄 수 없다고 버텨, 일본은 한 푼도 받지 못했다. 이 때문에 일본에서는 러시아와 강화를 맺는 데 반대하는 운동이 벌어졌다.

## 제2차 한 · 일협약으로 사실상 보호국으로 전락하다

11월 18일 새벽, 이토 히로부미가 제2차 한·일협약(이른바 '을사조약') 체결을 선언했다. 핵심은 대한제국의 외교권을 일본에 넘기고 일본인 통감이 대한제국의 정치를 감독한다는 것이었다.

이토는 고종이 '조약' 체결을 거부하자 일본군을 동원해 왕궁을 포위했다. 이어 고종이 자리에 없는 상태에서 열린 대신회의에서 '을사5적'이 찬성한 것을 근거로 '조약' 체결을 신포했다. 이로써 대한제국은 사실상 일본의 보호국으로 전락했다.

그러나 제2차 한·일협약은 문서에 공식 조약 명칭도 담겨 있지 않은 등 조약으로서 최소한의 형식도 갖추지 못했다. 고종은 비준을 거부했을 뿐만 아니라 대신들에게 체결권을 위임하지도 않았다. 이 때문에 협약 체결 사실이 알려지자 거센 반발[3]과 함께 '무효'[4]라는 주장이 곳곳에서 나왔다.

1 일본의 독도 영유권 주장 | 이로부터 100년 후인 2005년 시마네현은 2월 22일을 '다케시마의 날'로 정하고 매년 기념행사를 하고 있다. 독도가 자신들의 "고유한 영토"라는 일본의 강변은 현재진행형이다.

2 포츠머스 | 미국 동부의 항구 도시. 조약이 이곳에서 체결된 것은 미국이 일본과 러시아의 강화조약을 중재했기 때문이다.

3 을사조약에 대한 반발 | 학생들은 동맹 휴학을 하고, 상점은 문을 닫았으며, 수천 명이 경운궁 앞에 모여 폐기를 요구했고, 민영환과 조병세를 비롯한 전·현직 관리들도 목숨을 끊으며 일본에 항의했다.

4 을사조약의 유효성 논란 | 제2차 한일협약의 유효성 논란은 지금도 계속되고 있다. 일본 정부는 '을사조약'이 효력이 있는 것이라고 주장하지만, 한국 정부는 이를 인정하지 않는다. 한국에서는 강제로 체결되고 조약 형식도 못 갖췄음을 강조하며 '을사늑약'이라고 부르는 경우도 많다.

을사5적
외부대신 박제순, 내부대신 이지용, 군부대신 이근택, 학부대신 이완용, 농상공부대신 권중현(왼쪽 위부터 오른쪽으로)

유럽

## 피의 일요일 사건이 벌어지다

1월 22일 일요일, 러시아의 수도 상트페테르부르크에서 노동자와 그 가족들이 차르 니콜라이 2세의 겨울궁전을 향해 행진을 시작했다. 게오르기 가폰이라는 정교회 사제가 이끄는 시위대는 차르에게 자신들의 비참한 처지를 청원하면 반드시 들어주리라 믿었다. 그러나 차르의 수비대가 시위대에게 발포해 500명 이상이 죽고 수천 명이 다치는 비극이 벌어졌다.

러시아인들은 전통적으로 차르를 '자비로운 아버지'로 여기며 존경해 왔다. 그러나 '피의 일요일' 사건을 겪으며 그러한 믿음과 존경을 버리고 이제껏 소수의 혁명가들이 주도해 온 혁명 운동에 동참하기 시작했다. 노동자들은 소비에트를[1] 조직하고 곳곳에서 파업을 일으켰으며, 농촌에서는 농민들의 반란이 줄지어 터져 나왔다.

피의 일요일 사건

1 소비에트 | 평의회 또는 대표자회의를 뜻한다. 노동자와 병사, 농민들이 각각의 일터와 지역에서 대표자를 선출하고, 이 대표자들이 평의회를 구성해 주요한 의사 결정을 행했다. 1905년과 1917년 혁명에서 핵심적인 역할을 한다.

유럽

# 아인슈타인이 특수상대성이론을 발표하다

6월 30일, 독일의 유대계 물리학자 알베르트 아인슈타인이 특수상대성이론을[2] 발표했다. 아인슈타인은 빛의 속도가 어떠한 속도로 이동하는 물체에서 관측하더라도 항상 일정하다는 사실을 발견하고, 시간과 공간이 절대적인 것이 아니라 관측하는 사람의 조건에 따라 달라지는 상대적인 것임을 입증했다.

청년 시절의 아인슈타인

2 $E=mc^2$ | 특수상대성이론의 핵심 공식 가운데 하나로, 질량과 에너지가 서로 변환될 수 있음을 보여 준다. E는 에너지, m은 질량, c는 빛의 속도다. 이 공식에 따르면 아주 작은 질량이 엄청난 크기의 에너지로 바뀔 수 있다. 원자 폭탄의 원리도 이 공식으로부터 나온다.

아시아

## 중국혁명동맹회가 청나라 타도를 목표로 결성되다

7월 30일, 흥중회, 화흥회, 광복회 등 중국의 혁명 운동 단체 대표 70여 명이 일본 도쿄에 모여 중국혁명동맹회로 통합할 것을 결의했다. 이들은 청나라 정부가 외세의 침략에 제대로 대응하지 못해 중국이 멸망할 위기에 처했다며, 제국주의 열강을 몰아내려면 먼저 청나라를 타도해야 한다고 주장했다.

8월 20일의 창립대회에서 총리로 추대된 쑨원은 새로운 중국 건설의 이념으로 민족(民族), 민권(民權), 민생(民生)의 삼민주의를 제시했다. '민족'은 청나라를 타도하고 한족의 나라를 세우겠다는 뜻이고, '민권'은 민주주의를 지향한다는 뜻이며, '민생'은 빈부격차가 없는 평등한 사회를 만들겠다는 뜻이었다.

혁명동맹회는 훗날 국민당으로 이름을 바꿔 1911년 이후 공화 혁명을 이끄는 주체가 된다(1911년 참조).

혁명동맹회와 쑨원

야구 도입 초기의 경기 모습

**2월 11일, 동대문 근처 훈련원에서
대한제국 최초의 야구 경기가 벌어지다**

**4월 3일, 경의철도**(1901년 참조)**가 완전히 개통되다**

## 제2차 한 · 일협약 이후 의병 운동이 활발해지다

일본이 제2차 한·일협약을 강요해 외교권을 뺏고 통감부를 설치해 대한제국 내정에 노골적으로 간섭하자, 의병 운동이 확산됐다. 1905년 4월부터 활빈당(1900년 참조) 등이 활동하던 경기·강원·충청·경상도 북부에서 의병이 일어났는데, 같은 해 11월 제2차 한·일협약이 강요된 후 그 규모와 수가 늘어난 것이다. 그 결과 1906년 말 한반도 중남부에서 의병이 일어난 지역은 60여 개 군에 이르렀고, 그 기세는 서북부로 번졌다.

위정척사파 의병장 최익현

의병장인 민종식과 최익현은 위정척사파 양반 관료 출신이다. 민종식은 1906년 5월 충청도 홍주성을 점령했으나 그 후 일본군에 패했다. 최익현은 6월 전라도 태인에서 의병을 일으켰다. 최익현은 정부군과 마주치자 전투를 하는 대신 의병을 해산하고 순순히 체포됐다. 그 후 일본 쓰시마로 끌려간 최익현은 일본이 주는 음식을 먹을 수 없다며 식사를 거부하고 굶어 죽었다.

이들보다 더 주목받은 건 평민 출신 의병장인 신돌석이었다. 경상도 북부 일월산을 중심으로 활동한 신돌석은 태백산맥의 험준한 지형을 적절히 활용해 일본 헌병 등을 습격하며 '태백산 호랑이'로 이름을 날렸다.

### '사람도 차도 오른쪽 통행' 규칙이 반포되다

1 이사청 | 통감부가 각 지방에 설치한 통치 기관

12월 21일, 경성이사청[1]이 우측통행령을 내렸다. 사람과 차 모두 오른쪽으로 다니라는 지시였다. 그 후 1921년 12월 1일 일제는 이 규칙을 바꿔 사람과 차 모두 왼쪽으로 다니게 한다. 1946년 4월 1일 미군정은 이를 다시 개정해 사람은 왼쪽, 차는 오른쪽으로 다니게 한다. 2009년 정부는 사람도 오른쪽으로 다니도록 규정을 바꾼다.

## 스톨리핀이 러시아제국을 구하려 '보수적 개혁'을 시도하다

6월, 표트르 스톨리핀이 총리에 취임해 러시아를 혁명의 위기에서 구하기 위한 과감한 조치들을 취하기 시작했다. 그는 혁명 세력을 뿌리 뽑기 위해 혁명가들을 붙잡아 교수형에 처하고 수만 명을 시베리아로 유형[1] 보냈다. 당시 러시아인들이 교수대를 '스톨리핀의 넥타이'라고 부를 지경이었다. 나아가 사회주의자와 개혁 성향의 의원들로 채워져 있던 의회를 해산하고, 선거법을 고쳐 농민과 노동자, 소수민족의 의석을 줄이고 지주, 자본가의 의석을 늘려 의회를 거수기로 전락시켰다.

한편 농촌 공동체 미르[2]를 해체하고 부유한 농민들을 육성하는 데에도 힘을 쏟았다. 부유한 농민들은 정부의 든든한 지지 세력이 될 것이며, 그 과정에서 몰락한 농민들은 산업 발전에 필수적인 노동자가 되리라 기대했던 것이다. 그러나 미르에 상당한 애착을 갖고 있던 농민들은 거세게 반발한다. 결국 1911년 9월 14일 스톨리핀이 암살당함으로써 '보수적 개혁'은 실패로 돌아가고, 러시아는 혁명의 길로 치닫게 된다.

표트르 스톨리핀

1 시베리아 유형 | 18세기 이래 러시아에서는 중죄인이나 정치범들에게 시베리아로 추방하는 형벌이 내려졌다.

2 미르 | 러시아의 전통적인 농촌 자치 기구. 자체적으로 대표를 선출하고, 공동으로 세금을 납부하며, 가족 수에 따라 정기적으로 토지를 다시 나누는 등 매우 강력한 통합력을 갖고 있었다.

## 인도인들이 스와라지 · 스와데시 운동을 벌이다

인도국민회의(1885년 참조)가 주도한 스와라지(자치)와 스와데시(국산품 애용) 운동이 빠르게 번져 나갔다. 1905년 10월 조지 커즌 총독이 벵골 지방을 힌두교도가 많이 사는 서부와 무슬림이 많이 사는 동부로 분할한 데 대한 반발이 터져 나온 것이었다. 총독은 행정 편의를 위한 것이라고 주장했지만, 실은 두 종교 사이의 갈등을 이용해 유독 격렬했던 벵골 지방의 독립운동을 약화시키려는 술책이었다. 벵골 분할령은 인도인들의 격렬한 반발에 부딪혀 1911년 취소된다. 그러나 종교 간 갈등은 계속 심화돼 1947년 인도가 두 개의 나라(인도와 파키스탄)로 분리 독립하는 데 원인을 제공한다. 한편 스와라지·스와데시 운동은 식민 당국의 탄압으로 한때 잦아들다가 1920년대 이후 마하트마 간디 등에 의해 더욱 적극적으로 전개된다.

벵골 지방

1 국채보상운동의 한계 | 일본
이 대한제국 재정권을 장악하
고 있는 상황에서 일본을 몰아
내지 않고 단지 돈을 모아 빚
을 갚겠다는 것은 처음부터 실
현되기 어려운 목표였다는 비
판도 있다.

1907년 8월 통감부에서
파악한 국채보상금 모집
금액표

2 만국평화회의 | 1899년에
처음 열린 만국평화회의의 실
제 목적은 식민지를 둘러싼 강
대국 간의 갈등을 조정하는 것
이었다. 따라서 대한제국 같
은 약소국의 호소가 받아들여
질 가능성은 애초부터 거의 없
었다.

## 국채보상운동이 벌어지다

'담배를 끊고 돈을 모아 일본에 진 빚 1300만 원을 갚자'는 국채보상운동이 2월
에 시작돼 곧 전국으로 퍼졌다. 방방곡곡에서 남성은 담배를 끊고 여성은 반지
와 비녀를 빼 성금을 모았다. 4월 말까지 4만 명 넘게 성금을 냈지만, 통감부의
방해로 국채보상운동은 좌절됐다.[1]

## 헤이그 밀사 사건으로 고종이 물러나다

7월, 고종의 밀사 이준·이위종·이상설이 제2회 만국평화회의[2]가 열린 네덜란드
헤이그에서 '을사조약은 무효'라고 주장했다. 이들은 국제 사회에 일본의 침략상
을 고발하고자 했다. 일본은 '대한제국은 일본의 보호국으로 독자적인 외교권이
없다'며 이들을 방해했다. 그 결과 이들은 만국평화회의 정식 회의에 참석하지
못했고, 울분을 참지 못한 이준은 헤이그에서 숨을 거뒀다.

일본은 이 사건을 문제 삼아 7월 20일 고종을 황제 자리에서 물러나게 했다. 7
월 24일에는 '법령 제정 전에 통감의 승인을 얻어야 하며 각 부처 차관에 일본
인을 임명한다'는 제3차 한·일협약(정미 7조약)을 강제해 대한제국의 행정권과 사
법권까지 장악했다.

## 7월, 언론과 집회의 자유를 제한하는 신문지법과 보안법이 제정되다

## 군대가 해산되고, 군인들은 의병에 합류하다

8월 1일, 군대가 강제로 해산됐다. 군대 해산은 통감 이토 히로부미와
내각 총리대신 이완용이 비밀리에 작성한 제3차 한·일협약 부속각서에
따라 이뤄졌다.

일본은 한성에서 대한제국 군인들을 비무장 상태로 모아 놓고 해산식
을 할 계획이었다. 그러나 시위대 제1연대 제1대대장 박승환이 이를 거
부하고 권총으로 자결하면서 해산 계획이 병사들에게 알려졌다. 병사들
은 해산을 거부하고 무기를 확보해 일본군과 시가전을 벌였다. 원주를
비롯한 지방에서도 해산을 거부한 군인들이 일본군과 싸웠다. 이처럼
해산에 반대한 군인 중 상당수가 의병에 합류하면서, 일본에 맞선 무력
항쟁은 '의병전쟁'으로 확산됐다.

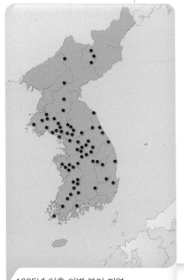

1905년 이후 의병 봉기 지역

유럽

# 영국, 프랑스, 러시아가 삼국협상을 이루다

8월 31일, 영국과 러시아가 이란, 아프가니스탄, 티베트 등의 지역에 대한 세력권을 상호 인정하는 협약을 맺었다. 이 협약은 군사적인 내용을 포함하지는 않았지만, 프랑스·러시아동맹(1891년), 영국·프랑스 협약(1904년)과 더불어 사실상 영국·프랑스·러시아의 삼국협상을 형성시켰다.

제국주의 열강들은 1914년 제1차 세계대전이 일어날 때까지 이 삼국 협상과 독일, 오스트리아-헝가리, 이탈리아의 삼국동맹(1882년 참조)을 통해 서로 팽팽한 세력 균형을 이루며 맞서게 된다.

삼국협상과 삼국동맹

유럽

## 피카소가 〈아비뇽의 처녀들〉을 그리다

에스파냐 출신 화가 파블로 피카소가 프랑스에서 입체파(큐비즘) 미술의 대표작으로 꼽히는 〈아비뇽의 처녀들〉을 완성했다. 이 작품은 르네상스 이후 서양 미술이 추구해 온 전통적인 양식들과 파격적인 차이를 보였다. 선과 형태는 매우 단순화됐고, 원근법은 무시됐으며, 명암의 표현도 우리 눈에 보이는 것과 완전히 달랐다. 이러한 회화 양식은 다양한 각도에서 본 모습들을 하나의 평면에 담았다는 이유로 입체파라고 불렸다. 이를테면 얼굴은 정면을 향하고 있는데 그 코는 옆모습으로 그려져 있고, 몸은 등을 보이고 있는데 그 얼굴은 앞을 바라보고 있다든지 하는 것이다.

삼국협상을 상징하는 포스터
왼쪽부터 각각 프랑스, 러시아, 영국을 가리킨다.

아메리카

## 방사성 연대 측정법으로 지구의 나이를 계산하다

미국의 화학자 버트럼 볼트우드가 우라늄이 붕괴해 납이 되는 원리를 이용해 암석의 나이를 측정하는 방법을 찾아냈다. 우라늄과 같은 방사성 원소들은 온도나 압력 등의 조건과 무관하게 언제나 일정한 속도로 붕괴하기 때문에[1], 암석 속에 함유된 우라늄과 납의 비율을 조사하면 그 암석의 나이를 알아낼 수 있었다. 볼트우드는 이를 통해 지구가 최소한 22억 년 전에 형성됐다는 사실[2]을 밝혔다. 이러한 방사성 연대 측정법[3]은 오늘날 고고학과 지질학 등에서 중요한 연구 방법으로 쓰이고 있다.

[1] 방사성 원소의 붕괴 속도 | 예를 들어 방사성 원소인 탄소14($^{14}C$)는 그 절반이 질소14($^{14}N$)로 붕괴하는 데 약 5370년이 걸린다.

[2] 지구의 나이 | 지금은 약 46억 년 전에 형성된 것으로 보고 있다.

[3] 방사성 연대 측정법 | 오늘날 주로 쓰이는 방사성 연대 측정법에는 탄소14연대 측정법, 칼륨-아르곤 연대 측정법, 루비듐-스트론튬 연대 측정법 등이 있다.

## 13도 창의군이 한성 진공 작전을 펼치다

1월, 의병 연합 부대인 13도 창의군 1만여 명이 한성 진공 작전을 펼쳤다. 허위가 이끈 선봉 부대 300명은 동대문 밖 30리 지점에서 일본군에 패퇴했다. 이에 더해, 부친 사망 소식을 들은 총대장 이인영[1]이 진공 작전을 앞두고 고향에 내려가 한성 진공 작전은 실패했다.

이 작전이 가능했던 것은 '을사조약' 이후 의병이 확산되고[2] 군대 해산을 계기로 의병의 전력이 강화됐기 때문이었다. 그러나 한성 진공 작전 실패는 양반 유생 의병장들의 한계도 보여 줬다. 이들은 유인석-김백선 사건(1896년 참조) 때와 마찬가지로 여전히 낡은 신분의식에 사로잡혀 있었다. 창의군의 지휘부를 장악한 이들은 함께 한성으로 진공하려 한 '태백산 호랑이' 신돌석과 함경도에서 맹활약하던 포수 출신 홍범도 같은 평민 출신 의병장을 신분을 문제 삼아 제외했다.

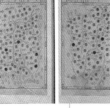

전해산 의병장이 그린 작전용 전국 지도

1 이인영의 낙향 | 이인영은 "효도를 다한 후 재기하겠다"라며 낙향했다.

2 의병의 확산 | '마을에서 의병이 나오지 않으면 수치'라는 이야기가 나올 정도로 방방곡곡에서 의병들이 활동했다.

## 장인환과 전명운이 통감부 고문 스티븐스를 죽이다

장인환과 전명운이 스티븐스를 공격한 사실을 보도한 『샌프란시스코 크로니클』 1908년 3월 24일 자 1면

3월, 장인환과 전명운이 미국 샌프란시스코 인근에서 통감부 고문인 더햄 화이트 스티븐스를 죽였다. 스티븐스는 일본이 대한제국의 외교권을 뺏는 것을 돕고, 한국인은 일본의 지배를 은혜로 여긴다는 등의 발언을 했다. 격분한 전명운은 23일 스티븐스를 권총으로 쐈으나 빗나가자, 스티븐스와 격투를 벌였다. 스티븐스는 격투 중에 장인환의 총탄에 맞아 이틀 후 사망했다.

## 동양척식주식회사가 설립되다

12월 28일, 동양척식주식회사(동척)가 설립됐다. 일본이 국책 회사인 동척을 세운 것은 자국 농민을 대한제국에 이주시켜 일본인 촌락을 건설하고, 대한제국의 토지를 뺏기 위해서였다.

일본은 동척을 세우기 전에 이미 철도 부지, 군용지 등을 수탈했고, 1908년에는 역둔토[3]와 궁방전도[4] 뺏었다. 또한 대한제국을 압박해 동척 설립 자본의 30퍼센트를 땅으로 내게 했다. 동척 설립 후 일본 농민의 이주는 급속도로 늘어나는데, 일본 농민들은 대부분 지주로 변신해 한국인들에게서 높은 소작료를 받아 간다.

3 역둔토 | 역토(驛土)는 역참의 운영 경비를 마련하는 데 쓰인 땅이고, 둔전(屯田)은 역참을 경비하기 위해 주둔한 군대가 자급자족을 위해 경작한 토지다.

4 궁방전 | 조선 시대에 왕실의 일부인 궁실과 왕실에서 독립한 궁가에게 지급하는 땅, 궁장토라고도 한다.

아시아

## 청년튀르크당의 혁명으로 오스만튀르크에서 전제정이 폐지되다

7월 23일, 민족주의 성향의 군인과 지식인들로 이뤄진 청년튀르크당이 술탄 압둘 하미드 2세의 전제정을 타도하고 러시아·튀르크전쟁(1877년 참조)을 빌미로 중단됐던 헌법을 부활시켰다. 이들은 선거를 통해 정권을 장악한 뒤, 정치에 대한 종교의 영향력을 약화시키고 여성의 권리를 신장하는 등 적극적인 개혁을 추진한다.

아메리카

## T형 포드와 더불어 대량 생산의 시대가 열리다

9월 27일, 미국의 '자동차 왕' 헨리 포드가 설립한 포드자동차에서 최초의 대량 생산 모델인 T형 포드를 출시했다. 포드자동차는 이 모델을 통해 단 한 종의 제품만을 생산하고, 부품의 규격을 통일하며, 작업 공정을 전문화하는 생산 방식을 채택했다. 나아가 1913년에는 조립 라인에 컨베이어 벨트를 도입해 생산 속도를 획기적으로 높이고 가격을 크게 낮춘다.

포드주의라고 불리는 이러한 생산 방식은 봉급생활자들도 쉽게 자동차를 구입할 수 있도록 함으로써 본격적인 '자동차의 시대'를 연다. 또한 포드주의는 미국의 다른 산업 부문과 외국에까지 확산돼 20세기가 대량 생산과 물질적 풍요의 시대가 되는 데 결정적인 기여를 한다.

T형 포드의 조립 라인

1 컨베이어 벨트 | 컨베이어 벨트가 도입됨에 따라 노동자는 하루 종일 한곳에서 똑같은 작업만 반복하게 된다. 덕분에 자동차 1대를 생산하는 데 걸리는 시간은 약 12시간에서 1.5시간으로 짧아지고, 가격은 800달러대에서 200달러대로 낮아진다. 그러나 이로 인해 노동자들이 기계의 한 부속품으로 전락했다는 비판도 제기된다.

유럽

## 오스트리아-헝가리가 보스니아-헤르체고비나를 합병하다

10월 7일, 오스트리아-헝가리가 베를린조약(1878년 참조) 이후 군사적으로 점령해 온 발칸반도의 보스니아-헤르체고비나를 공식 합병했다. 이곳에는 남(南)슬라브족이 주로 거주했으며 15세기 이후 오스만튀르크의 지배를 받아 왔다.

이 합병은 남슬라브족의 독립과 통일을 추구하는 민족주의 운동에 불을 댕기게 되며, 제1차 세계대전을 촉발시킨 '사라예보 사건(1914년 참조)'의 직접적인 원인을 제공한다.

2 남슬라브족 | 슬라브족의 일파로, 발칸반도의 불가리아인, 세르비아인, 크로아티아인, 슬로베니아인, 마케도니아인, 보스니아인, 몬테네그로인 등을 가리킨다.

아시아

## 11월 14일, 푸이가 청나라의 마지막 황제인 선통제로 즉위하다

푸이는 청나라의 멸망 이후 일본이 세운 만주국의 황제가 된다(1931년 참조).

**1 백두산정계비** | 숙종 때인 1712년 조선과 청나라가 국경선 문제를 매듭지으면서 세운 비. 19세기 후반 조선과 청나라는 '서쪽으로는 압록강, 동쪽으로는 토문강'을 국경으로 삼는다는 비문 내용에서 토문강이 어디를 가리키는지를 두고 해석을 달리했다.

의병들

## 일본이 간도협약을 맺고 간도를 청나라에 넘기다

9월 4일, 일본이 청나라와 간도협약을 맺고 만주 남부의 간도가 청나라 땅이라고 인정했다. 일본은 그 대가로 남만주철도 부설권 등을 얻었다. 간도는 백두산정계비[1] 해석을 둘러싸고 청나라와 조선 사이에 영유권 논란이 벌어졌던 땅이다. 간도협약 전에는 일본도 간도파출소를 세우는 등 간도가 청나라 땅이 아니라는 태도를 취했었다.

## 일본이 마지막 걸림돌인 의병을 제거하고자 '남한 대토벌'을 하다

9월부터 두 달간 일본이 한반도 장악의 마지막 걸림돌로 간주하던 의병을 대대적으로 공격했다. 주요 공격 대상은 활동이 왕성하던 호남 의병이었다. 일본군은 한반도 서남부 해안을 봉쇄한 후 이른바 '남한 대토벌 작전'을 펼쳤다. 그 실체는 무자비한 살육, 약탈, 방화였다. 이에 앞서 일본군은 한반도 중부와 동남부의 의병도 '토벌'했다. 이로 인해 1910년까지 일본군에게 사살된 의병이 1만 7688명, 부상자는 3706명에 이르렀다. 그 결과 한반도 내에서 의병 운동이 매우 위축됐다.

안중근

**2 안중근의 묘** | 서울 효창공원에는 김구가 해방 이후 임시로 만든 안중근 묘소가 있다. 그러나 그 묘소는 유해가 없는 가묘다. 안중근의 유해는 사형 직후 행방이 묘연해져 아직까지 확인되지 않고 있다.

# 안중근이 이토 히로부미를 사살하다

10월 26일, 안중근이 전 조선 통감 이토 히로부미를 만주 하얼빈역에서 사살했다. 일본은 안중근을 테러리스트로 몰아가려 했다. 그러나 안중근은 대한국 중장으로서 일본에 맞선 독립 전쟁의 일환으로 이토를 처단한 것이니 자신을 전쟁 포로로 대우할 것을 요구했다. 또한 일본이 겉으로는 동양 평화를 말하지만 실제로는 침략자이며, 이토를 죽인 것은 진정한 동양 평화를 위해서였음을 논리정연하게 주장해 일본 재판부를 당황시켰다. 안중근은 1910년 3월 26일 "대한독립의 소리가 천국에 들려오면 나는 마땅히 춤을 추며 만세를 부를 것"이라는 말을 남기고 뤼순 감옥에서 형장의 이슬로 사라진다.[2]
한편 친일파들은 이토가 죽자 일본에 사죄단을 파견하고, 한성에서 이토를 추도하는 모임을 열었다.

## 11월 1일, 창경궁에 동물원과 식물원이 생기다

창경궁 동물원

아메리카

## 베이클라이트가 대량 생산돼 플라스틱의 시대가 도래하다

2월, 미국에서 벨기에 출신의 화학자 레오 베이클랜드가 발명한 베이클라이트라는 플라스틱 제품이 시판됐다. 베이클라이트는 열을 가해도 형태가 변하지 않고 전기가 통하지 않는 성질을 지녔다. 이 물질은 곧 대량생산돼 금속과 목재 대신 전화기, 라디오, 파이프 등 수많은 생활용품의 재료로 널리 사용된다. 이로써 본격적인 '플라스틱의 시대'가 열렸다.

베이클라이트로 만든
전화기와 라디오

아메리카

## 4월 6일, 미국의 로버트 피어리가 인류 최초로 북극점을 밟다

아시아

# '마법의 조미료' MSG가 등장하다

5월 20일, 일본의 화학자 이케다 기쿠나에가 조미료 MSG(글루탐산나트륨)를 개발해 '아지노모토'라는 이름으로 판매를 시작했다. 다시마의 감칠맛이 아미노산의 일종인 글루탐산에서 비롯된 것임을 알아낸 뒤, 이를 추출해 상품화한 것이었다.

MSG는 그 자체로는 아무런 맛이 나지 않지만, 음식에 넣으면 고유의 맛을 한결 좋게 만드는 특성을 갖고 있었다. 이 조미료를 사용하면 저렴한 비용으로 맛있는 음식을 조리할 수 있었기에 주부와 식품 업체들에게 큰 인기를 끌었다. 훗날한국과 중국 등 외국에도 널리 수출된다.

1960대 이후 이 조미료가 건강에 해롭다는 주장이 제기돼 커다란 논란이[1]벌어지기도 한다. 그러나 미국식품의약국(FDA) 등의 기관에서는 지나치게 많은 양을 섭취하지만 않으면 건강에 해를 끼치지 않는다는 연구 결과를 발표해 이러한 논란을 종식시킨다. 실제로 MSG는 '화학 조미료'가 아니라 자연상태에 매우 흔하게 존재하는 성분을 추출, 가공해 만든 제품이며, 우리가 먹는수많은 식품들에 애초부터 함유돼 있다.

북극점에 선 피어리 일행
근래의 연구 결과에 따르면 피어리 일행이 도착한 곳이 사실은 북극점에서 수십 킬로미터가량 떨어진 지점이었다고도 한다.

1 중국 식당 증후군 | 1968년 미국의 한 의사가 MSG를 많이 넣은 중국 음식을 먹은 뒤 두통과 메스꺼움 등의 증상을 겪었다고 주장한 뒤, 이러한 증상은 '중국 식당 증후군'으로 불렸다.

일제 강점기 아지노모토 광고

유럽

## 모호로비치치가 지구의 내부 구조를 밝히다

10월 8일, 크로아티아의 지진학자 안드리야 모호로비치치가 지진파를 조사하던중에 우리가 딛고 있는 지각 아래 맨틀이라는 또 다른 층이 존재한다는 사실을 밝혔다. 두 층의 경계는 그의 이름을 따 모호로비치치불연속면(모[2]호면)으로 불리게 됐다.

2 땅속의 불연속면 | 땅 아래에는 모호로비치치불연속면 외에 콘래드불연속면(지각 내부의 화강암층과 현무암층의 경계)과 구텐베르크불연속면(맨틀과 핵의 경계)도 존재한다.

깊이(km)
0 —
10 —
20 —
30 —
30 —

바다
해양 지각
맨틀
모호로비치치 불연속면

모호로비치치불연속면

덕수궁 석조전

**1 덕수궁** | 본래 이름은 경운궁이었다. 1907년 고종이 황제 자리에서 물러나 이곳에 살면서 이름이 덕수궁으로 바뀌었다.

### 서양식 건축물인 덕수궁 석조전이 완공되다

6월, 덕수궁[1] 안에 서양식 건축물인 석조전이 세워졌다. 1900년에 공사가 시작돼 10년 만에 완공된 것이다. 석조전은 3층 건물로 18세기 신고전주의 유럽 궁전 건축 양식에 따라 지어졌다.

## 한·일병합조약이 발표되고 대한제국이 식민지로 전락하다

8월 29일, 대한제국의 통치권을 일본 천황에게 넘긴다는 한·일병합조약이 발표됐다. 1905년 외교권을 뺏고, 1907년에는 행정권을 가져간 데 이어 대한제국 군대마저 해산시켰으며, 1909년 대부분의 의병을 힘으로 제압한 일본이 마지막 수순으로 국권을 뺏은 것이다. 이로써 27대 518년(대한제국 포함)을 이어 온 조선은 망하고 한국인은 식민지 백성으로 전락했다. 나라가 망했다는 사실이 알려지자 대다수 한국인은 비통함에 빠졌고, 매천 황현을 비롯한 많은 이들이 스스로 목숨을 끊었다.

일본은 순종 황제를 이왕(李王)으로 삼고, 친일파들에게는 병합에 기여한 공로를 인정해 작위와 은사금을 수여했다. 이어 통감부를 폐지하고 조선총독부를 설치했다.

조선의 정궁인 경복궁 근정전에 내걸린 일장기

초대 총독은 통감이던 데라우치 마사타케가 맡았다. 육군 대장 출신인 데라우치 총독은 군사 조직인 헌병이 경찰 업무를 맡는 헌병 경찰제를 실시했다. 이를 통해 한국인이 집회를 비롯한 정치 활동을 하지 못하게 하는 무단 통치를 하며 공포 분위기를 만들었다. 또한 토지 수탈을 위한 기초 작업인 토지조사사업을 시작하고, 총독의 허가 없이는 회사를 설립하지 못하게 하는 회사령[2]을 공포했다.

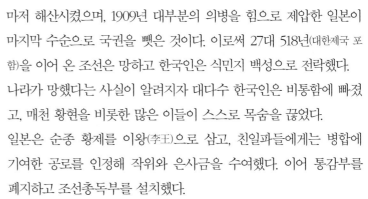

**한·일병합조약**

이 조약은 8월 22일 체결됐다. 일본은 일주일 동안 이를 비밀로 했다가 8월 29일 공표했다. 조약 비준서에 순종 황제의 어새(도장)가 찍혀 있긴 하지만, 황제의 서명은 없다. 어새는 친일파들이 가져다가 찍은 것이다. 이 때문에 1945년 해방 후 한국 정부는 '을사조약'과 마찬가지로 이 조약 역시 무효라고 주장해 왔으며, 많은 한국인은 이 사건을 '강점'(강제 점령)이라고 표현하고 있다. 그러나 일본 정부는 1910년 조약이 유효하다고 보고 있다.

**2 조선총독부의 회사령 공포** | 회사령의 목적은 두 가지였다. 첫 번째는 한국인의 기업 활동을 억제해 한국을 자신들의 상품 소비 시장으로 만드는 것이었고, 두 번째는 일본 국내 자본의 과도한 한반도 투자를 억제하는 것이었다.

## 멕시코혁명이 일어나다

11월 20일, 멕시코에서 포르피리오 디아스 대통령의 독재를 타도하고, 노동자와 농민의 권리를 확대하며, 외국 세력을 몰아내기 위한 혁명이 시작됐다. 20세기에 들어선 이래 아시엔다[1]라는 대토지 소유 제도와 외국 자본의 착취에 시달려 온 농민과 노동자의 저항이 전국 곳곳에서 터져 나오고 있었다. 이에 정치인 프란시스코 마데로가 농민 출신의 판초 비야와 에밀리아노 사파타 등과 협력해 혁명을 일으킨 것이었다.

그러나 혁명 세력은 이후 혁명의 내용과 성격을 둘러싸고 서로 갈등을 빚어, 길고 치열한 내전에 휩쓸린다. 결국 1916년 중소지주, 중간 계급, 노동자를 대변하는 베누스티아노 카란사와 알바로 오브레곤의 진영이 가난한 농민과 원주민을 대변하는 비야와 사파타의 진영을 누르고 최후의 승자가 된다.

카란사와 오브레곤은 1917년 2월 5일 새로운 헌법을 제정해 혁명의 목표를 실현하려 한다. 이 헌법은 노동자의 권리를 보호하고, 농민들에게 토지를 돌려주는 혁신적인 내용을 담는다. 또한 외국 자본이 소유한 광산과 유전, 철도 등을 되찾아 올 수 있는 근거도 마련한다. 하지만 이러한 조치들은 미국의 압력으로 인해 1930년대 이후에야 본격적으로 시행된다.

1 아시엔다 | 에스파냐의 식민지 시절에 소수의 지배층이 원주민들의 토지를 빼앗아 차지함으로써 탄생한 멕시코의 대토지 소유 제도

농민군 지도자 비야 장군(왼쪽에서 세 번째)과 동지들

농민군 지도자 사파타 장군
가난한 농민과 원주민들을 위해 싸워 멕시코의 국민 영웅이 됐다.
1994년 북미자유무역협정(NAFTA)에 반대해 봉기한 사파티스타민족해방군도 그의 이름에서 유래한 것이다.

## 칸딘스키가 최초의 추상화를 그리다

독일에서 활동하던 러시아 출신 화가 바실리 칸딘스키가 최초의 추상화를 그렸다. 이로써 자연의 대상을 모방하는 데서 완전히 벗어난 20세기 추상 미술이 시작됐다.

칸딘스키는 1911년 프란츠 마르크와 함께 '청기사'라는 예술 집단을 조직하고, 러시아혁명 이후 고국으로 돌아갔다가 다시 독일로 와 바우하우스라는 미술 학교에서 교육에 힘쓴다.

칸딘스키가 그린 최초의 추상화

나의 목적은 한국의 독립과 동양 평화의
유지에 있었고, 이토를 살해하기에 이른 것도
개인적인 원한에 의한 것이 아니라 동양의
평화를 위한 것으로 아직 목적을 달성했다고
할 수 없기 때문에 이토를 죽여도 자살할
생각 따위는 없었다. (……) 나는 대한국의 의병
참모중장의 의무를 다하기 위해 하얼빈에
와서 공격을 가한 후에 포로가 되어 지금
여기에 있게 된 것이다.[1]

1 이토 히로부미를 사살한 후 체포된 안중근이 재판정에서 한 말

지구는 인류의 요람이지만, 우리가
그 요람에 영원히 머무를 수는 없다.[1]

이것은 혁명이다.
20세기의 노동과 소비문화는
송두리째 변화하고 있다.[2]

**1 콘스탄틴 치올콥스키의 말**
치올콥스키는 로켓의 발사 원리와 액체 연료의 장점을 밝힘으로써 우주 탐사
시대의 초석을 놓았다.

**2 독일의 건축가 발터 그로피우스가 미국 포드자동차 회사의 조립 라인을
목격한 뒤에 한 말**
포드주의로 불리는 이러한 생산 방식은 실제로 20세기 선진 자본주의 세계를
대량 생산과 대량 소비의 풍요의 시대로 데려갔다.

# 1910년대

1911~1920

1차 세계대전 당시 무기 공장에서 일하는 여성들

제1차 세계대전과 러시아혁명의 소용돌이 속에
3·1운동이 일어나다

# 1910년대의 한국과 세계

제1차 세계대전과 러시아혁명의 소용돌이 속에 3·1운동이 일어나다

1914년 제1차 세계대전이 터지면서 세계가 전쟁의 참화에 빠져들었다. 제국주의 국가들은 영국·프랑스·미국을 중심으로 한 연합국과 독일을 중심으로 한 동맹국으로 나뉘어 전면전을 벌였다. 이 전쟁으로 900만 명 이상이 목숨을 잃었다. 4년 넘게 이어진 제1차 세계대전은 연합국의 승리로 막을 내렸다.

연합국의 일원이던 러시아에서는 혁명이 발생했다. 인류 역사 최초의 사회주의 혁명이었다. 제1차 세계대전에서 러시아가 고전을 면치 못하고 차르 체제의 문제점이 부각되면서 발생한 일이었다. 혁명을 통해 권력을 잡은 러시아의 사회주의자들은 자본주의와 질적으로 다른 새로운 체제를 만들고, 제국주의 국가들의 지배를 받는 약소민족들을 지원하겠다고 선언했다. 러시아 혁명은 20세기 내내 전 세계에 영향을 끼쳤다.

이렇듯 세계가 전쟁과 혁명으로 소용돌이치던 때, 한국에서는 3·1운동이 일어났다. 한국인들이 무력을 앞세운 일본의 식민 통치를 온몸으로 거부한 일대 사건이었다. 3·1운동 이후 한국인들은 대한민국임시정부를 세웠다. 대한민국임시정부는 민주공화제를 표방했다. 국왕이 아니라 국민에게 주권이 있다는 이러한 생각은 3·1운동 이전에 이미 독립운동가들 사이에서 대세를 이루고 있었다. 한편 3·1운동에 놀란 일본은 무단 통치를 접고 기만적인 문화정치를 내세우며 한국인을 회유하려 했다.

| | | |
|---|---|---|
| 조선교육령 발표<br>105인 사건 발발 | **1911**년 | 중국, 신해혁명 |
| 토지조사령 공포 | **1912**년 | 중화민국 수립<br>일본, 다이쇼 천황 즉위<br>발칸전쟁 발발 |
| 흥사단 결성 | **1913**년 | 보어, 새로운 원자 모형 제시 |
| 호남선·경원선 개통 | **1914**년 | 제1차 세계대전 발발 |
| 대한광복회 결성<br>박은식, 『한국통사』 출간 | **1915**년 | 아인슈타인, 일반상대성이론 발표<br>카프카, 『변신』 출간 |
| | **1916**년 | 아일랜드, 부활절 봉기 |
| 대동단결선언 발표<br>인도교 개통 | **1917**년 | 독일, 무제한 잠수함 작전<br>영국, 밸푸어선언<br>러시아혁명 |
| 경성 쌀 폭동<br>한인사회당 결성 | **1918**년 | 제1차 세계대전 종전<br>에스파냐 독감 유행 |
| 3·1운동 | **1919**년 | 중국, 5·4운동<br>베르사유조약 체결 |
| 회사령 철폐<br>산미증식계획 실시<br>봉오동·청산리전투 | **1920**년 | 국제연맹 출범 |

이회영

**1 신민회** | 1907년에 결성된 비밀 단체. 공화정을 지향했다. 이회영, 이동녕, 신채호, 박은식, 안창호 등이 신민회에서 활동했다. 국권 상실을 전후해 일부 인사들은 해외로 떠났고, 국내에 남아 있던 조직은 1911년 105인 사건을 거치면서 무너졌다.

**2 사립 학교 탄압** | 이 때문에 1908년 2000개가 넘던 사립 학교가 1919년에는 700여 개로 줄어든다.

**3 조선교육령의 개정** | 1922년 일본은 조선교육령을 개정해 한국에도 대학을 세울 수 있게 했다.

## 독립운동 기지 건설을 추구한 경학사가 서간도에 만들어지다

4월, 서간도 최초의 한국인 자치 기구인 경학사가 만들어졌다. 주축은 재산을 모두 팔고 이주한 이회영 6형제와 이상룡, 이동녕, 김동삼 등이었다. 경학사는 독립운동 기지 건설을 추구했다. 또한 주변의 땅을 사들여 농업에 힘쓰고, 신흥강습소를 세워 독립운동가를 길러 냈다. 신흥강습소는 1912년 신흥중학교로 이름을 바꾼다. 신흥중학교는 무장투쟁 준비 차원에서 군사 교육에 주력했고, 훗날 신흥무관학교로 개편된다. 신흥중학교(신흥무관학교)는 청산리전투(1920년 참조) 등에서 활약한 수많은 독립군을 배출했다.

경학사 건설은 신민회[1] 간부들이 해외에 독립운동 기지와 무관학교를 세울 것을 결의한 데서 비롯됐다. 경학사는 한국인에게 땅을 팔지 못하게 한 중국 관리들의 방해와 재정난 등이 겹쳐 1913년 무렵 해체된다. 그러나 이회영 등은 1914년 부민단을 세워 경학사를 계승한다. 독립운동 기지 건설 운동은 북간도와 러시아 땅인 연해주에서도 전개되는데, 이는 1920년대 이후 활발하게 펼쳐진 독립군 운동의 기반이 된다.

## '일본에 충성하는 선량한 백성'을 목표로 삼은 조선교육령이 발표되다

8월, 일본이 조선교육령을 발표했다. '천황에게 충성하는 선량한 백성'을 만드는 것이 목표였다. 이를 위해 일본은 '국어(일본어)'를 가르치는 보통 교육을 강화하고, 한국인이 세운 사립 학교를 탄압했다[2]. 또한 이른바 '민도(民度)', 즉 한국인의 수준에 맞는 교육이 필요하다며 기술 위주의 실업 교육을 강제하고 대학을 세우지 못하게 했다[3].

만주와 연해주 지역의 독립운동 단체와 민족 학교

## 일본이 105인 사건을 조작해 독립운동을 탄압하다

9월, 일본이 평안도에서 이승훈, 양기탁 등 700여 명을 체포했다. 이들이 데라우치 총독 암살 음모를 꾸몄다는 것이었다. 일본이 꾸며낸 죄목임이 재판 과정에서 드러났는데도 105명은 유죄 판결을 받았다(105인 사건). 일본은 이에 앞서 1910년 11월 안명근(안중근의 사촌 동생), 김구 등 황해도 지역 인사 160여 명을 체포했는데(안악 사건), 이때도 이들이 총독 암살 음모를 꾸몄다고 조작했다. 일본은 이를 통해 독립운동의 싹을 자르고자 했다.

## 10월, 일본의 '대륙 침략 교두보' 압록강철교가 준공되다

## 아시아 신해혁명[1]이 일어나다

10월 10일, 중국 후베이성의 군대가 청나라 정부를 타도하고 공화국을 수립하기 위해 우한에서 봉기했다. 일찍부터 군대 안에서 활동해 온 혁명동맹회(1905년 참조) 등의 혁명 세력이 주도한 일이었다. 남부의 다른 14개 성들도 차례로 독립을 선언하고 혁명에 동참했다. 12월 3일에는 각 성 대표들이 후베이성 한커우에 모여 새로운 공화국인 중화민국(1912년 참조) 임시정부를 수립할 것을 결의했다.

봉기의 직접적인 원인은 정부가 전국의 모든 철도를 국유화하며, 그 건설 비용을 열강에게 빌리겠다고 선포한 데 따른 것이었다. 국민들은 나라의 이권을 열강에 통째로 내어주는 행위라며 격렬히 반발했다. 또한 청·일전쟁(1894년 참조)과 의화단 사건(1899년 참조)의 막대한 배상금을 지불하기 위해 세금을 크게 올린 일도 광범위한 저항을 불러일으켰다.

1 신해혁명 | 혁명이 일어난 1911년이 신해(辛亥)년이었기 때문에 신해혁명으로 불리게 됐다.

## 유럽 아문센이 인류 최초로 남극점에 도달하다

12월 14일, 노르웨이의 탐험가 로알 아문센 일행이 인류 최초로 남극점 위에 섰다. 이들은 개가 끄는 썰매를 타고 출발해 약 두 달 만에 목표를 달성했다. 이러한 탐험과 정복의 열풍은 산업혁명과 제국주의에 힘입은 유럽인들의 자신감의 표현이기도 했다.

한편 영국의 탐험가 로버트 스콧 일행도 비슷한 시기에 남극 정복에 도전했다. 그러나 이들이 남극점에 닿았을 때는 이미 아문센 일행이 다녀간 뒤였다. 아문센 일행이 추위에 강하고 몸이 날렵한 개들을 이용해 썰매를 끈 반면, 스콧 일행의 모터 썰매와 조랑말은 혹독한 추위를 견디지 못했기 때문이다. 불행하게도 스콧 일행은 귀환 도중 전원이 사망한다.

남극점의 아문센

## 유럽 러더퍼드가 원자핵을 발견하다

영국의 물리학자 어니스트 러더퍼드가 원자 안에 양(+)의 전하를 띠는 핵이 존재한다는 사실을 발견했다. 알파 입자를 얇은 금속박에 충돌시켰을 때 대부분의 알파 입자는 그대로 통과했지만 몇 개는 매우 크게 방향이 바뀌었다. 러더퍼드는 이들 입자가 아주 작은 크기의 원자핵에 부딪혔기 때문이라고 해석했다. 이로써 기존의 톰슨의 원자 모형(1897년 참조)이 부정되고, 러더퍼드의 새로운 원자 모형이 등장했다.

어니스트 러더퍼드

러더퍼드의 실험 도해

113

경성 거리(현재 서울 소공동)를 활보하는 일본 헌병

**1 동제사** | 동제사는 신규식이 사망한 1922년 무렵 해체된 것으로 보이며, 대한독립의군부는 1914년 임병찬이 일본 경찰에 잡히면서 사라진다.

**2 복벽주의** | 물러난 임금을 다시 왕위에 세우려는 흐름

**3 신고주의 방식의 토지 조사** | 토지 소유권을 인정받으려면 정해진 기간 안에 자신이 그 땅의 소유자라고 신고해야 하는 방식

**4 지세** | 토지에 매기는 세금

## 3월, 일본 헌병과 경찰이 재판 없이 한국인을 처벌할 수 있는 경찰범 처벌 규칙이 만들어지다

### 독립운동 단체인 동제사와 대한독립의군부가 결성되다

7월, 상하이에서 독립운동 단체인 동제사[1]가 만들어졌다. 신규식, 박은식, 김규식, 신채호, 홍명희, 여운형 등이 참여했고 회원은 300여 명이었다. 9월에는 임병찬이 고종의 밀명에 따라 국내에서 복벽주의[2] 성향의 대한독립의군부를 결성했다.

### 일본이 토지조사령을 공포하고 토지조사사업에 박차를 가하다

8월, 일본이 토지조사령을 공포하고 토지조사사업 추진 속도를 높였다. 이에 앞서 일본은 1910년 9월 임시토지조사국을 설치하고 사업에 돌입했다. 일본은 근대적인 토지 소유 관계를 확립한다는 명분 아래 토지 소유권과 그 가격을 조사하고, 땅을 측량했다. 사업은 신고주의 방식[3]으로 진행됐다. 일본은 이를 통해 지세[4]를 안정적으로 거둘 수 있는 기반을 마련해 식민 통치 자금의 상당 부분을 충당하고자 했다. 많은 토지를 '소유자가 불확실하다'는 명목으로 일본이 직접 소유하는 것도 노림수 중 하나였다.

이러한 목표는 대부분 달성됐다. 토지조사사업이 끝난 1918년의 지세 수입은 1910년의 약 2배였다. 총독부는 적잖은 토지를 국유지로 편입했고, 그렇게 확보한 토지 중 상당 부분을 동척(1908년 참조)을 비롯한 일본 회사들과 한반도로 이주한 일본인에게 싼값에 넘겼다. 그 결과 일본인 대지주가 늘어났다.

아울러 총독부는 한국인 대지주들의 배타적 소유권을 인정하며 권익을 보장해 줬다. 이로 인해 한국인 대지주 중 상당수는 일본에 적극 협력하게 됐다. 이와 달리 한국 농민들은 대부분 경작권을 인정받지 못했다. 이 때문에 많은 농민이 토지조사사업을 약탈로 간주하고, 조사원을 습격하거나 측량을 방해했다.

토지조사사업으로 농민이 보유한 땅은 대폭 줄고 소작지는 크게 늘어났다. 토지조사사업이 끝났을 때 논의 약 65퍼센트, 밭의 40퍼센트 정도가 소작지가 되고, 전체 농가의 3.1퍼센트에 해당하는 지주들이 농경지의 절반 이상을 갖게 된다. 이 때문에 적지 않은 농민이 광산, 부두 등에서 날품을 파는 노동자가 되거나 해외로 떠났다.

일본인 토목기사와 측량사들이 토지 조사를 하고 있다.

## 아시아 중국 최초의 공화국인 중화민국이 수립되다

1월 1일, 신해혁명(1911년 참조)의 주요 세력들이 난징에 모여 중화민국의 성립을 선포하고 쑨원을 임시대총통으로 선출했다. 중화민국은 중국 역사상 최초의 공화국이었으며, 이로써 진나라 시황제 이후 2100여 년간 지속돼 온 황제 지배 체제가 막을 내렸다. 그러나 혁명 세력의 힘의 한계와 외세의 침략으로 인해 중국은 1949년 공산당에 의해 재통일될 때까지 오랜 분열과 혼란 속으로 빠져든다.

청나라 정부는 위안스카이를 총리대신으로 임명해 혁명 세력을 진압하려 한다. 하지만 위안스카이는 자신이 총통이 되는 것을 조건으로 오히려 혁명 세력과 손을 잡는다. 그는 2월 12일 마지막 황제 선통제를 퇴위시켜 청나라를 멸망시키고, 3월 10일 베이징에서 중화민국 제2대 임시대총통에 취임한다.

총통이 된 위안스카이는 혁명동맹회(1905년 참조)의 후신인 국민당을 해산시켜 독재 체제를 수립하고, 나아가 스스로 황제에 오르려고까지 한다. 그러나 1916년 그가 병으로 갑자기 사망함에 따라 군대의 실력자들이 전국을 나눠 차지한 채 대립하는 군벌[1]의 시대가 펼쳐진다.

임시대총통에 취임하는 쑨원

1 군벌 | 청나라 말에서 중화민국 초기까지 30여 년 동안 중국을 지배했던 군사 세력

## 유럽 4월 14일, 세계 최대의 호화 여객선 타이타닉호가 첫 항해 중에 침몰하다

타이타닉호
길이는 259미터, 총 톤수는 약 4만 6000톤이었다.

## 아시아 7월 30일, 일본에서 다이쇼 천황이 즉위하고 민주주의와 자유주의 운동이 전개되다

## 유럽 제1, 2차 발칸전쟁이 벌어지다

오스만튀르크가 청년튀르크당혁명(1908년 참조) 이후 옛 영토의 회복에 나서자, 10월 8일 러시아의 지원을 받은 불가리아, 세르비아, 그리스, 몬테네그로의 발칸동맹국들이 전쟁을 벌여 오스만튀르크를 발칸반도에서 몰아냈다(제1차 발칸전쟁). 그러나 새로 획득한 영토의 분배를 둘러싸고 서로 갈등을 빚어 1913년 6월 29일 불가리아가 세르비아와 그리스를 상대로 다시 전쟁을 일으켰다(제2차 발칸전쟁). 몬테네그로와 루마니아, 오스만튀르크가 세르비아와 그리스의 진영에 가담함에 따라 불가리아는 패배하고 부쿠레슈티 조약으로 강화가 이뤄진다. 두 차례에 걸친 전쟁 이후 발칸반도는 첨예한 내부 갈등 및 열강의 개입으로 언제 폭발할지 알 수 없는 '유럽의 화약고'가 된다(1914년 참조).

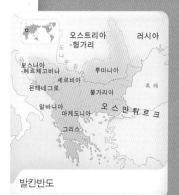

발칸반도

엄복동

## 엄복동이 일본 선수들을 누르고 자전거 대회에서 우승하다

4월, 엄복동이 평양 역전광장에서 열린 자전거 대회에서 우승했다. 엄복동은 이 대회에서 일본의 일류 선수들을 누르고 우승하면서 한국인들 사이에서 인기가 치솟았다. 또한 황수복은 이 대회에서 3등을 차지하면서 한국인의 기쁨을 더했다.

## 미주 독립운동이 세 갈래로 나뉘다

5월, 미국 샌프란시스코에서 흥사단이 만들어졌다. 흥사단 결성을 주도한 것은 안창호로, 그는 이전부터 개인의 인격 수양과 실력 양성을 통한 국권 회복을 주장해 왔다. 흥사단은 이러한 안창호의 사상을 근간으로 삼아 한국인 이민자들과 유학생들을 조직했다. 흥사단은 무실(務實)·역행(力行)·충의(忠義)·용감(勇敢)을 지도 이념으로 내세웠다.

그러나 미주의 독립운동이 안창호를 중심으로 통일된 것은 아니었다. 안창호와 생각이 달랐던 박용만은 무장 투쟁으로 나라를 되찾자고 주장하며 하와이에서 대조선국민군단을 조직했다. 박용만은 대조선국민군단에 속한 800여 명의 청장년에게 군사 훈련을 실시했다. 미국 주재 일본 대사는 대조선국민군단을 눈엣가시로 여기고 미국 측에 항의하는 등 방해 공작을 폈다.

무장 투쟁을 중시한 박용만과 달리, 이승만은 강대국을 상대로 한 외교와 청원을 통해 일본을 물리쳐야 한다고 주장한다. 박용만과 이승만은 격렬하게 대립했다.

보수 공사 이전의 석굴암(위, 1908년 사진)

## 일본이 석굴암 보수 공사를 강행하다

일본이 경주 석굴암 보수 공사를 시작했다. 당시 석굴암은 조선 말기의 혼란을 거치면서 본존불이 안치된 내부의 천장 돌이 세 갈래로 깨지는 등 보수가 필요한 상태였다.

그러나 일본은 석굴암에 관한 사료 조사를 철저히 하지 않은 상태에서 공사를 강행했다. 이 과정에서 통풍과 습도 조절 부분을 충분히 감안하지 않은 채 주실 돔의 외부를 콘크리트로 덮는 등의 문제가 발생했다. 한편 조선총독부는 한때 석굴암을 통째로 일본으로 가져갈 계획을 세우기도 했다.

유럽
## 보어가 새로운 원자 모형을 제시하다

덴마크의 물리학자 닐스 보어가 원자핵 주위를 도는 전자들이 하나가 아닌 여러 개의 궤도를 따른다는 것을 밝혀 러더퍼드의 원자 모형(1911년 참조)을 보완했다. 보어는 훗날 양자 역학의 발전에도 크게 기여한다.

러더퍼드의 원자 모형

보어의
원자 모형

닐스 보어

유럽
### 프루스트가 『잃어버린 시간을 찾아서』를 펴내다

프랑스의 작가 마르셀 프루스트가 총 7권으로 이뤄진 대하소설 『잃어버린 시간을 찾아서』의 1권 『스완네 집 쪽으로』를 출간했다. 그는 1922년 사망할 때까지 세상과 완전히 담을 쌓은 채 코르크로 밀폐된 방 안에서 이 책의 집필에만 몰두한다.

이 소설의 1인칭 화자는 홍차에 적신 과자 냄새를 맡으며 어린 시절을 떠올리기 시작해, 살아오며 겪었던 수많은 사건과 사람들을 지독하리만치 꼼꼼하게 기억해 낸다. 19세기 말에서 20세기 초의 프랑스 사회에 대한 충실한 기록이자, 인간의 내면 심리에 대한 깊고 섬세한 분석이 담긴 소설로 평가받는다.

『잃어버린 시간을 찾아서』의
원고

유럽
### 녹이 슬지 않는 철, 스테인리스강이 탄생하다

영국 브라운퍼스사의 연구 책임자 해리 브레얼리가 총신에 사용할 금속을 개발하는 과정에서 철에 크롬을 섞고 탄소의 비율을 조정함으로써 녹이 슬지 않는 스테인리스[1]강을 발명했다. 스테인리스강은 오늘날 식기와 같은 생활용품을 비롯해 자동차, 건축 등의 다양한 분야에서 널리 사용되고 있다.

마르셀 프루스트

1 스테인리스(stainless) | '녹이 슬지 않는'이라는 뜻이다.

## 호남선과 경원선이 개통되다

1월, 대전과 목포를 잇는 호남선 철도가 개통됐다. 군사적·정치적 목적에 따라 만들어진 면이 많은 경부선·경의선과 달리, 일본이 호남선을 만든 것은 곡창 지대인 전라도의 쌀을 항구 도시인 목포를 거쳐 일본으로 편리하게 가져가기 위해서였다.

9월에는 경성[1]과 원산을 잇는 경원선 철도가 개통됐다. 일본은 함경도를 거쳐 대륙으로 뻗어 가기 위한 교두보로 경원선을 활용하고자 했다.

호남선과 경원선이 개통되면서, 한반도를 X자형으로 잇는 일제 식민지 간선 철도의 골격이 갖춰졌다. X자형의 한 축은 경의선-경부선이고, 다른 한 축은 호남선-경부선(대전-경성 구간)-경원선이다. 조선총독부는 철도 건설을 '통치 업적'으로 내세웠다. 그러나 일본의 속내는 한반도 전역을 편리하게 지배하기 위한 체제를 구축하는 동시에 만주 침략을 위한 교두보로 철도를 활용하는 것이었다.

원산역

**1 경성** | 일본은 한·일병합 후 한성의 지명을 경성으로 바꿨다. 해방 후 경성은 다시 서울로 바뀐다.

## 총독부가 담배 관련 세금을 인상하다

7월, 총독부는 연초세령을 공포했다. 연초세령의 핵심은 담배 관련 세금을 더 무겁게 매기는 한편, 연초 제조업을 허가제로 바꾼 것이다. 그에 이어 총독부는 1916년에는 술 관련 세금을 인상하고 술 생산을 허가제로 바꾼 주세령을 공포한다. 총독부는 이를 통해 한국인들로부터 더 많은 세금을 거둘 수 있게 된다.

조선총독부 청사

## 연해주에서 대한광복군정부가 만들어지다

러시아 연해주 블라디보스토크에서 대한광복군정부가 결성됐다. 대한광복군정부는 이상설(1907년 참조)이 대통령, 이동휘가 부통령을 맡은 망명정부였다. 대한광복군정부의 주축을 이룬 건 1911년 블라디보스토크 신한촌에서 결성된 독립운동 단체인 권업회였다.

대한광복군정부는 중국, 러시아 등에 흩어져 있던 무장 독립운동 단체들을 모아 일본을 상대로 전쟁을 벌일 계획이었다. 그러나 제1차 세계대전 발발 후 러시아는 한국인들의 정치 활동을 금지했고, 이로 인해 권업회와 대한광복군정부도 해체됐다.

유럽

# 사라예보의 총성과 함께 제1차 세계대전이 벌어지다

6월 28일, 보스니아의 사라예보를 방문한 오스트리아-헝가리의 황태자 페르디난트 대공 부부가 가브릴로 프린치프를 비롯한 세르비아 청년들이 쏜 총에 맞아 살해됐다. 암살자들은 보스니아가 오스트리아-헝가리의 지배에서 벗어나 남슬라브족 통합 국가의 일원이 될 것을 추구하는 민족주의자들이었다(1908년 참조).

7월 23일 오스트리아-헝가리는 세르비아에 반(反)오스트리아-헝가리 단체를 모두 해산하고, 모든 관련자를 처벌하며, 자국의 관리를 수사에 참여시키라는 내용의 최후통첩을 보냈다. 그러나 세르비아가 이를 거부함에 따라 7월 28일 마침내 제1차 세계대전이 시작됐다.

7월 29일 세르비아를 지원하던 러시아가 총동원령을 내려 전쟁에 가담했고, 8월 1일에는 오스트리아-헝가리와 동맹을 맺고 있던 독일도 러시아에 선전포고를 했다. 곧이어 독일이 프랑스를 공격하기 위해 벨기에를 침공하자 프랑스와 영국까지 전쟁에 휩쓸렸다(1882년, 1907년 참조).

독일의 계획은 먼저 서쪽의 프랑스를 제압한 뒤 동쪽의 러시아를 공략하는 것이었다. 하지만 9월의 마른전투 이후 서쪽을 향한 진격은 중단됐다. 동쪽에서는 러시아가 독일을 침공했으나 8월 말 타넨베르크에서 크게 패해 전진을 멈췄다. 이후 전선은 커다란 변화 없이 교착됐다.

8월 23일에는 일본이 동아시아와 태평양에서 독일이 갖고 있던 이권을 차지하기 위해 연합국에 가담했다. 한편 독일과 가까이 지내던 오스만튀르크는 11월에 동맹국의 일원으로 참전했다.

이 전쟁은 영국, 프랑스 등 선진 제국주의 국가들과 독일 등 후발 제국주의 국가들 사이의 뿌리 깊은 갈등이 사라예보 사건이라는 우발적인 계기를 통해 폭발한 것이었다. 서구 열강의 광적인 식민지 쟁탈전이 급기야 전 세계를 전쟁의 참화로 몰고 간 것이다(1915~1918년 참조).

황태자 부부를 암살한 뒤 체포되는 프린치프

크리스마스 휴전을 다룬 영화 〈메리 크리스마스〉 (2005)의 포스터
1914년 12월 24일 벨기에의 이프르에서 대치하던 독일군과 영국군 사이에 즉흥적인 크리스마스 휴전이 이뤄졌다. 한 독일 병사가 〈고요한 밤, 거룩한 밤〉을 부르자 영국 병사들도 함께 따라 부르기 시작했고, 곧 양측 병사들은 참호 밖으로 나와 악수를 나누었다. 그러나 이러한 평화는 만 하루도 가지 못했다.

| 제1차 세계대전의 참전국 | |
|---|---|
| 연합국 | 동맹국 |
| 영국, 프랑스, 러시아, 이탈리아, 미국, 일본, 중국, 포르투갈, 루마니아, 그리스, 세르비아, 몬테네그로 등 | 독일, 오스트리아-헝가리, 오스만튀르크, 불가리아 등 |

## 조선총독부가 사립학교 규칙을 개정하다

3월, 조선총독부가 사립학교 규칙을 개정했다. 핵심은 사립학교를 세우려면 총독의 허가를 받아야 하고, 총독부가 편찬·검정한 교과서만 사용해야 하며, 총독부가 정한 학교를 졸업하고 일본어를 할 줄 아는 사람만 교원이 될 수 있다는 것이었다. 새로운 사립학교 규칙의 목적은 민족 교육을 실시하는 조선인 사립학교를 옥죄는 것이었다.

대한광복회 총사령 박상진의
친필 서찰
오촌 아저씨에게 독립운동 자금으로 '엽전 스물아홉 냥'을 보내 달라고 청했다.

## 공화주의를 내건 대한광복회가 결성되다

7월, 박상진과 채기중 등이 대구에서 대한광복회를 조직했다. 대한광복회는 복벽주의 성향이던 대한독립의군부(1912년 참조)와 달리 공화주의를 전면에 내걸었다. 대한광복회는 일제에 맞서 싸울 무기를 구입하기 위해 의연금을 모은 것은 물론 일본이 보유한 광산 등도 습격했다. 대한광복회는 경상도, 충청도, 황해도를 중심으로 활발하게 활동했다.

조선물산공진회

## 일본이 한국 지배 5년을 기념하는 조선물산공진회를 열다

일본이 9월 11일부터 경복궁 등에서 '시정[1] 5년 기념 조선물산공진회'를 열었다. 이 행사의 목적은 이름 그대로 일본의 한국 지배를 기념하는 것이었다. 일본은 이 행사를 통해 자신들의 지배를 받은 결과 한국이 발전했다는 인상을 심어 주고자 했다. 경성을 불야성으로 만드는 등 화려한 모습을 곳곳에서 연출한 것도 그 때문이다.

**1 시정(施政)** | 정치를 시행한다는 뜻. 여기서는 일본이 1910년부터 한반도를 식민 통치한 것을 말한다.

## 박은식이 식민 사관을 비판하는 『한국통사』를 출간하다

독립운동가 박은식이 쓴 『한국통사(韓國痛史)』가 중국 상하이에서 출간됐다. 『한국통사』는 박은식이 민족주의 사관을 바탕으로 한국의 역사를 정리한 책이다. 박은식은 이를 통해 한국 침략을 정당화하는 일본 학자들의 논리를 정면으로 반박했다. 박은식은 이후에도 식민 사관을 체계적으로 비판하며, 신채호와 함께 대표적인 민족주의 역사학자로 활동한다.

박은식

## 평안도와 황해도에서 활동하던 국내 마지막 의병장 채응언이 처형되다

## 유럽 독일군이 독가스를 사용하다

4월, 서부 전선에서 독일군이 영국군을 상대로 독가스를[1] 처음으로 사용했다. 기관총과 철조망, 참호로 이뤄진 방어선을 돌파하기 위해서였다. 영국과 프랑스 등 연합국 측도 곧 독가스를 무기로 사용하기 시작했다. 그러나 당시에는 기체 상태로 바람에 실어 보내는 방식이었기 때문에 적군과 아군, 군인과 민간인을 가리지 않고 무차별적으로 피해를 줘 그 전술적 효과는 크지 않았다.

1 독가스의 폐해 | 제1차 세계대전에서 독가스의 폐해가 너무나 컸기 때문에, 1925년 제네바에서 향후 모든 전쟁에서 독가스 사용을 금지하는 협약이 맺어진다.

## 유럽 이탈리아와 불가리아가 전쟁에 가담하다

5월 23일, 삼국동맹에 속해 있었으나 제1차 세계대전에서 중립을 지켜 온 이탈리아가 영토 획득을 조건으로 연합국 측과 비밀 협약을 맺고 오스트리아-헝가리에 선전 포고를 했다. 9월에는 불가리아가 동맹국 측으로 참전했다. 독일과 오스트리아-헝가리는 불가리아와 힘을 합쳐 세르비아를 제압했다.

제1차 세계대전에서는 땅을 파서 만든 참호 속에 들어가 장기간 대치하는 '참호전'이 일반적인 전투 방식이었다.

## 유럽 아인슈타인이 일반상대성이론을 발표하다

11월 25일, 독일의 유대계 물리학자 알베르트 아인슈타인이 일반상대성이론을 발표해 중력의 실체를 밝혔다. 아인슈타인은 중력을 공간의 휘어짐 때문에 발생하는 현상으로 설명했으며, 관측을 통해 빛 또한 휘어진 공간을 따라 휘어진다는 사실을 입증해 냈다.

## 유럽 카프카가 『변신』을 출간하다

12월, 체코의 유대계 작가 프란츠 카프카가 대표작 『변신』을 출간했다. 주인공 그레고르 잠자는 어느 날 아침 한 마리 벌레의 모습으로 변신하게 되며, 가족과 주변 사람들에게 버림받은 채 고독한 죽음을 맞는다. 현대인의 삶의 부조리함과 소통의 단절을 환상적 방식으로 표현한 작품으로 평가받는다.

카프카는 생전에 평범한 보험사 직원으로 일했으며 그리 많은 작품을 발표하지 않았다. 1924년 결핵으로 사망하기 직전 자신의 모든 미발표 원고를 불태워 달라고 유언하지만, 친구 막스 브로트가 이를 어기고 『성』과 『심판』 등의 작품을 출간해 세계 문학사의 한 장을 채운다.

프란츠 카프카

## 하세가와 요시미치가 제2대 조선총독으로 부임하다

10월, 데라우치 마사타케 조선총독이 물러나고 하세가와 요시미치가 제2대 조선총독으로 취임했다. 하세가와 요시미치는 전임자인 데라우치 마사타케와 마찬가지로 육군 대장 출신의 전형적인 군인이다. 하세가와 요시미치는 전임 총독의 무단 통치(1910년 참조) 방침을 이어받는다. 데라우치 마사타케는 일본 총리로 자리를 옮겼다.

## 일본이 임야조사사업으로 삼림을 장악하다

일본이 임야조사사업에 착수했다. 일본은 1916년에 임야조사사업 준비 조사를 시작해 1935년에 사업을 마무리한다.

임야조사사업은 토지조사사업(1912년 참조)과 마찬가지로 신고주의 방식으로 진행됐다. 한국인은 임야 소유권을 인정받기 위해, 정해진 기간 안에 자신이 소유권자라고 관청에 신고해야 했다. 임야조사사업의 명분은 등기 제도를 도입해 삼림 분야에서 근대적인 소유 관계를 확립한다는 것이었다.

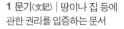
**1 문기(文記)** | 땅이나 집 등에 관한 권리를 입증하는 문서

그렇지만 이 사업은 한국인이 보유하고 있던 민유림을 줄이는 결과를 낳았다. 조선 후기 이래 관청에서 발급한 문기[1] 없이 구두 계약만으로 임야를 보유한 사례가 많았는데, 일본이 이를 인정하지 않았기 때문이다. 일본은 그러한 임야를 '소유자가 불확실하다'는 명목 아래 국유림으로 편입했다. 근대적인 소유권을 확립한다는 미명 아래 사실상 한국인의 임야 재산을 강탈한 것이다.

일본이 이런 방식으로 국유림을 늘린 결과 전체 삼림의 약 60퍼센트가 국유림으로 편입된다. 늘어난 국유림의 일부는 싼값으로 일본인 이민자들에게 넘어간다.

## 김관호가 한국 최초 누드화 〈해질녘〉을 그리다

평양 출신 서양화가 김관호가 한국 최초의 누드화 〈해질녘〉을 그렸다. 이 작품은 일본 문부성이 주최한 미술전람회에서 특선을 차지했다. 김관호는 그 후 평양으로 돌아와 한국 최초의 서양화 개인전을 연다.

〈해질녘〉

유럽

## 아일랜드에서 '부활절 봉기'가 일어나다

부활절 주간인 4월 24일, 아일랜드의 더블린에서 아일랜드의용군과 시민군 등이 영국으로부터 독립을 쟁취하기 위해 봉기했다. 이들은 더블린의 주요 거점을 장악한 뒤 아일랜드공화국 임시정부선언서를 발표했다.

하지만 독일로부터 무기를 들여오려는 계획이 실패하고, 시민들의 호응도 기대보다 낮아 일주일도 못 돼 항복하고 말았다. 영국군은 3000명 이상을 체포하고 15명의 지도자를 처형했다. 그러나 이로 인해 영국의 지배에 대한 아일랜드인의 분노가 고조돼 이후 독립운동의 기폭제가 된다.

> **아일랜드 시인 윌리엄 예이츠의 시**
> **「세 개의 노래와 하나의 후렴구」에서**
>
> 어떤 사람들은 승리를 믿지 않으면서도
> 죽음을 향해 뛰쳐나갔지
> 그리하여 아일랜드의 정신은 더욱 위대해지고
> 아일랜드의 심장은 높은 곳으로 오른다네
> 그러나 앞으로 어떤 일이 닥쳐올지 그 누가 알까?

유럽

## 베르됭 전투와 제1차 솜전투에서 약 200만의 병력이 희생되다

**영국군의 전차**
영국군은 제1차 솜전투에서 최초로 전차를 선보였지만 잦은 고장과 결함 때문에 큰 위력을 발휘하지는 못했다.

독일군은 프랑스가 전력을 다해 반드시 지켜야 하는 지점을 의도적으로 집중 공격함으로써 프랑스군을 궤멸시킨다는 '소모전' 전략을 세우고, 2월 21일부터 베르됭요새에 대한 공격에 나섰다. 독일군은 먼저 1000문이 넘는 대포로 맹렬한 포격을 가한 뒤 보병을 보내 진지를 차례로 장악해 갔다. 프랑스는 지원군을 보내 독일군의 공세를 간신히 막아냈다. 이 전투에서 독일군과 연합군은 각각 40만 명에 가까운 사상자를 냈다.

7월에는 연합군이 솜강 북쪽에서 정면 돌파를 감행했다. 연합군 역시 먼저 집중 포격을 가한 뒤 보병이 돌격하는 전술을 택했지만, 독일군의 튼튼한 참호를 돌파하는 데는 실패했다. 독일군의 기관총 세례로 공세 첫날에만 영국군 2만 명이 죽고 6만 명이 부상했다. 4개월에 걸친 전투로 연합군은 고작 10킬로미터를 전진했지만, 이 기간에 영국군 42만 명, 프랑스군 19만 5천 명, 독일군 65만 명이 죽고 다쳤다.

서부 전선이 교착 상태에 빠진 가운데, 동부 전선의 동유럽과 발칸반도에서는 동맹군이 연합국 측의 루마니아를 제압하는 등 우세를 보였다. 해상에서는 영국군이 우위에 있었다.

제1차 솜전투

### 이광수가 『무정』을 연재하다

1월 1일부터 6월 14일까지, 이광수가 소설 『무정』[1]을 조선총독부 기관지인 『매일신보』에 연재했다. 『무정』은 독자들의 큰 호응을 얻으며 베스트셀러가 된다. 『무정』은 한국 최초의 현대 장편소설이라는 평가를 받고 있다.

## 국민주권과 공화정을 내세운 대동단결선언이 발표되다

대동단결선언

7월 신규식, 박은식, 신채호, 박용만 등 독립운동가 14명이 중국 상하이에서 대동단결선언을 발표했다. 이들은 대동단결선언문에서 1910년 한·일병합 당시 순종 황제가 주권을 포기했고 이것은 주권을 국민에게 넘겨준 것을 뜻한다며 국민주권설을 주장했다. 또한 이러한 국민주권설에 따른 공화정 이념을 바탕으로, 각지에 흩어져 있는 독립운동 세력이 모여 임시정부를 세워야 한다고 강조했다. 이들은 임시정부를 세우기 위한 민족대회를 열자고 제안했다.

무오독립선언서

**무오독립선언**
만주와 러시아에 있던 독립운동 지도자 39명이 제1차 세계대전이 끝난 후인 1919년 2월 1일(음력으로는 1918년 무오년) 만주 지린성에서 한국 독립을 요구한 선언. 3·1운동의 기폭제가 됐다.

이때까지 진행된 독립운동이 대체로 빼앗긴 국권을 되찾자는 차원에 머물렀던 것에 비해, 대동단결선언은 국민주권과 공화정을 전면에 내세웠다는 점에서 눈길을 끌었다. 이 선언은 1919년 무오독립선언으로 이어졌고, 3·1운동 후 임시정부가 만들어지는 과정에서 다리 역할을 했다.

### 인도교가 개통돼 한강을 걸어서 건널 수 있게 되다

한강 인도교

10월, 용산-노들섬-노량진을 잇는 한강 인도교가 개통됐다. 1916년에 공사가 시작된 지 1년여 만에 완공됐다. 다리 중앙 부분은 폭 4.5미터의 차도였고, 좌우는 폭 1.6미터의 인도였다. 이 다리가 개통됨으로써 사람들은 배를 타지 않고 한강을 걸어서 건널 수 있게 됐다.

한강 인도교는 장안의 명물로 떠오르지만, 이곳에서 투신자살하는 이들이 생긴 후 '잠깐 참고 기다리라'는 푯말이 세워지기도 한다.

유럽

# 독일이 무제한 잠수함 작전에 돌입하고
# 미국이 참전하다

2월 1일, 독일이 영국을 고립시키기 위해 무제한 잠수함 작전에 돌입했다. 영국 주변을 항해하는 모든 선박을 격침시켜 식량과 원료의 공급을 차단하려는 계획이었다. 독일은 미국의 참전을 우려했지만, 그 전에 승부를 낼수 있으리라 기대했다. 실제로 독일의 잠수함은 4월에만 연합국과 중립국의 선박을 430척이나 침몰시켰다.

독일의 잠수함 U-보트

그러나 2월 말 독일이 멕시코에 보낸 비밀 전문이 폭로되자, 미국에서는 참전 여론이 들끓었다. 전문은 만약 미국이 독일을 공격하면 멕시코가 미국을 침공해 과거 미국에 빼앗겼던 영토를 되찾을 것을 제안하는 내용이었다. 나아가 3월 들어 독일 잠수함이 미국 상선 3척을 침몰시키자 마침내 미국 정부는 독일에 선전 포고를 했다. 미국의 참전은 제1차 세계대전의 중요한 전환점이었다. 미국이 연합국 측에 제공한 식량, 무기, 자금 등이 전쟁 수행에 큰 도움을 줬기 때문이다. 한편 8월 14일 중국이 독일과 오스트리아-헝가리에 전쟁을 선포했지만 실질적인 역할을 하지는 못했다. 연합국의 일원인 일본이 전후 동아시아에서 우위를 차지할 것을 우려했기 때문이었다.

유럽

## 영국이 유대 민족 국가의 건설을 지지하는 밸푸어선언을 발표하다

11월 2일, 영국의 외무장관 아서 제임스 밸푸어가 유대인 지도자 라이어널 월터 로스차일드에게 전후 팔레스타인 지역에 유대 민족의 고향을 건설하는 것을 지지한다는 공식 서한을 보냈다. 유대인들을 연합국 지지로 끌어들이고, 유대인들이 팔레스타인에 정착하면 수에즈 운하를 지키는 데에도 도움이 되리라는 계산에서 행한 일이었다.

그러나 1915년 영국 정부는 전후 아랍인들의 독립 국가 건설을 지지한다는 선언을 발표한 바 있었다. 영국의 이러한 모순된 행동은 훗날 유대인과 아랍인 사이에 분쟁이 벌어지는 데 일조했다.

유럽

### 11월 16일, 러시아에서 세계 최초의 사회주의 혁명이 일어나다(126~127쪽 참조)

역사
확대경

# 러시아 혁명
### 1917년

## ① 2월혁명으로 전제정이 무너지다

1917년 러시아는 제1차 세계대전에서 고전을 면치 못하고 있었다. 이미 전사자가 170만 명, 부상자가 500만 명에 이르렀고 후방에서도 경제적 어려움이 극심했다. 이로 인해 차르(황제)를 쫓아내고 전쟁을 중단하자는 사회주의자들의 선전이 커다란 호응을 얻었다.

결국 3월 8일(러시아력 2월 23일) 수도 페트로그라드(지금의 상트페테르부르크)에서 병사와 노동자들이 대규모 봉기를 일으켜 차르 니콜라이 2세를 퇴위시키고 전제정을 무너뜨렸다.

## ② 10월혁명으로 세계 최초의 사회주의 국가가 수립되다

2월혁명 이후 들어선 임시정부는 대개 입헌군주제를 지지하는 보수적 인물들로 구성됐다. 혁명을 주도한 병사와 노동자들은 사회주의자들이 이끄는 소비에트에 지지를 보냈지만, 소비에트의 다수파인 멘셰비키와 사회혁명당은 러시아가 자본주의 단계를 거친 뒤에야 사회주의로 나아갈 수 있다는 생각에 임시정부를 몰아내고 권력을 장악하기를 거부했다.

그러나 블라디미르 일리치 레닌과 그가 이끄는 볼셰비키(훗날의 소련공산당)는 "모든 권력

10월혁명 당시 차르의 겨울궁전으로 몰려가는 혁명 세력

연설하는 레닌

을 소비에트로"라는 슬로건을 내걸었다. 임시정부를 몰아내고 지금 당장 사회주의 정권을 세우자는 주장이었다. 마침내 11월 6일(러시아력 10월 24일) 볼셰비키는 다른 사회주의자들의 반대를 무릅쓰고 무장봉기를 일으켜 소비에트공화국의 수립을 선언했다.

볼셰비키는 전쟁을 즉시 중단하고, 모든 토지를 평등하게 분배하며, 노동자들이 스스로 산업을 관리한다는 혁명적인 내용의 포고령들을 공포했다. 또한 8시간 노동제를 도입하고, 신분제를 철폐하며, 러시아제국의 지배를 받아온 여러 민족들에게 자결권을 부여했다.

그러나 곧 볼셰비키는 자신들을 제외한 러시아의 모든 정치 세력들이 연합한 백군(白軍)과 치열한 내전에 휩쓸렸다. 미국, 영국, 프랑스, 일본 등 14개 자본주의 나라의 군대도 백군을 도와 혁명 세력을 궁지로 몰아넣었다. 하지만 백군의 분열과 민중의 지지에 힘입어 1920년 11월 볼셰비키의 적군(赤軍)이 최후의 승자가 되었고, 1922년 12월 30일 러시아제국의 지배를 받았던 다른 민족들과 더불어 소비에트사회주의공화국연방(소련)을 결성했다.

**소련의 국기**
낫은 농민을, 망치는 노동자를 의미한다.

### ③ 혁명의 세계사적 의의

많은 역사가들은 1917년 러시아에서 일어난 사회주의 혁명을 20세기의 가장 중요한 사건 가운데 하나로 꼽는다.

우선 이 혁명으로 소련(1922년 참조)이라는 세계 최초의 사회주의 국가가 탄생했다. 사회주의 국가는 그 구성원들에게 더 많은 평등과 더 많은 물질적 풍요를 약속했고, 부인할 수 없는 명백한 성취를 이뤘다. 하지만 급속한 경제 성장을 추구하는 과정에서 스탈린주의와 같은 매우 폭력적이고 권위적인 체제가 들어서 시민의 자유와 권리가 크게 희생되는 부작용을 낳기도 했다.

소련은 제2차 세계대전에서 독일을 패퇴시킴으로써 파시즘의 위협에서 세계를 구하는 데에도 기여했다(1945년 참조). 이후 동유럽과 북한, 중국, 쿠바, 베트남 등의 많은 나라들에 차례로 사회주의 체제가 들어섬에 따라, 소련을 중심으로 한 사회주의 진영과 미국을 중심으로 한 자본주의 진영 사이에는 실제 전쟁을 방불케 하는 치열한 대립과 갈등이 수십 년간 지속됐다.

그 시기 동안 소련은 이른바 초강대국으로서 미국과 어깨를 나란히 한 채 국제 정치에 개입했으며, 우주 개발 등 과학 기술의 발전에도 커다란 공헌을 했다. 제3세계의 많은 신생 독립국들은 소련의 빠른 성장에서 경제 발전의 모델을 발견했고, 자본주의 나라의 정부와 지배층은 자국에서 소련과 같은 사회주의 혁명이 일어나는 것을 방지하기 위해 노동자와 서민에게 복지 제도 등의 일정한 양보를 하지 않을 수 없었다.

**СЛАВА ВЕЛИКОМУ СТАЛИНУ!**
스탈린을 찬양하는 포스터

## 치솟은 쌀값 때문에 경성에서 폭동이 발생하다

8월, 경성에서 '쌀 폭동'이 일어났다. 서민들이 시가보다 싸게 쌀을 팔던 종로소학교 쌀 판매소에서 줄을 서서 기다리던 중 경찰과 충돌했고, 이것이 투석전을 포함한 폭동으로 이어진 것이다.

군산항 부두에 쌓인 쌀가마니
군산은 일본이 한반도에서 쌀을 가져가는 주요 창구였다.

'쌀 폭동'이 일어난 직접적인 계기는 1917년부터 쌀값이 무섭게 치솟은 데에 있다. 감당하기 힘들 정도로 쌀값이 오르자, 도시에서는 파업이 늘었고 농촌에서는 굶어 죽거나 견디다 못해 다른 나라로 떠나는 이들이 속출했다.

쌀값 급등은 일본 본국의 상황과 관련이 있었다. 일본은 제1차 세계대전 기간 동안 호황을 누렸고 공업이 빠른 속도로 발전했다. 이로 인해 농촌 인구가 줄어들면서 쌀이 부족해진 데다 도매상들이 가격을 담합하면서 쌀값이 치솟았다. 일본은 한반도에서 쌀을 가져가는 것으로 해결하려 했지만, 이것만으로는 문제가 해결되지 않았다. 결국 쌀가게 등을 습격하는 폭동이 일본에서 벌어졌다. 그러자 일본은 이전보다 더 많은 쌀을 한반도에서 가져갔는데, 이는 한반도 내 쌀값 급등으로 이어졌다. 한국인 지주들과 도매상들이 일본에서처럼 가격을 담합한 것도 쌀값을 치솟게 만든 원인 중 하나였다.

### 한국 최초의 사회주의 정당인 한인사회당이 만들어지다

이동휘

이동휘, 김알렉산드라(본명은 알렉산드라 페트로브나 김) 등이 러시아 연해주의 하바롭스크에서 한인사회당을 결성했다. 한인사회당은 한국 최초의 사회주의 정당으로서, 세계 최초의 사회주의 혁명인 러시아 10월혁명의 영향을 받아 만들어졌다.

이동휘는 대한제국 군인 출신의 독립운동가로서 1920년 대한민국임시정부의 국무총리를 지낸다. 이동휘는 사회주의 사상에 박식하지는 않았지만, 러시아혁명 주도 세력이 약소민족의 독립에 우호적이라는 점을 높이 평가해 사회주의 정당을 만들었다. 한편 김알렉산드라는 연해주에서 나고 자란 여성 사회주의자로, 일본과 손잡고 러시아혁명에 반대한 세력과 맞서 싸우다 사로잡혀 총살당했다.

유럽

# 제1차 세계대전이 끝나다

11월 11일, 전 유럽을 파괴로 몰아간 제1차 세계대전이 끝났다. 러시아가 1917년 혁명으로 전쟁에서 이탈함에 따라 독일은 동부 전선의 부담을 덜고 3월부터 7월까지 서부 전선에서 총공세를 취했다. 그러나 이 공세는 별다른 성과를 거두지 못했고 미국의 지원을 받은 연합군이 반격에 나서 전세가 역전됐다. 결국 9월부터 불가리아, 오스만튀르크, 오스트리아-헝가리가 차례로 연합국에 항복했다. 독일에서도 11월 3일 킬에서 일어난 수병 반란을 계기로 혁명이 시작돼 11월 9일 황제 빌헬름 2세가 물러나고 민주공화정이 들어섰다. 독일은 이틀 뒤 연합국에 항복했다.

이 전쟁은 무엇보다 19세기 후반 이래 격화된 열강의 제국주의 및 식민지 쟁탈전의 폭발이었으며, 900만 명 이상이 죽고 2200만 명 이상이 다치는 인명 피해와 헤아릴 수 없는 경제적 손실을 가져왔다. 이로 인해 유럽인들은 인간의 이성과 역사의 진보에 대한 믿음에 의심을 품기 시작했으며, 정치, 경제, 군사적인 측면에서 유럽의 힘이 쇠퇴하고 미국의 시대가 열린다. 토머스 우드로 윌슨 미국 대통령이 주창한 민족자결주의[1]에 힘입어 인도, 중국, 한국 등 식민지 민족들의 저항이 본격화되며, 베르사유조약(1919년 참조)의 불공정성으로 인해 이탈리아와 독일에서 파시즘이 일어나는 계기를 제공한다.

미국의 입대 독려 포스터

1 민족자결주의 | 모든 민족은 다른 민족의 간섭을 받지 않고 스스로 정치적 운명을 결정할 권리가 있음을 선언했다. 강대국의 지배를 받던 여러 식민지 민족들의 독립운동에 큰 영향을 끼쳤다.

제1차 세계대전 당시의 전투기

| 제1차 세계대전의 주요 특징 | |
|---|---|
| 전면전 | 특정 지역이 아닌 유럽 전역에서 전쟁이 벌어졌다 |
| 지구전 | 참호전으로 인해 전쟁이 오래도록 지지부진하게 지속됐다 |
| 총력전 | 전방의 군인만이 아니라 후방의 민간인들도 진쟁에 총동원됐디 |
| 선전전 | 자국민의 애국심을 고취시키고 적국의 사기를 떨어뜨리기 위해 라디오와 전단 등을 이용한 선전이 이뤄졌다 |
| 과학전 | 전차, 비행기, 잠수함, 독가스 등 최신 과학 기술을 이용한 신무기가 등장했다 |
| 소모전 | 막대한 인명과 재산의 손실을 가져왔다 |

유럽

# 인플루엔자가 전 세계를 휩쓸다

'에스파냐(스페인) 독감'[2]으로 불린 인플루엔자가 전 세계를 휩쓸어 이듬해까지 약 2500만~5000만 명이 사망했다. 14세기 유럽에서 발생한 페스트와 더불어 인류 역사상 가장 많은 인명을 앗아간 전염병이었다. 한반도에서도 700만 명 이상이 병에 걸려 14만여 명이 사망한 것으로 추산된다.

2 에스파냐 독감 | 이름과 달리 에스파냐에서 시작된 것은 아니었다. 당시 제1차 세계대전에 참전한 대개의 유럽 나라들이 언론을 통제해 인플루엔자 유행을 숨긴 것과 달리, 전쟁에 가담하지 않은 에스파냐에서만 집중적으로 보도가 이뤄져 '에스파냐 독감'으로 불리게 된 것이다.

에스파냐 독감

# 1919

고종의 국장

**1 독립선언** | 3·1운동을 전후
해 만주, 연해주, 일본 도쿄
등에서도 독립선언문이 발표
됐다.

**2 제암리** | 지금의 경기도 화
성시 향남면 제암리

**1월 22일, 고종이 세상을 떠나고, 일본이 독살했다는
소문이 퍼지다**

## 3·1운동이 일어나다

3월 1일 오후 경성 탑골공원에서 독립선언서[1]가 발표되고 '대한
독립 만세' 함성이 울려 퍼졌다. 종교계와 학생층을 중심으로 일
본의 강압적 식민 통치에 저항하는 3·1만세운동이 시작된 것이
다. 이 운동은 러시아혁명으로부터 자극받고 제1차 세계대전 이후 고조된 민족
자결 분위기의 영향을 받아 전국으로 퍼졌다.

학생들은 동맹휴학 등을 하며 시위를 이어 가다가 각자 고향으로 내려가 만세
운동을 조직했다. 또한 시위는 노동자와 상인들에게로 확산됐다. 노동자들은 시
위를 벌이는 한편 파업을 했다. 이 때문에 3월 중순 경성의 공장들은 대부분 조
업을 중단해야 했다. 상인들은 일본에 항의하는 뜻에서 가게 문을 닫았다.

일본은 군대와 경찰을 동원해 총칼로 진압했다. 일본 경찰은 3월 1일부터 발포
해 시위 군중을 죽였고, 일본군은 4월 15일 수원군 제암리[2]에서 주민들을 교회
당에 몰아넣고 집중 사격을 한 후 불을 질러 학살했다. 3월부터 5월까지 7000명
이 넘는 한국인이 학살됐으며, 검거된 사람도 4만 명이 넘었다. 일본 측의 폭력
수위가 높아지자, 처음에는 평화 시위를 했던 한국인도 폭력으로 맞섰다. 농민
들은 곳곳에서 낫, 곡괭이, 몽둥이, 죽창 등으로 무장하고 면사무소, 군청, 주재
소 등을 공격해 세금 징수 장부를 불태우고 순사
등을 살해했다. 이러한 공격으로 3·1운동 기간 동
안 일본의 통치 기구 160여 개가 부서졌다.

두 달여에 걸쳐 232개 부·군 중 229곳에서 약
1500건의 시위가 벌어졌고, 참가자가 200만 명이
넘는 것으로 추산된다. 3·1운동은 그 후 노동 운
동, 농민 운동, 학생 운동 등 다양한 운동이 진행
될 수 있는 기반을 마련했다. '1919년 이후 펼쳐진
다양한 독립운동의 큰 물줄기는 3·1운동에서 비
롯됐다'고 평가할 수 있을 만큼 3·1운동은 향후
운동에 큰 영향을 줬다.

3·1운동

아시아

## 중국에서 5 · 4운동이 일어나다

제1차 세계대전의 승전국들은 패전국 독일이 중국에서 갖고 있던 모든 이권을 승전국 일본이 계승한다는 데 합의했다. 5월 4일 베이징의 학생 3000여 명이 이에 격분해 대규모 시위를 벌였고, 시위는 전국으로 빠르게 확산됐다. 나아가 학생들의 수업 거부, 상인의 철시, 노동자의 파업까지 한꺼번에 터져 나옴에 따라 6월 28일 중국 정부는 강화조약을 거부하지 않을 수 없었다.

54운동

이러한 5·4운동은 민중을 계몽하기 위한 문화 운동이기도 했다. 1915년 천두슈는 『청년잡지』(훗날의 『신청년』)를 창간하고 신문화운동에 나섰는데, 이 영향을 크게 받은 학생들이 5·4운동을 주도했기 때문이다. 신문화운동은 유교 전통을 타파하고 과학과 민주주의, 여성해방 등 서구의 사상을 적극적으로 수용하려는 신사상운동과 민중의 입말인 백화문(白話文)을 새로운 문학의 언어로 사용하려는 신문학운동을 함께 이른다.

『청년잡지』

유럽

## 베르사유조약이 체결되다

6월 28일, 프랑스 베르사유궁전에서 영국, 프랑스, 미국 등 제1차 세계대전의 승전국들이 전쟁 배상과 평화 유지 방안 등에 관한 조약을 패전국 독일에게 일방적으로 강요했다.

이 조약에 따라 독일은 막대한 배상금을 물어야 했으며, 모든 해외 영토와 식민지를 빼앗겼다. 또한 알자스-로렌 지방을 프랑스에 돌려주고, 북쪽의 일부 영토를 벨기에에 넘기며, 발트해로 통하는 회랑 지대를 폴란드에 내놓는 등 영토의 약 13퍼센트와 인구의 약 10퍼센트를 상실했다. 나아가 육군은 10만 명, 해군 군함은 10만 톤 이내로 제한되고, 공군과 잠수함, 전차의 보유가 금지됐다.

이처럼 가혹한 보복은 독일 국민에게 지독한 모멸감을 안겨 줘 훗날 파시즘(1922년 참조)이 성장하는 토대를 제공한다.

베르사유조약

# 3·1운동이 가져온 것

## 1919년

## ① 3·1운동에 놀란 일본, 기만적인 '문화정치'를 내걸다

8월에 제3대 조선총독으로 임명된 사이토 마코토가 '문화정치'를 내걸었다. 문화정치는 3·1운동에 놀란 일본이 기존의 무단 통치를 대신해 내세운 통치 방침이었다. 해군 대장 출신인 사이토 총독은 군인이 치안을 주도하는 헌병경찰제를 민간인이 치안을 담당하는 보통경찰제로 바꾸고, 관리와 교원들에게 대검(大劍)을 차게 하는 제도를 없앴다. 또한 언론·출판·집회·결사의 자유를 부분적으로 인정하겠다며 1920년 한국인이 운영하는 『동아일보』와 『조선일보』 창간을 허용한다.

그러나 문화정치의 본질은 한국인을 구슬리고, 친일파를 적극적으로 키워 한국인을 분열시키는 것이었다. 이와 함께 사이토 총독은 1920년 경찰을 1918년의 3배 이상으로 늘리는 등 경찰력을 대폭 강화했다. 또한 '군인 출신이 아닌 문관도 조선총독이 될 수 있다'는 사이토 총독의 말은 그 후 한 번도 실현되지 않는다.

한편 64세 노인 강우규가 9월 2일 경성으로 부임하던 사이토 총독을 노리고 폭탄을 던졌으나 빗나갔다. 강우규는 폭탄 투척 보름 후 한국인 순사에게 체포돼 1920년 11월 서대문형무소에서 처형된다.

### 1919년과 1920년 한반도 내 경찰관 및 경찰서 수 비교

■ 경찰서 수　■ 경찰관 수

- 1919: 736, 6,387
- 1920: 2,746, 20,134

출처 | 박경식 『일본 제국주의의 조선 지배』

---

**사이토 총독의 지시로 1920년 작성된 '조선 민족 운동에 대한 대책'에는 문화정치의 본질을 알 수 있는 다음과 같은 내용이 담겨 있다.**

▶ 귀족, 양반, 유생, 부호, 교육가, 종교가에게 침투해 계급과 사정에 따라 친일 단체를 조직하도록 상당한 편의와 원조를 해 준다.

▶ 친일 인물을 키우기 위해 협조적인 민간 유지에게 편의와 원조를 주고 수재 교육이란 이름 아래 이들을 양성한다.

---

**조일수호조규의 주요 조항과 문제점**

1910년부터 1945년까지 조선총독은 모두 9대, 8명이었다(사이토 마코토가 2번 역임). 이 중 사이토 마코토(해군 대장 출신)를 제외한 7명이 육군 대장 출신이었다. 총독은 한국의 행정·사법·입법·군사통수권을 장악한 막강한 권력자였다. 조선총독은 일본 정부가 아니라 천황의 통제를 받았다. 정치적 위상에서 조선총독은 사실상 일본 총리와 동급이었다. 또한 8명의 역대 조선총독 중 3명은 훗날 일본 총리가 됐다.

이런 점에서 조선총독은 타이완총독보다 일본 내에서 정치적 비중이 높았다. 타이완총독은 총리가 관장하는 내각에 소속돼 있었다. 또한 타이완총독은 절반 이상이 민간인이었고, 육군 출신이 아니라 대부분 문관이거나 해군 출신이었다.

## ② 상하이에 대한민국임시정부가 수립되다

9월 6일, 중국 상하이에 대한민국임시정부가 수립됐다. 3·1운동을 거치며, 한성(경성), 상하이, 블라디보스토크에 각각 세워졌던 임시정부가 통합한 것이다. 독립운동을 총괄해 지도하는 기관이 필요하다는 인식이 3·1운동을 겪으며 확산됐고, 이에 따라 하나의 임시정부를 수립하려 한 움직임이 열매를 맺은 것이다.

대한민국임시정부는 민주공화제를 채택하고 임시대통령에 이승만, 국무총리에 이동휘를 선출했다. 임시정부는 연통제를 실시해 평안도, 함경도, 황해도 등 국내 일부 지역에 비밀 연락망을 구축했다. 연통제를 통한 조직 건설을 주도한 것은 내무총장 안창호였다. 그러나 연통제는 1921년 일본에 발각돼 무너지고 만다. 이밖에 임시정부는 재정을 안정적으로 확보하기 위해 20세 이상 남녀에게 인구세(1인당 1원)를 걷고 독립공채도 발행했다.

임시정부가 가장 힘을 쏟은 것은 강대국에게 독립을 청원하는 외교 활동이었다. 임시정부는 외교 활동을 강화하기 위해 프랑스에 파리위원부를, 미국에 구미위원부를 설치했다. 임시정부의 위치를 상하이로 정한 것도 이 때문이었다.

이 문제는 각지의 임시정부가 통합하는 과정에서도 논란이 됐다. 통합 협상 과정에서 "상하이가 일본군의 침략으로부터 안전하며 국제적인 활동을 하기 편리하다"라는 주장과 "국내에서 이주한 수많은 동포가 만주와 연해주에 있다"라는 주장이 팽팽히 맞선 것이다. 전자는 외교 활동에 무게를 둔 반면 후자는 독립전쟁에 방점을 찍고 있었다. 논의 끝에 대한민국임시정부 위치가 상하이로 정해지긴 했지만 두 노선의 갈등은 통합임시정부 출범 이후에도 계속됐다. 상하이 임시정부의 외교독립론이 독립전쟁을 중시한 세력의 반발을 불러일으킨 것이다. 그 후 대한민국임시정부에서는 독립전쟁을 강조한 세력과 외교 활동을 중시한 세력의 격심한 갈등이 벌어진다(1921년, 1923년 참조). 이러한 과정을 거치면서 임시정부는 만주와 연해주 지역에서 활동하던 무장 독립운동 단체들에 대한 실질적인 지도력을 발휘하지 못하고, 점차 '여러 독립운동 단체 중 하나'로 바뀌어 간다.

대한민국임시정부와 임시의정원의 1921년 신년 축하식 기념사진

## 일본이 회사령을 철폐하고 산미증식계획을 실시하다

4월, 일본이 회사령(1910년 참조)을 철폐했다. 일본의 거대 자본들은 이를 계기로 한반도에 자유롭게 진출했다. 쌀값 폭등으로 큰돈을 번 한국인 지주들도 많은 회사를 세웠지만, 일본인 자본은 1920년대에 약 7대 1의 비율로 한국인 자본을 압도했다.

또한 일본은 식량 생산을 늘리고자 이해에 산미증식계획을 시작했다. 한반도에서 더 많은 쌀을 가져가 자국의 쌀 폭동(1918년 참조) 재발을 막고 노동자들을 저임금에 묶어 두기 위한 것이었다. 산미증식계획[1]은 한국 농민에게 재앙이었다. 토지 개량과 수리조합 건설·유지 명목으로 부담해야 하는 비용이 늘었기 때문이다. 일본으로 빠져나가는 양이 늘면서 한국인 1인당 쌀 소비량도 1920년대에 30퍼센트 정도 줄었다(아래 표 참조).

**1 산미증식계획** | 이 계획은 1차(1920~1925)와 2차(1926~1934)에 걸쳐 추진된다. 1934년에 중단된 이유는 한반도에서 많은 쌀을 가져간 탓에 일본에서 쌀값이 폭락하고, 이로 인해 일본 농민들의 불만이 늘었기 때문이다.

### 1920년대의 쌀 생산량과 소비량

| 연도 | 생산량 (단위: 1000석) | 일본 이출량 (단위: 1000석) | 1인당 미곡 소비량 (단위:석) | |
|---|---|---|---|---|
| | | | 한국인 | 일본인 |
| 1920 | 12708 | 1750 | 0.63 | 1.12 |
| 1921 | 14882 | 3080 | 0.67 | 1.15 |
| 1922 | 14324 | 3316 | 0.63 | 1.10 |
| 1923 | 15014 | 3624 | 0.65 | 1.15 |
| 1924 | 15174 | 4722 | 0.60 | 1.12 |
| 1926 | 14773 | 5429 | 0.53 | 1.13 |
| 1927 | 15300 | 6136 | 0.52 | 1.09 |
| 1928 | 17298 | 7405 | 0.54 | 1.13 |
| 1929 | 13511 | 5609 | 0.45 | 1.11 |
| 1930 | 13511 | 5426 | 0.45 | 1.08 |

**2 훈춘사건** | 일본이 마적들을 사주해 훈춘의 자국 영사관을 습격하게 한 사건

**3 한국인 마을** | 만주의 한국인 사회는 신흥무관학교(1911년 참조)를 비롯한 학교를 유지하고, 군자금을 마련해주며, 일본군의 움직임을 알려 주는 등 독립운동의 든든한 기반이었다. 이와 달리 일본을 위해 일한 한국인도 있었다.

## 4월, 한국 최초의 노동 운동 단체인 조선노동공제회가 만들어지다

# 독립군이 봉오동과 청산리에서 일본군을 대파하다

홍범도가 이끄는 대한독립군(900여 명)이 만주 봉오동에서 6월과 7월에 일본군을 연이어 격파했다. 독립군 전사자는 10명도 안 되는 반면 일본군 전사자는 150명이 넘었다. 이에 일본은 훈춘사건[2]을 조작해 대군을 보냈다. 10월, 김좌진이 이끄는 북로군정서(약 1600명)와 대한독립군은 청산리전투에서 병력이 10배나 되는 일본군을 대파했다. 일본군 전사자는 독립군 전사자의 10배에 달하는 1200여 명이었다. 일본은 이에 대한 보복으로 간도의 한국인 마을[3]들을 습격해 수많은 한국인을 학살했다(경신대참변).

청산리에서 독립군에게 패한 후 퇴각하는 일본군

## 8월, 평양에서 '토산품 애용'을 주장하는 조선물산장려회가 결성되다

## 국제연맹이 출범하다

1월 16일, 제1차 세계대전과 같은 파괴적 전쟁이 다시 일어나는 것을 막기 위해 국제연맹이 결성됐다. 미국의 윌슨 대통령이 1918년 '평화를 위한 14개 조항'을 통해 제안한 데 따른 것이었다.[1] 그러나 국제연맹은 1930년대 이후 일본의 만주와 중국 침략, 이탈리아의 에티오피아 침공, 독일의 베르사유조약 거부를 막지 못하는 등 무력한 모습을 보인다. 나아가 제2차 세계대전의 발발 과정에서도 아무런 역할을 하지 못한다. 결국 1946년 해체되고 국제연합(UN)으로 새로이 출범한다.

윌슨 대통령의 국제연맹 제안이 헛된 공상에 불과하다고 비꼬는 만평

## 미국에서 금주법이 시행되다

1월 17일, 미국 영토 내에서 술의 제조, 판매, 운반을 금지하는 수정헌법 18조가 발효됨에 따라 금주법의 시대가 시작됐다. 제1차 세계대전을 거치면서 술 소비를 줄여 식량을 아끼고 작업 능률을 향상시키자는 목소리가 커지고, 맥주를 많이 마시는 독일인들에 대한 반감이 더해진 데 따른 것이었다.

그러나 금주법은 사실상 무용지물이나 다름없었고, 오히려 범죄 조직들이 술을 몰래 제조해 팔아 번 돈으로 세력을 크게 확대함에 따라 사회 전반에 불법과 폭력이 횡행하는 결과만 가져온다. 1929년 대공황이 닥치자 유명무실해지며 1933년 폐지된다.

1 국제연맹과 미국 | 정작 제안국인 미국은 의회의 반대로 국제연맹에 가입하지 못했다. 미국 외교의 기본 원칙인 '고립주의'에 어긋난다는 이유 때문이었다.

## 중국이 군벌들 사이의 전쟁으로 암흑기에 들어서다

위안스카이가 죽은 뒤 중국 북부의 베이양 군벌은 여러 갈래로 분열했다. 7월 이들 가운데 최대 세력인 안후이파와 즈리파, 펑톈파가 베이징을 장악해 징둥성을 확보하고 외국의 차관과 조세 수입을 독차지하려는 목적으로 전쟁에 돌입했다. 일본, 영국, 미국 등의 열강은 전쟁의 혼란을 틈타 여러 군벌들에게 무기와 자금을 대주는 대가로 이권을 챙겼다.

최후의 승자는 장쭤린이 이끄는 펑톈파였지만, 그들조차 지방 곳곳에서 일어나는 크고 작은 군벌들을 온전히 통제하지 못했다. 군벌들은 끊임없이 서로 전쟁을 벌였고, 지역민을 가혹하게 수탈했다. 몇 년치의 세금을 미리 걷거나 별의별 항목을 제멋대로 만들어 징수했고, 새로운 군벌이 들어오면 모든 세금을 다시 거둬들였다. 이후 중국 북부는 사실상의 무정부 상태로 전락한다.

장쭤린

조선인은 우리 법규에 복종하든지
아니면 죽음을 각오하든지 그 어느
것을 택하지 않으면 안 된다.[1]

황제권이 소멸한 때가 바로 민권(民權)이
발생한 때다. (······) 경술년 융희황제가 주권을
포기한 것은 우리 국민 동지에 대한 묵시적
선위(禪位)이니 우리 동지는 당연히 삼보(三寶)를
계승해 통치할 특권이 있고 또한 대통(大統)을
상속할 의무가 있다.[2]

**1 초대 조선 총독 데라우치 마사타케가 한 말**

**2 1917년 대동단결선언 중 일부**
1910년 대한제국 멸망은 순종(융희 황제)이 주권을 포기한 것이지 국민이
주권을 포기한 것은 아니며, 이는 곧 국민이 주권을 넘겨받은 새 시대가
열렸음을 뜻한다는 내용이다. 대동단결선언은 이처럼 한국사의 중심이
군주에서 국민으로 바뀌었음을 강조하고, 국민주권설에 기반을 둔 공화정
이념과 해외 독립운동 세력의 단결을 역설했다.

● 삼보 | 토지, 인민, 정치

유럽 전역에서 등불이 꺼져 가고 있다.
우리 시대에는 그 등불이
다시 켜지는 것을 보지 못할 것이다.[1]

인간을 먹은 일이 없는
아이가 아직 있는지 모르겠다.
아이를 구하라.[2]

1 영국이 제1차 세계대전에 참전하기 전날 밤, 외무장관 에드워드
그레이가 이제 곧 닥쳐 올 파괴와 야만의 시기를 우려하며 한 말

2 루쉰의 『광인일기』 중에서
루쉰은 신문화운동이 한창이던 1918년에 발표한 이 소설에서 낡은 유교 전통
및 가족 제도의 비인간성을 '식인'에 비유하며, 중국 사회의 유일한 희망은
새로운 세대(인간을 먹은 일이 없는 아이)뿐이라고 역설했다.

# 1920년대

1921~1930

대공황으로 파산한 뱅크오브유나이티드스테이츠에 비를 맞으며 몰려든 예금자들

유럽에서 파시즘이 등장하고,
한국의 좌우익 독립운동 세력이 손을 잡다

——|——

# 1920년대의 한국과 세계

**유럽에서 파시즘이 등장하고, 한국의 좌우익 독립운동 세력이 손을 잡다**

파시즘이 준동하기 시작했다. 이탈리아에서는 무솔리니가 파시스트 정권을 수립했으며, 히틀러가 이끄는 독일의 나치당도 세를 키워 갔다. 한편 러시아의 사회주의자들은 내전에서 승리한 뒤 한동안 점진적인 사회주의의 길을 걸었으나, 1920년대 후반부터 국가 주도의 급속한 공업화 정책으로 돌아섰다.

미국과 유럽의 선진국들에서는 화려한 영상 미디어의 시대가 도래했다. 영화 산업이 발전하고 최초의 텔레비전 방송이 이뤄졌다. 그러나 불시에 찾아온 대공황은 세계 자본주의 체제를 하루아침에 붕괴 직전으로 몰아갔다.

식민지인들의 저항은 더욱 과감하고 조직적인 양상을 띠어 갔다. 인도네시아에서는 국민연합이 결성되고, 이집트에서는 무슬림형제단이 조직됐다. 인도의 간디가 이끈 소금행진은 인도 독립의 당위를 전 세계에 알렸다.

한국에서도 6·10만세운동과 광주학생운동 등 독립을 향한 의지가 꺾일 줄 몰랐다. 독립운동 세력 안에 사회주의 이념이 확산되고 조선공산당을 비롯한 사회주의 계열 단체들도 결성됐다. 신간회의 결성과 민족유일당 운동은 성장한 사회주의 진영과 비타협적 민족주의 진영이 손을 잡은 좌우합작의 산물이었다.

| | | |
|---|---|---|
| 무장 독립운동 세력, 임시정부의 외교 중심론 비판 | **1921**년 | 러시아, 신경제정책 도입 |
| 자유시사건 | | 중국공산당 설립 |
| 어린이날 선포 | **1922**년 | 아일랜드내전 발발 |
| | | 이탈리아, 무솔리니 집권 |
| | | 소련 결성 |
| 임시정부 분열 | **1923**년 | 히틀러, 맥주홀 폭동 |
| 신채호, 「조선혁명선언」 발표 | | |
| 이광수, 「민족적 경륜」 발표 | **1924**년 | 중국, 제1차 국공합작 |
| 임시정부, '대통령 이승만 탄핵 | **1925**년 | 영화 〈전함 포튬킨〉 |
| 을축년 대홍수 | | |
| 6·10만세운동 | **1926**년 | 텔레비전 발명 |
| 영화 〈아리랑〉 개봉 | | |
| 신간회 창립 | **1927**년 | 린드버그, 대서양 횡단 비행 |
| | | 하이젠베르크, 불확정성의 원리 발표 |
| 홍명희, 『임꺽정』 연재 | **1928**년 | 소련, 5개년계획 돌입 |
| | | 플레밍, 페니실린 개발 |
| 원산총파업 발발 | **1929**년 | 이집트에서 무슬림형제단 결성 |
| 광주학생운동 발발 | | 세계 대공황 |
| 평양고무공장 파업 | **1930**년 | 간디, 소금행진 |
| | | 제1회 월드컵 축구대회 개최 |

## 무장 독립운동 세력이 임시정부의 외교 중심론을 비판하다

4월, 만주와 연해주에서 활동하는 10개의 무장 독립운동 세력 대표들이 베이징에서 군사통일주비회를 열고 대한민국임시정부를 비판했다. 이 모임을 주도한 것은 신채호와 박용만이었다. 이들이 가장 문제 삼은 것은 임시정부가 외교 활동에 치우쳐 있다는 점이었다.

당시 임시정부는 제1차 세계대전 승전국들 중심으로 열린 파리강화회의에 대표를 파견하는 등 외교 활동에 주력하고 있었다. 그러나 강대국들은 임시정부 대표가 들고 간 독립청원서를 거들떠보지도 않았고, 임시정부 대표는 파리강화회의에 참석할 수도 없었다. 이와 함께 임시정부 대통령 이승만이 독선적 행태를 보이고 있다는 비판도 곳곳에서 나오고 있었다.

이에 군사통일주비회에 모인 무장 독립운동 세력들은 이승만의 독선을 비판하는 동시에 임시정부의 법통을 부인한다고 천명하고, 이 문제를 해결하기 위해 국민대표회를 소집할 것을 결의했다. 이로써 만들어진 지 2년밖에 안 된 임시정부는 노선 갈등과 주도권 다툼으로 쪼개질 위기에 놓였다.

## 자유시사건으로 독립군이 희생되다

6월, 러시아 영토 자유시(스보보드니)에서 독립군과 러시아군 사이에 무력 충돌이 발생해 수많은 독립군이 희생됐다(자유시사건). 당시 자유시에는 독립군 부대들이 모여 있었다. 이들은 봉오동·청산리에서 패한 후 대대적으로 '토벌'에 나선 일본군을 피해 자유시로 왔다. 이 독립군 부대들 사이에서 지휘권 분쟁이 발생했는데, 지휘권을 놓고 경쟁한 두 세력은 서로 러시아를 자기편으로 끌어들이려 했다. 이 무렵 러시아는 독립군 진압을 핑계로 진격해 오던 일본군을 부담스러워하고 있었다. 이러한 두 상황이 겹치자 러시아는 독립군 부대를 무장 해제하려 했고, 일부 독립군이 이에 저항하면서 자유시 사건이 벌어진 것이다. 이 사건을 계기로 독립군 부대 중 상당수는 만주 등지로 돌아갔다.

대한민국임시정부 청사

항저우 임시정부 청사 입구와 내부

자유시(스보보드니) 위치

유럽

## 러시아에서 내전이 끝나고 신경제정책이 도입되다

3월, 볼셰비키가 신경제정책(네프)의 도입을 결정했다. 지난 3년의 내전 동안 시행해 온 전시공산주의 정책[1]을 중단하고 자유시장과 같은 자본주의 요소를 다시 도입해야 한다는 볼셰비키 지도자 레닌의 제안에 따른 것이었다. 이후 농업과 공업 생산이 크게 늘어나 1925년 무렵에는 경제가 제1차 세계대전 이전 수준으로 회복된다. 그러나 '네프만'이라 불리는 전문가 집단과 부자들이 성장하고, 농촌에서도 쿨락이라는 부농이 출현하는 등 빈부의 차가 커지는 문제가 발생한다.

1 전시공산주의 정책 | 전쟁을 효율적으로 수행하기 위해 중앙 정부가 모든 재화의 생산과 분배를 결정했던 경제 정책을 말한다.

아시아

## 중국공산당이 설립되다

7월 23일, 천두슈, 리다자오, 마오쩌둥 등 13명의 대표가 상하이에 모여 중국공산당을 창당했다. 초기의 지도자들은 대개 5·4운동(1919년 참조)에 참여했던 지식인들이었으며, 이후에는 노동조합 결성 등 노동 운동에 주력한다. 중국공산당은 1949년부터 지금까지 중국의 집권당으로, 당원이 7000만 명이 넘는 전 세계 최대 규모의 정당이다.

한편 이 무렵 러시아혁명의 영향을 받아 독일, 미국, 영국, 프랑스, 이탈리아, 에스파냐, 일본 등 세계 여러 나라에서도 속속 공산당이 결성됐다.

중국공산당이 결성된 장소

아시아

## 루쉰이 『아Q정전』을 쓰다

중국의 진보적 지식인이자 작가인 루쉰이 소설 『아Q정전』을 연재하기 시작했다. 루쉰은 아Q라는 가난하고 무지한 노동자의 일대기 형식을 빌려 신해혁명의 실패와 당시 중국 사회의 병폐를 적나라하게 비꼼으로써 중국인의 뼈저린 반성과 변화를 촉구했다. 이 작품은 당시 수많은 중국인에게 심각한 정신적 충격을 줬다. 루쉰은 1918년에도 『광인일기』라는 단편소설을 통해 전통적 가족 제도와 유교 윤리의 위선과 비인간성을 통렬하게 비판한 바 있었다. 이 작품은 주제만이 아니라 그 형식에서도 민중의 입말(백화문)을 본격적으로 사용했다는 점에서 중국 최초의 근대 문학 작품으로 평가받는다.

루쉰과 소설 『광인일기』

## 사회주의가 확산되고 사상 단체가 속속 생겨나다

1월, 국내에서 사회주의 사상 단체인 무산자동지회가 결성됐다. 러시아혁명 이후 만주, 연해주, 일본 등에 있는 한국인들 사이에 퍼지기 시작한 사회주의 사상은 곧 한반도의 청년과 지식인에게도 확산됐다. 그로 인해 무산자동지회를 시작으로 한반도 내에서 속속 사회주의 사상 단체들이 생겨났다. 이들은 일본으로부터 독립하는 민족 해방[1]을 넘어, 자본주의를 극복해 노동 해방[2]을 이뤄야 한다고 주장했다.

## 한국 최초로 노동절 기념행사가 열리다

5월 1일, 경성 각황사에서 조선노동공제회가 주최한 '메이데이[3] 기념 강연회'가 열렸다. 이것은 한국에서 최초로 열린 노동절(메이데이, 1886년 참조) 기념행사였다.

## 어린이날이 선포되다

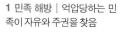

5월 1일, 방정환과 김기전을 중심으로 한 천도교소년회가 이날을 어린이날로 정한다고 선포하고, 어린이를 인격적으로 대우하고 아동 노동을 금지할 것을 요구했다. 어린이라는 말은 방정환이 1921년에 처음으로 사용했다. 어린이라는 말이 생기기 전에는 '애놈' 등으로 아이들을 낮춰 부르는 말이 쓰였다. 어린이날은 1927년에 5월 첫째 월요일로, 1946년에는 5월 5일로 바뀐다. 방정환은 어린이날 선포 이외에도, 어린이 문화 운동 단체인 색동회를 조직하고 최초의 아동용 잡지인 『어린이』를 창간하는 등 어린이를 위한 활동에 힘을 쏟았다.

어린이날 노래와 제1회 어린이날 기념 포스터
어린이날 노래는 1925년 방정환이 외국 곡에 노랫말을 붙여 지은 곡이다.

## 한국인 최초의 비행사 안창남이 고국 방문 비행을 하다

12월 10일, 한국인 최초의 비행사 안창남이 고국 방문 비행을 했다. 안창남은 1919년 일본으로 건너가 도쿄 오쿠리비행학교에서 비행사 자격을 땄다. 이날 여의도비행장에서 날아오른 안창남의 비행기 금강호는 남산, 동대문, 창덕궁 상공을 지나 다시 여의도로 돌아왔다. 안창남의 비행을 보기 위해 5만 명이 여의도비행장과 한강 일대에 모인 것으로 전해진다.

비행기 옆 안창남

1 민족 해방 | 억압당하는 민족이 자유와 주권을 찾음

2 노동 해방 | 노동자가 자본가의 착취에서 벗어남

3 메이데이 | 노동절이 5월 1일이기 때문에 '메이데이'라고 부른다.

## 아일랜드내전이 벌어지다

7월, 아일랜드공화국군(IRA) 내에서 영국·아일랜드조약을 지지하는 세력과 반대하는 세력 사이에 내전이 벌어졌다. IRA는 1919년부터 영국에 맞서 독립전쟁을 치러 왔으며, 1921년 12월 6일 영국과 조약을 맺어 아일랜드자유국의 수립을 인정받았다. 그러나 이 조약에 따르면 영국이 아일랜드의 북부 지역을 계속 지배하며, 아일랜드는 대영제국 내에서 자치만 얻을 뿐이었다. 내전은 이듬해 조약 지지 세력의 승리로 끝나지만, 반대 세력은 이후에도 영국을 상대로 무장 투쟁을 계속한다.

마이클 콜린스
아일랜드공화국군을 조직해 독립전쟁을 이끌고 아일랜드자유국의 초대 총리가 됐으나, 1922년 8월 조약 반대 세력에 의해 암살당한다.

## 무솔리니가 로마로 진격해 이탈리아 총리에 오르다

10월 28일, 파시즘[1] 운동의 창시자 베니토 무솔리니가 이끄는 수만 명의 전투단[2]이 각 지역으로부터 수도 로마로 진격하기 시작했다. 전투단은 무솔리니가 1919년 조직한 파시스트 단체로, 대개 제1차 세계대전의 제대 군인들로 이뤄져 있었다. 이들은 위대한 이탈리아를 건설하겠다는 목표를 내걸고 사회주의 세력에 대한 테러를 일삼았다.

당시 대부분의 이탈리아인은 이탈리아가 제1차 세계대전의 승전국이면서도 별다른 전리품을 챙기지 못한 데 민족적인 좌절감을 겪었으며, 자본가와 지주 등의 지배층은 날로 성장해 가는 사회주의 세력의 기세에 커다란 두려움을 느끼고 있었다. 이에 무솔리니와 전투단의 대중적 인기는 점차 높아만 갔다.

전투단이 로마로 진격해 오자 정부는 계엄령을 선포하려 했다. 그러나 국왕 비토리오 에마누엘레 3세는 계엄령 선포를 막고 오히려 무솔리니를 새로운 총리로 임명했다. 이후 무솔리니는 모든 정당과 노동조합을 해산하며, 언론을 검열하고 국가보안법을 제정하는 등 독재 체제를 만들어 간다.

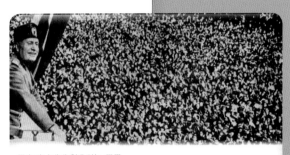
무솔리니에게 환호하는 군중

1 파시즘 | 1920~1940년대 이탈리아, 독일 등에서 등장한 이념 및 운동으로, 무솔리니, 히틀러와 같은 강력한 지도자를 중심으로 민족 구성원 모두가 일치단결해 위대한 민족의 영광을 되살리는 것을 목표로 삼았다. 사회주의 혁명을 두려워한 자본가, 지주의 지배층과 실업과 경제 위기 해결을 바라는 서민층 양편에서 압도적인 지지를 얻어 집권한다. 권력을 장악한 뒤에는 민주주의를 짓밟고 독재 체제로 나아가며, 제2차 세계대전의 패전으로 몰락한다.

2 무솔리니의 전투단 | 검은 셔츠를 입고 다녀 '검은셔츠단'으로도 불렸다.

12월 30일, 소련이 결성되다 (126~127쪽 참조)

안창호와 신채호

## 대한민국임시정부가 분열하다

1월, 독립운동가 100여 명이 상하이에서 국민대표회를 열었다. 이 대회에서 독립운동가들은 임시정부의 틀을 유지한 채 문제점을 보완하자는 개조파(중심인물 안창호)와 임시정부를 해체하고 새 정부를 수립하자는 창조파(중심인물 신채호)로 나뉘었다. 그러나 양측의 견해 차이는 끝내 좁혀지지 않았고, 국민대표회는 성과 없이 끝났다. 이를 계기로 많은 독립운동 세력이 임시정부를 떠났고, 임시정부는 독립운동의 대표 기관이 아니라 독립운동 세력 중 하나로 위상이 낮아졌다.

## 신채호가 '민중 혁명'을 강조한 「조선혁명선언」을 발표하다

종로경찰서에 폭탄을 던진 의열단원 김상옥과 이를 보도한 『동아일보』

1월, 신채호가 「조선혁명선언」을 발표했다. 신채호는 이 글에서 임시정부의 외교독립론과 실력양성론, 국내 일각에서 제기되던 자치론을 통렬히 비판하고 '민중의 직접 혁명, 무장 혁명'을 강조했다. 신채호는 의열단[1]을 이끄는 김원봉의 요청을 받고 이 글을 썼다.

## 조선형평사가 결성되다

4월 25일, 조선형평사가 진주에서 결성됐다. 조선형평사는 '백정에 대한 차별 철폐'를 주장했다. 공식적인 신분제는 1894년 갑오개혁으로 사라졌지만, 백정 출신에 대한 사회적 차별은 사라지지 않았기 때문이다. 백정은 고려 시대에는 특정한 직역(職役)을 부담하지 않은 농민을 가리켰으나, 조선 시대 들어서 도살업 등을 하던 천민을 뜻하는 말로 바뀌었다.

## 간토대지진이 일어나고 한국인들이 학살되다

9월 1일, 도쿄를 중심으로 한 일본 간토[關東] 지방에 규모 7.9의 강진이 발생했다. 간토대지진으로 인한 사망자는 9만 9000여 명, 실종자는 4만 3000여 명이었다. 이로 인해 민심이 불안한 상황에서, 일본 정부는 유언비어[2]를 퍼뜨려 한국인 등에 대한 공격을 부추겼다. 그 결과 약 6000명의 한국인과 수백 명의 중국인이 학살됐고[3], 일본인 사회주의자와 노동 운동가들도 다수 살해됐다.

**1 의열단** | 1919년 만주에서 김원봉, 윤세주 등이 결성한 독립운동 단체. 조선총독부(1921년 김익상), 종로경찰서(1923년 김상옥), 동양척식주식회사와 조선식산은행(1926년 나석주) 등에 폭탄을 던져 조선총독부 인사들과 친일파의 간담을 서늘하게 했다.

**2 일본 정부의 유언비어** | 이 당시 일본 경찰 등은 '한국인이 폭동을 일으켰다', '한국인이 식수에 독약을 타고 다닌다' 등의 근거 없는 말을 퍼뜨렸다.

**3 한국인 학살 사건** | 간토대지진 당시 한국인을 학살한 일에 대한 일본 정부 차원의 사죄와 배상은 해방 이후에도 이뤄지지 않았다.

아메리카

## '미키 마우스'를 낳은 월트디즈니가 설립되다

10월 16일, 미국에서 월트 디즈니가 만화 영화 제작사인 월트디즈니를 설립했다. 월트디즈니사는 〈이상한 나라의 앨리스〉(1923) 연작을 시작으로, 이 회사의 대표적인 캐릭터인 '미키 마우스'가 등장하는 최초의 유성 만화 영화 〈증기선 윌리호〉(1928)와 최초의 장편 만화 영화 〈백설공주〉(1937)를 제작하는 등 초기 만화 영화의 역사를 이끈다.

〈피노키오〉(1940), 〈신데렐라〉(1950), 〈인어공주〉(1989), 〈미녀와 야수〉(1991) 등 수많은 작품을 통해 전 세계 어린이들에게 꿈과 즐거움을 선사하며, 1955년에는 최초의 어린이 유원지인 디즈니랜드를 세운다.

유럽

# 히틀러가 맥주홀 폭동을 일으키다

11월 8일, 아돌프 히틀러가 이끄는 독일국가사회주의당(나치당)의 돌격대가 뮌헨의 한 대규모 맥주홀에서 폭동을 일으켰다. 무솔리니의 로마 진격을 모방해 파시스트 정권을 수립하려는 시도였다.

1923년의 히틀러와 나치 당원들

히틀러는 천장을 향해 권총을 발사하며 '국가혁명'을 선언한 뒤, 그곳에서 집회를 열고 있던 우익 지도자들을 협박해 자신들의 쿠데타에 협력하겠다는 약속을 얻어 냈다. 그러나 교회와 군부, 관료 등 대개의 우익 세력들이 반대하고 나섬에 따라 쿠데타는 고작 하루 만에 실패로 돌아갔다. 히틀러는 체포돼 5년의 징역을 선고받았으나 8개월 후 석방되며,[1] 오히려 이 사건 덕분에 독일 전역에 이름을 알린다.

당시 독일인들은 제1차 세계대전의 패배와 막대한 배상금 부과로 인해 민족적 자긍심에 큰 상처를 입었고, 대규모 실업과 살인적인 물가 상승으로 극심한 경제적 어려움을 겪고 있었다. 급기야 1923년 1월 프랑스와 벨기에가 배상금 미지급을 이유로 독일의 대표적인 공업 지대인 루르 지방을 점령하자, 횡포를 부리는 외국 세력과 무능력한 자국 정부에 대한 불만이 폭발 직전까지 부풀어 오른 상황이었다. 이에 독일 민족의 강력한 국가를 재건하겠다는 히틀러와 나치당의 주장이 대중의 큰 호응을 얻을 수 있었던 것이다.

1 히틀러 | 수감 기간 동안 국가사회주의 사상을 담은 『나의 투쟁』 초고를 집필했다. 유대인과 사회주의자에 대한 노골적인 증오를 드러내며 강렬한 민족주의 이념을 내세운 이 책은 훗날 나치당원의 필독서가 된다.

나무 대신 지폐로 화로를 때는 독일 여성
당시 독일의 물가는 매달 325만 퍼센트씩 오르고 있었다. 대략 이틀에 두 배씩 오른 셈이었다. 1923년 11월에는 미국 1달러가 4조 2000억 독일 마르크로 교환됐다.

이광수

**1 이광수** | 1922년에도 이광수는 독립운동을 폄하하는 「민족개조론」을 게재해 논란을 불러일으켰다. 이광수는 「민족개조론」에서 3·1운동을 "무지몽매한 야만인종이 자각 없이 옮겨 가는 변화"라고 규정하고, "허위, 비사회적 이기심, 나태" 등과 같은 타락한 민족성을 개조해야 독립할 수 있다고 주장했다.

**2 민족개량주의** | 실력 양성(경제), 민족성 개조(사상), 자치권 획득(정치)이 민족개량주의의 핵심 주장이었다.

조선노농총동맹 창립총회 기념사진

**3 소작** | 땅이 없는 농민이 일정한 대가(소작료)를 내고 남의 땅을 빌려 농사를 짓는 것

### 이광수가 '독립 대신 자치'를 주장하는 「민족적 경륜」을 발표하다

1월 2일부터 6일까지, 이광수[1](1917년 참조)가 『동아일보』에 「민족적 경륜」이라는 사설을 연재했다. 이광수는 이 사설에서 독립운동 대신 자치 운동을 해야 한다고 주장했다. 즉 아직 한국인에겐 독립할 능력이 없으니 일본의 한국 지배를 인정하고 그 틀 안에서 자치권을 얻어 한국의 산업과 교육 수준을 높이자는 것이었다. 이것은 이광수만의 생각이 아니었다. 『동아일보』 창립자이자 호남의 대지주이던 김성수를 중심으로 한 민족개량주의자들[2](송진우, 최남선, 최린 등)의 공통 인식이었다. 이들은 자치 운동을 본격적으로 추진하기 위해 연정회라는 단체도 만들려 했다. 문화정치를 내세운 조선총독부도 이들에게 호의적이었다. 그러나 「민족적 경륜」과 자치 운동은, 사회주의 계열 독립운동 세력은 물론 안재홍을 비롯한 비타협적 민족주의자들로부터도 거센 비판을 받았다.

### 4월, 각각 청년 운동과 노동·농민 운동의 대표임을 자임하는 조선청년총동맹과 조선노농총동맹이 결성되다

## 암태도 소작쟁의가 1년여 만에 마무리되다

9월, 전라남도 무안군 암태도의 소작쟁의가 마무리됐다. 암태도 소작쟁의는 1923년 8월 농민들이 암태소작회를 결성하면서 시작됐다. 농민들은 한국인 대지주 문재철이 수확량의 70~80퍼센트를 소작료로 가져가는 것이 부당하다며 소작료를 40퍼센트로 내릴 것을 요구했다. 문재철은 일본 경찰을 등에 업고 농민들의 요구를 묵살했다. 농민들은 1년 넘게 맞서 싸웠고, 그 결과 9월에 소작료를 40퍼센트로 내리는 성과를 얻었다.

**1921~1925년 소작쟁의 현황**

소작쟁의는 1923년 이후 급증했다(아래 표 참조). 토지조사사업 이후 소작농이 늘고, 지주들이 산미증식계획의 일환으로 추진된 수리조합 관련 비용 등을 소작농에게 떠넘기면서 생긴 일이었다.

| 연도 | 1921 | 1922 | 1923 | 1924 | 1925 |
|---|---|---|---|---|---|
| 소작쟁의 발생 건수 | 27 | 24 | 176 | 164 | 204 |

아시아

# 제1차 국공합작이 이뤄지다

1월 20일, 중국의 국민당과 공산당이 북방의 군벌들 및 제국주의 열강에 맞서기 위해 손을 잡았다. 국민당은 이를 계기로 소련의 원조를 얻고자 했고, 공산당은 식민지 해방을 위해 민족주의 세력과 연대하라는 코민테른의[1] 노선에 따른 것이었다. 국민당은 소련과 연대하고, 공산주의를 받아들이고, 농민과 노동자를 돕는다는 정책을 채택했다. 공산당원들은 개인 자격으로 국민당에 입당해 리다자오, 마오쩌둥 등이 국민당의 요직에 올랐다.

이후 두 당이 힘을 모아 만든 국민혁명군은 장제스를 총사령관으로 삼아 북방의 군벌들을 성공적으로 물리친다. 하지만 합작을 주도한 쑨원이 사망한 뒤 양측의 대립과 갈등은 점차 심각해지고, 급기야 1927년 4월 공산당의 급속한 세력 확장을 경계한 장제스가 정변을 일으켜 공산당원들을 쫓아냄에 따라 합작은 깨지고 만다.

장제스

1 코민테른 | 공산주의 인터내셔널, 즉 국제공산당을 가리킨다. 세계 혁명을 추구한다는 목표를 갖고 있었지만, 실제로는 소련이 각국의 공산당을 통제하는 수단으로 활용됐다.

유럽

## 페트로그라드가 레닌그라드로 이름을 바꾸다

1월 21일, 뇌출혈로 투병 중이던 레닌이 사망하자, 그를 기리기 위해 옛 러시아제국의 수도이자 소련 제2의 도시인 페트로그라드의 이름을 레닌그라드로 바꿨다. 한편 레닌의 시신은 미라의 형태로 모스크바 붉은광장의 무덤 속에 영구 보존됐다.

미라가 된 레닌
레닌 이후 많은 사회주의 국가의 지도자들의 시신이 미라로 보존된다. 마오쩌둥, 호치민, 김일성 등의 시신은 지금도 썩지 않은 채 남아 있다.

아메리카

## 허블이 여러 은하계의 존재를 밝히다

미국의 천문학자 에드윈 허블이 우주에는 우리 은하 외에 수많은 다른 은하들이 존재하며, 은하들 사이에는 매우 넓은 빈 공간이 있다는 사실을 알아냈다. 허블은 안드로메다은하가 지구에서 약 90만 광년 떨어져 있음을 계산해 냈는데, 이 거리는 우리 은하계의 크기보다 훨씬 큰 값이었다.

또한 1929년에는 멀리 떨어진 은하일수록 더 빠른 속도로 멀어진다는 '허블의 법칙'을 발견해 우주가 팽창하고 있다는 사실을 입증한다. 이는 우주가 대폭발에 의해 탄생했다는 빅뱅 이론의 가장 중요한 근거가 된다.

안드로메다은하
우리 은하와 가장 가까이 있는 외부 은하로, 우리 은하와 비슷한 나선 은하이다. 실제로는 지구에서 약 200만 광년 떨어져 있다.

## 임시정부가 대통령 이승만을 탄핵하다

3월, 임시정부가 대통령 이승만을 탄핵해 그 자리에서 물러나게 했다. 탄핵의 결정적인 계기는 1919년 이승만이 미국 대통령 윌슨에게 보낸 '위임 통치 청원서'였다. 이 청원서의 내용은 독립을 요구하는 것이 아니라 "국제연맹에서 한국을 위임 통치해 달라"고 요청하는 것이었다. 이 때문에 임시정부 초창기부터 이승만에 대한 비판 여론이 높았는데, 이승만이 그 후 계속 독선적 행태를 보이자 결국 탄핵한 것이다. 미국에 머무르던 이승만은 탄핵 결정에 승복하는 대신 재미동포들이 낸 독립운동 자금을 보내지 않는 방식으로 임시정부에 보복했다.

## 조선공산당이 만들어지다

4월 17일, 김재봉·김찬·박헌영 등이 마르크스주의를 근간으로 하는 조선공산당을 만들었다(제1차 조선공산당). 조선공산당은 독립 국가 건설과 노동해방을 요구하며 일본에 맞섰다. 그러나 11월 핵심 인물들이 일본 경찰에 검거되면서 제1차 조선공산당은 와해됐다.

김재봉

> **조선공산당의 역정**
>
> 조선공산당은 그 후 '재건 ▶ 검거 ▶ 와해 ▶ 재건'을 거듭한다(1925년 12월 제2차 조선공산당 재건, 1926년 9월 제3차 조선공산당 재건, 1928년 3월 제4차 조선공산당 재건). 1928년 여름 제4차 조선공산당이 와해된 후, 1945년 해방 때까지 조선공산당은 재건되지 못한다. 조선공산당은 1920년대에 활발해진 노동·농민 운동에 적잖은 영향을 끼치며 독립운동의 한 축을 담당했다. 노동자보다는 지식인 당원 비중이 높았지만, 제4차 조선공산당 쪽으로 가면서 노동자 비중도 점차 높아졌다.

**1 을축년 대홍수** | 이해가 을축년(乙丑年)이어서 '을축년 대홍수'라고 부른다.

## 5월 7일, 사회 운동을 강도 높게 탄압하기 위한 치안유지법이 한반도에도 시행되다

### '을축년 대홍수'로 큰 피해가 발생하다

7월부터 두 달여 동안 네 차례에 걸쳐 큰비가 내렸다(을축년 대홍수[1]). 한강을 비롯한 전국의 주요 하천이 범람하면서 사망·실종자가 647명에 이르렀고, 피해액은 1억 300만 원(조선총독부 1년 예산의 58퍼센트)에 달했다. 또한 각지의 다리와 도로, 철도가 끊기면서 곡물 등의 가격이 급등해 서민들이 큰 고통을 겪었다.

을축년 대홍수로 물에 잠긴 한강로 삼각지 부근과 대홍수로 파괴된 한강철교

## '스콥스재판'에서 진화론과 창조론의 한판 승부가 벌어지다

스콥스재판

7월 10일, 미국 테네시 주의 공립학교 교사 존 토머스 스콥스가 학생들에게 진화론을 가르쳤다는 이유로 법정에 섰다. 3월에 제정된 버틀러법이 테네시 주에서 신(神)이 인간을 창조했다는 성서의 가르침에 거스르는 내용을 교육하지 못하도록 했기 때문이다.

대통령 후보를 세 차례나 지낸 윌리엄 제닝스 브라이언이 검사를 맡고 저명한 변호사 클래런스 대로가 변론을 맡아 이 재판은 일약 전 국민의 관심사로 부각됐다. 수천 명의 구경꾼이 모여든 탓에 일부 공판을 야외에서 진행해야 할 정도였다. 이로 인해 미국 전역에서 진화론과 창조론을 둘러싸고 격렬한 논쟁이 벌어졌다.

변호인 측은 과학자들을 증인으로 세울 것을 요구했지만, 판사는 이 재판이 법률의 위헌 여부를 따지기 위한 것이 아니라며 거부했다. 결국 스콥스가 학교에서 진화론을 가르쳤다는 사실을 인정함에 따라 100달러의 벌금형이 선고됐다. 버틀러법은 1967년에야 연방대법원의 위헌 결정에 의해 폐기된다.

## 영화 〈전함 포툠킨〉에서 몽타주 기법이 도입되다

〈전함 포툠킨〉의 포스터

소련의 영화감독 세르게이 예이젠시테인이 1905년 흑해 연안의 오데사 항에서 일어났던 포툠킨호 수병 반란 사건을 다룬 영화 〈전함포툠킨〉을 제작했다. 당시 소련 정부는 영화를 혁명을 위한 계몽과 선전의 탁월한 도구로 여겼기에, 이처럼 정치적 소재를 다룬 영화들이 활발히 제작됐다.

특히 〈전함 포툠킨〉은 '몽타주'라는 새로운 기법을 도입함으로써 영화의 역사에 길이 남을 작품이 됐다. 몽타주는 서로 관계없거나 대립적인 의미를 지닌 장면들을 이어 붙여 새로운 의미를 만들어 내는 영화 기법이었다. 진압군이 시민을 학살하는 장면과 계단 아래로 미끄러져 내려가는 유모차의 모습을 번갈아 편집하거나, 반란군의 포격 장면과 잠자던 사자 석상이 서서히 몸을 일으키는 모습을 차례로 보여 주는 것에서 그 사례를 찾을 수 있다.

몽타주 기법이 활용된 '오데사 계단' 장면

**1 순종** | 국권을 뺏기는 비운을 겪은 마지막 황제 순종은 4월 25일 세상을 떠났다.

순종 인산 행렬

영화 〈아리랑〉 광고

영화 〈아리랑〉 출연진
앞줄 가운데 아이를 안고 있는 사람이 나운규다.

**2 번안** | 원작의 줄거리는 그대로 유지한 채 인명, 지명 등만 상황에 맞게 고치는 것

# 3·1운동 이후 최대 규모 시위인 6·10만세운동이 벌어지다

순종의 국장일인 6월 10일, 3·1운동 이후 최대 규모 시위인 6·10만세운동이 벌어졌다. 경성에서는 장례 행렬을 따라 시위가 진행됐고 평양, 개성 등 다른 지역에서도 이날을 전후해 만세운동이 벌어졌다. 6·10만세운동은 사전에 치밀하게 준비된 반일 시위였다. 준비를 주도한 건 제2차 조선공산당과 학생들(주로 사회주의 계열)이었다. 그런데 6월 7일 조선공산당의 시위 계획이 일본 경찰에 발각됐다. 이로 인해 학생들이 앞장서고 거리의 시민들이 합세하는 방식으로 시위가 이뤄졌다. 시위대는 '조선 독립'뿐 아니라 8시간 노동제, 소작농의 권리 보장 등을 요구했다. 일본 경찰은 1200명이 넘는 학생들을 체포하는 한편, 조선공산당 관련 인사들을 대대적으로 검거했다.

## 나운규가 영화 〈아리랑〉으로 한국인의 심금을 울리다

10월 1일, 나운규가 각본·감독·주연을 맡은 흑백 무성영화 〈아리랑〉이 단성사에서 개봉했다. 극장은 항일 정서를 담은 〈아리랑〉을 보러 온 관객으로 연일 가득 찼다. 관객이 너무 많이 몰려 단성사 문짝이 부서지고, 평양에서는 극장 들보가 부러지는 일이 일어날 정도였다. 영화 〈아리랑〉에 공감한 관객들은 흐느끼며 노래 '아리랑'을 함께 불렀다. 〈아리랑〉은 신파물이나 번안물 위주이던 한국 영화의 수준을 끌어올린 기념비적인 작품이라는 평가를 받고 있다.

## 조선어연구회가 훈민정음 반포를 기념해 '가갸날'을 제정하다

11월 4일, 조선어연구회가 훈민정음 반포 480주년 기념식을 열고 이날을 가갸날로 제정했다. 1446년 9월에 훈민정음이 반포됐다는 기록을 근거로 한 것이었다. 가갸날은 1928년 한글날로 이름이 바뀌며, 한글날은 1940년 이후 10월 9일로 확정된다.

> **북한의 한글날**
> 북한은 한글이 반포된 시기 대신 창제된 때(1443년 음력 12월)를 양력으로 환산해 1월 15일을 기념일로 삼고 있다.

유럽

## 텔레비전이 발명되다

1월 26일, 영국의 전기공학자 존 베어드가 왕립학회 회원들 앞에 텔레비전을 선보였다. 베어드의 텔레비전은 브라운관을 이용한 훗날의 전자식 텔레비전과 달리 구멍이 뚫린 원반을 이용한 기계식 텔레비전이었으며, 당시에는 '텔레바이저'라고 불렸다.

1929년 9월 BBC 방송국이 이를 이용해 최초의 텔레비전 방송을 내보내지만, 1936년 시작된 정규 방송에서는 EMI-마르코니사가 개발한 전자식 텔레비전이 사용된다. 이로써 영상과 음향을 동시에 전송하는 20세기의 가장 영향력 있는 매체인 텔레비전의 시대가 열렸다.

베어드와 텔레바이저

아메리카

## 최초의 액체 연료 로켓이 발사되다

3월 16일, 미국의 물리학자 로버트 고더드가 액체 연료를 이용한 현대적 로켓을 쏘아 올렸다. 이 로켓은 약 2.5초 동안 12.5미터의 높이까지 솟아올랐다. 액체 연료는 고체 연료보다 연소량을 조절하기 쉽고 무게에 비해 추진력이 좋아 로켓을 실용화하는 데 더 유리했다.

고더드는 어린 시절 허버트 조지 웰스의 공상과학 소설 『우주전쟁』을 읽고 우주여행을 할 수 있는 장치를 만들겠다는 꿈을 품었다고 한다. 고더드의 발명은 그의 생전에는 언론의 조롱거리에 불과했으나, 사후에는 우주 개발에 끼친 중대한 공로를 인정받는다.

고더드와 액체 연료 로켓(왼쪽). 고더드의 로켓은 훗날 아폴로 11호의 달 탐사에 사용된 새턴 5형 로켓(오른쪽)으로 발전한다.

아시아

## 일본에서 쇼와 천황이 즉위하다

12월 25일, 다이쇼 천황이 죽자 그의 아들 히로히토가 124대 쇼와 천황으로 즉위했다. 쇼와 천황은 훗날 중·일전쟁(1937년 참조)과 제2차 세계대전(1941년 참조)을 일으키는 군국주의 일본의 최고 통치자가 된다.

그러나 제2차 세계대전이 끝난 뒤 독일과 이탈리아 등 다른 패전국의 지도자들처럼 폐위되거나 법정에 서는 일 없이 1989년 사망할 때까지 천황의 자리에 남는다. 점령군 최고사령관인 더글러스 맥아더가 일본인들에게 숭배받는 천황을 이용해 일본을 손쉽게 통치하려 했기 때문이다.

실제로 쇼와 천황이 직접 전쟁을 지시했는지, 아니면 단지 군국주의자들을 막을 힘이 부족했던 것인지에 대해서는 여전히 논란이 많다.

쇼와 천황

## 사회주의자와 비타협적 민족주의자가 손잡고 신간회를 만들다

2월 15일, 사회주의자들과 비타협적 민족주의자들(1924년 참조)이 손잡고 신간회를 만들었다. 신간회는 합법 공간을 활용해 일본에 맞서자는 취지로 만들어진 반일민족협동전선 단체였다. 좌우합작[1]이 이뤄진 것은 양쪽 모두 독립 대신 자치를 추구한 민족개량주의자들을 견제하고자 했기 때문이다. 코민테른(1924년 참조)이 중국의 국공합작을 예로 들면서 한국의 사회주의자들에게 좌우합작을 강조한 것도 신간회 탄생을 촉진한 요소였다.

**1 좌우합작** | 좌파(사회주의)와 우파(민족주의)가 공동의 목적을 달성하기 위해 연합하는 것.

신간회 창립총회

창립 당시에는 민족주의 계열 명망가들이 신간회 본부의 간부직 중 대다수를 맡았다. 그러나 지역 조직의 활동가들은 대부분 사회주의자들이었다. 초기에는 이렇다 할 활동을 하지 못하던 신간회는 1929년 6월 사회주의자들이 본부에 대거 진출한 것을 계기로 활기찬 모습을 보인다. 이에 일본은 1929년 12월 신간회가 계획한 민중대회를 무산시키는 등 신간회를 탄압한다. 그 후 신간회 집행부는 온건한 민족주의자 위주로 바뀌는데, 이들은 자치 운동 세력과 함께하자는 주장까지 한다. 그러자 사회주의자들 사이에서는 신간회를 없애고 다른 조직을 만들자는 주장(해소론)이 힘을 얻었고, 결국 1931년 5월 16일에 열린 전체대회에서 해소안이 통과된다. 그러나 새로운 조직은 만들어지지 않았고, 사회주의자와 비타협적 민족주의자들은 신간회 해소를 계기로 다시 갈라서게 된다.

### 경성방송국이 한반도 최초의 방송 전파를 송출하다

2월 16일, 경성방송국이 한반도에서 최초로 방송 전파를 송출했다. 초기에는 하나의 채널에서 한국어와 일본어를 혼합해 방송을 내보내다가, 1933년에 제1방송(일본어)과 제2방송(한국어)으로 방송을 분리한다. 경성방송국은 1926년 11월 30일 경성 정동에 만들어진 한반도 최초의 방송국이다. 조선총독부는 정책을 홍보하는 통치 수단으로 경성방송국을 활용했다.

경성방송국 방송 장면

### 12월, 육군 대장 출신 야마나시 한조가 사이토 마코토의 뒤를 이어 제4대 조선총독으로 임명되다

## 린드버그가 비행기로 대서양을 건너다

5월 21일, 미국의 비행사 찰스 린드버그가 미국 뉴욕에서 프랑스 파리까지 무착륙 대서양 횡단 비행에 성공했다. 비행한 거리는 5815킬로미터, 걸린 시간은 33시간 32분이었다. 앞서 다른 비행사들도 시도했지만 모두 실패하고 6명이 목숨을 잃은 매우 위험한 비행이었다. 당시의 비행기는 장거리 비행에 필수적인 고도계 등의 기기를 갖추지 않았던 데다, 연료를 최대한 싣기 위해 낙하산 같은 안전 장비조차 제대로 챙길 수 없었기 때문이다. 린드버그의 성공으로 본격적인 장거리 비행 및 항공기 여행의 시대가 시작된다.

린드버그와 그의 비행기 '세인트루이스의 정신'호
세인트루이스의 사업가들이 비행기의 구입 자금을 지원했기 때문에 붙은 이름이다.

## 수카르노가 인도네시아국민연합을 결성하다

7월 4일, 네덜란드의 지배를 받던 인도네시아에서 하지 무함마드 수카르노가 민족주의 성향의 독립운동 단체인 인도네시아국민연합을 결성했다.[1]

수카르노는 1929년 식민 당국에 체포돼 유배되지만, 제2차 세계대전 중에 인도네시아를 점령한 일본군에 의해 석방된 후 일본 측에 적극 협조한다. 독립을 위해 일본의 힘을 빌릴 수 있으리라 기대한 것이다. 1945년 일본이 패망하자 독립을 선언하며, 1949년 12월 네덜란드로부터 주권을 넘겨받아 신생 인도네시아공화국의 초대 대통령에 오른다.

1 인도네시아국민연합 | 1928년 인도네시아국민당으로 이름을 바꾼다.

하지 무함마드 수카르노

## 하이젠베르크가 불확정성의 원리를 발표하다

독일의 물리학자 베르너 하이젠베르크가 전자와 같은 입자의 위치와 속도는 어떠한 방법으로도 동시에 측정할 수 없다는 불확정성의 원리를 발표했다. 하나를 측정하는 순간 다른 하나가 변화하기 때문에, 입자의 위치와 속도는 단지 확률적으로만 알 수 있을 뿐이라는 것이었다.

당대 최고의 물리학자인 아인슈타인은 "신은 주사위 놀음을 하지 않는다"라며 강력히 반박했지만, 그 또한 훗날 이 원리를 받아들인다. 현대 물리학의 기초 이론인 양자 역학의 핵심적인 원리 가운데 하나다.

경성 시내버스

## 경성에 시내버스가 등장하다

4월 22일, 경성에서 시내버스가 운행되기 시작됐다. 1920년 국내 최초로 대구에 시내버스가 등장한 지 8년 만이다.

## 중국에 있던 독립운동가들이 민족유일당 운동을 펼치다

5월, 만주에서 전민족유일당회의가 열렸다. 이 회의에는 좌파와 우파를 막론한 18개 독립운동 단체 대표가 참여했다. 9월에는 만주에서 활동하던 무장 독립운동 세력인 참의부, 정의부, 신민부 대표가 한자리에 모인 삼부통일회의도 열렸다.

이는 국내에서 신간회를 만든 것처럼 만주의 독립운동 조직들도 좌우합작을 하고, 이를 통해 민족유일당을 만들어 일본에 맞서자는 취지였다. 베이징, 상하이 등의 독립운동가들 사이에서도 1926년 이래 이러한 움직임이 일었다.

그러나 통합 방법에 대한 견해 차이로 이 시기 민족유일당운동은 열매를 맺지 못한다. 여기에는 '민족주의 세력을 대중으로부터 고립시켜야 한다'는 코민테른의 '12월 테제[1]'도 적잖은 영향을 끼쳤다. 이는 코민테른이 민족주의 세력에 대해 적대적으로 돌아섰다는 것을 뜻했다.

**1 12월 테제** | 1928년 코민테른은 '식민지에서 민족주의 세력과 손잡아야 한다'던 방침을 버리고 '민족주의 세력을 대중으로부터 고립시켜야 한다'는 '12월 테제'를 채택했다.

**2 홍명희 일가** | 홍명희의 아버지 홍범식은 1910년 금산 군수로 재직하던 중 대한제국이 망했다는 소식을 듣고 스스로 목숨을 끊었다. 홍명희의 큰아들은 저명한 국어학자이자 북한에서 『조선왕조실록』을 한글로 완역하는 작업에 참여한 홍기문이며, 손자(홍기문의 아들) 홍석중은 소설 『황진이』(2004년 만해문학상 수상)를 지었다.

홍명희

**3 강담(講談)** | 옛 이야기, 야담 등을 이야기꾼이 청중에게 들려주는 것

## 홍명희가 장편 역사소설 『임꺽정』 연재를 시작하다

11월 21일, 홍명희[2]가 『조선일보』에 장편 역사소설 『임꺽정』을 연재하기 시작했다. 임꺽정은 16세기에 황해도와 경기도 일대에서 활동한 화적의 우두머리로서 홍길동, 장길산과 함께 조선의 3대 의적으로 손꼽히는 인물이다.

홍명희는 천대받던 백정 출신인 임꺽정과 그 주변의 하층민들을 소설의 주인공으로 내세웠다. 지배층이 아니라 민중을 중심으로 역사를 바라보고자 했기 때문이다. 또한 홍명희는 이 소설에서 감칠맛 나는 토속어로 16세기 조선의 사회상을 재현했다. 그 결과 『임꺽정』은 '살아 있는 최고의 조선어 사전'이라는 평가를 받았다. 홍명희는 본래 『임꺽정』을 소설이 아닌 강담[3]으로 생각하고 글을 썼으나, 연재 도중 소설로 하기로 마음을 바꿨다. 『임꺽정』은 1939년까지 『조선일보』에 연재되면서 엄청난 인기를 누렸다.

아시아

## 만주 군벌 장쭤린이 폭사하다

6월 4일, 중국의 만주 지역을 지배하던 군벌 장쭤린이 기차를 타고 이동하는 중에 일본이 설치한 폭탄에 의해 살해됐다. 장쭤린은 일찍이 일본의 지원을 등에 업고 만주를 차지한 뒤 베이징까지 점령해 군사 정부를 수립했으나, 1927년 장제스가 이끄는 국민혁명군에 밀려 다시 만주로 쫓겨났다. 이에 일본이 만주를 직접 장악하려는 목적으로 그를 제거한 것이었다.

그러나 장쭤린의 뒤를 이은 아들 장쉐량은 일본에 매우 적대적인 태도를 갖게 되고, 훗날 일본의 중국 침략에 맞서기 위한 제2차 국공합작(1936년 참조)에 결정적인 기여를 한다.

유럽

## 소련에서 5개년계획과 농업집단화가 시작되다

10월 8일, 이오시프 스탈린이 이끄는 소련공산당이 점진적인 사회주의 건설을 지향하는 신경제정책(1921년 참조)을 폐기하고, 국가 주도의 공업화 정책인 5개년계획을 전격적으로 도입했다. 급속한 공업 발전을 위해 국가가 사회 전체의 인적, 물적 자원을 총동원하는 정책으로, 서유럽과 미국의 자본주의 선진국을 빠른 시간 안에 따라잡기 위한 것이었다.

1941년까지 세 차례에 걸쳐 추진된 5개년계획 기간 동안 소련의 공업은 매년 10퍼센트가 넘는 눈부신 성장을 이룬다. 훗날 소련이 제2차 세계대전에서 독일의 침략을 막아 내고, 미국과 어깨를 나란히 하는 초강대국의 지위에 오르는 것도 이 정책의 성공에 힘입은 것이다.

그러나 인구의 다수를 차지하는 농민은 5개년계획과 함께 시행된 농업집단화 정책으로 고통을 겪는다. 공업 부문의 노동자들을 싼값에 먹여 살리기 위해 정부가 농민들을 집단농장[1]에 강제로 몰아넣고 곡물을 빼앗아 갔기 때문이다. 이 과정에서 일어난 폭력 사태와 기근으로 인해 약 1000만 명의 농민이 목숨을 잃는다.

이오시프 스탈린
스탈린은 1922년 레닌이 뇌졸중으로 쓰러진 뒤 벌어진 공산당 내부의 권력투쟁에서 트로츠키, 지노비예프, 카메네프 등 주요한 경쟁자들을 차례로 숙청하고 1927년 무렵 최고 권력자의 자리를 차지했다.

1 집단농장 | 집단농장에 들어간 농민들은 토지와 가축, 농기구를 공동으로 소유하고 공동으로 경작해야 했다.

유럽

# 항생제 페니실린이 개발되다

영국의 미생물학자 알렉산더 플레밍이 세균 감염을 막아 주는 항생제 페니실린을 개발했다. 그는 황색포도상구균이 푸른곰팡이 주변에서는 살아남지 못한다는 사실을 우연히 발견하고, 이 곰팡이에서 추출한 물질을 페니실린이라고 이름 붙였다. 페니실린은 포도상구균 외에도 연쇄상구균, 뇌수막염균, 임질균, 디프테리아균 등 여러 세균에 효과가 있었다. 이후 수많은 사람들이 상처의 감염이나 전염병으로 목숨을 잃는 일을 피할 수 있게 된다.

알렉산더 플레밍

## 일제강점기 최대 파업인 원산총파업이 일어나다

원산총파업

1 연대 파업 | 다른 회사 노동자들과 함께 벌이는 파업

2 단체교섭권 | 노동자들의 단체(노동조합)가 노동 조건에 관해 사용자와 교섭할 수 있는 권리

3 어용 단체 | 이익을 좇아 권력에 빌붙은 단체. 노동 운동에서는 '겉으로는 노동자를 위한다고 내세우지만 실제로는 자본가 편에 서는 단체'를 말한다.

1월, 원산노동연합회(원산노련)가 총파업을 선언했다. 발단은 1928년 9월 함경남도 덕원군에 있던 영국계 석유회사 '라이징 선'의 일본인 감독이 한국인 노동자를 때린 사건이었다. 이에 한국인 노동자들은 일본인 감독 파면, 최저임금제 실시 등을 요구하며 파업을 했다. 노동자들의 요구를 들어주겠다고 했던 회사가 약속을 지키지 않자, 라이징 선 노동자들이 속한 상급 단체이던 원산노련이 연대 파업[1]을 호소하면서 총파업이 시작된 것이다.

원산노련 소속 노동자 2000여 명은 '단체교섭권[2]과 8시간 노동제 보장' 등을 요구했다. 다른 지역의 한국인 노동자는 물론 중국, 프랑스, 일본, 러시아 노동자들도 총파업을 응원하는 편지와 돈 등을 보내왔다. 그러나 일본은 군대까지 동원해 노동자들을 위협했고, 사장들의 모임인 원산상업회의소는 '계속 파업하면 원산노련 소속 노동자는 고용하지 않겠다'고 압박했다. 또한 일본과 원산상업회의소는 어용 단체[3]를 만들어 원산노련에 압력을 가했다. 원산총파업은 석 달 만인 4월 초 막을 내렸지만, 일제강점기에 벌어진 파업 중 최대 규모로 기록된다.

### 8월, 제3대 조선총독이던 사이토 마코토가 조선총독(제5대)으로 다시 부임하다

### 광주에서 발생한 학생 시위(광주학생운동)가 전국으로 번지다

11월 3일, 전라도 광주에서 학생들이 "일제 타도" 등을 외치며 대규모 시위를 했다(광주학생운동). 발단은 10월 30일 광주에서 나주로 가던 통학 열차 안에서 일본인 남학생들이 한국인 여학생들을 희롱한 사건이었다. 이 때문에 한국인 학생들과 일본인 학생들이 충돌했는데, 일본 경찰이 일본인 학생들을 편들자 한국인 학생들이 들고일어난 것이었다. 시위는 경성, 개성, 평양 등으로 번지며 1930년 2월까지 계속됐다. 이 운동에 참여한 학생은 5만 4000여 명(전국 149개 학교)에 달한다.

광주학생운동이 일어난 11월 3일은 1953년 '학생의 날'로 제정됐다. '학생의 날'은 2006년 학생독립운동기념일로 명칭이 바뀌었다.

광주학생운동에 대해 보도한 『조선일보』 기사

아시아

## 터키가 라틴 문자를 도입하다

1월 1일, 터키에서 기존의 아라비아 문자 대신 유럽의 라틴 문자를 사용하도록 하는 법률이 공포됐다. 제1차 세계대전의 패전으로 오스만튀르크제국이 멸망한 뒤 들어선 터키공화국에서는 무스타파 케말 아타튀르크 대통령의 주도로 서구화 정책이 한창 추진되고 있었다. 1924년 칼리파 제도가 폐지됐고, 1925년 일부다처제가 금지됐으며, 1928년에는 헌법에서 이슬람교를 국교로 한다는 조항도 삭제됐다.

라틴 문자를 소개하는
무스타파 케말 아타튀르크

유럽

## 바티칸시국이 수립되다

2월 11일, 이탈리아의 로마시 안에 로마가톨릭의 교황이 통치하는 독립 국가인 바티칸시국(市國)이 세워졌다. 0.44제곱킬로미터의 면적에 인구 800여 명으로, 오늘날 세계에서 가장 작은 나라다.

아프리카

# 이집트에서 무슬림형제단이 결성되다

3월, 하산 알 반나가 외세의 침입과 내부의 분열 등 이슬람 세계가 처한 위기를 극복하기 위해서는 순수한 이슬람의 정신으로 돌아가야 한다고 주장하며, 이를 실천할 조직으로 무슬림형제단을 결성했다. 1930년대 말 50만 명이 넘는 규모로 성장하고, 이후 국경을 넘어 이슬람 세계 전역으로 세를 넓힌다. 서구의 사상과 문화에 반대하며, 이슬람 민족주의와 원리주의[1]를 지향하고 있다. 오늘날 가장 영향력이 큰 이슬람 단체 가운데 하나다.

1 이슬람 원리주의 | 쿠란의 가르침에 따라 원래의 이슬람 정신으로 돌아가자는 운동.

아메리카

## 제1회 아카데미상 시상식이 열리다

5월 16일, 미국 로스앤젤레스의 할리우드에서 미국영화예술과학아카데미가 주관하는 제1회 아카데미상 시상식이 열렸다. 11개 부문에서 수상작 또는 수상자를 선정했으며, 제1회 작품상은 윌리엄 웰먼 감독의 〈날개〉가 차지했다.

〈날개〉의 포스터

아메리카

### 10월 24일, 미국의 주식 시장 폭락과 함께 세계 대공황이
### 닥쳐오다(160~161쪽 참조)

# 세 계 대 공 황

### 1929년~1930년대

1929년 10월 24일, 미국의 뉴욕 증권 거래소의 주식 가격 폭락과 함께 세계 대공황이 시작됐다. 이후 1930년대 내내 전 세계의 모든 자본주의 국가들은 길고 혹독한 경기 침체 속으로 빠져든다. 역사상 그 유례를 찾을 수 없는 최악의 경제 위기였다.

## ① 원인과 배경

미국 경제는 제1차 세계대전 이후 번영의 시대로 접어들었다. 기업의 이윤이 커져 주식 배당금이 늘어나자 사람들은 너 나 할 것 없이 은행에서 돈을 빌려 주식에 투자했다. 주식 가격이 천정부지로 치솟고 주식 시장은 거품처럼 부풀어 올랐다. 이런 상황에서 주식 가격이 곧 떨어질지도 모른다는 불안감이 생기자 사람들이 앞다퉈 주식을 팔려고 내놓으면서 가격이 폭락한 것이다.

뉴욕의 실업자

만성적인 과잉 생산 또한 중요한 원인이었다. 기업들은 성장에 대한 장밋빛 전망에 힘입어 과도한 설비 투자를 했고, 농민들도 지나치게 많은 농산물을 생산했다. 그러나 유럽 나라들이 제1차 세계대전의 참화에서 벗어나 공업과 농업 생산을 회복하면서 전 세계적으로 물자가 남아도는 상황이 벌어졌다. 성장이 그 한계에 도달한 셈이었다.

## ② 전개 과정

주식 시장이 붕괴하자 주식에 투자했던 많은 사람들이 파산했다. 사람들은 소비를 줄였고, 기업들은 줄어든 소비에 발맞춰 생산을 줄이고 노동자들을 해고했다. 일자리를 잃은 사람들은 더욱 허리띠를 졸라맸으므로 소비와 생산, 고용은 악순환의 고리 속으로 빠져들었다. 기업들은 문을 닫고 거리에는 실업자들이 넘쳐 났다. 공업 생산은 절반 가까이 줄어들었으며, 4명 가운데 1명이 일자리를 잃었다.

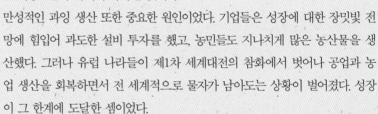

은행들이 기업과 개인에 빌려 준 돈을 받지 못해 파산 위기에 처하자, 돈을 맡긴 사람들은 불안한 마음에 은행으로 달려가서 예금을 모두 찾으려 했다. 급기야는 정부가 모든 은행의 업무를 한동안 중지시켜야 할 정도였다. 사람들이 은행에 돈을 맡기기보다 안전한 현금으로 갖고 있으려 했으므로, 돈의 흐름이 막혀 경기 침체는 더욱 악화됐다.

예금을 찾기 위해 은행으로
몰려든 사람들

### ③ 전 세계로의 확산

1933년에 이르러 대공황은 대서양을 건너 영국, 프랑스, 독일 등 유럽 나라들로 빠르게 확산됐다. 세계 자본주의 체제가 국경을 넘어 서로 밀접하게 연결돼 있었던 데다, 정부가 경제에 개입해서는 안 된다는 자유방임주의가 힘을 얻고 있었기 때문이다. 미국과 마찬가지로 유럽에도 기업 도산과 실업의 폭풍이 들이닥쳤다.

독일 베를린의 실업자 보호소

이런 와중에 영국과 미국 정부는 돈을 많이 찍어 내 경기 침체를 극복하고자 금본위제의 중단을 선언했다. 금본위제란 정부가 자국의 화폐를 일정한 비율에 따라 금으로 교환해 주겠다고 보증하는 것으로, 여러 나라들이 안심하고 서로 무역을 할 수 있도록 해 주는 제도였다. 금본위제가 중단되자 세계 경제는 여러 개의 블록으로 쪼개지고, 블록들 사이의 치열한 경쟁이 벌어진다.

### ④ 각국 정부의 대처와 사후 영향

미국 정부는 '뉴딜'(1933년 참조)이라는 정책을 통해 공황을 타개하려 했다. 자유방임주의에서 벗어나 경제에 적극적으로 개입하기 시작한 것이다. 미국 정부는 여러 공공사업을 펼쳐 일자리를 창출하고, 노동자의 권리와 임금을 보장하며, 사회 보장 제도를 확대했다. 고용을 늘려 소비와 생산을 되살리기 위함이었다. 금융 산업 등에 대한 규제도 새로이 도입했다.

이처럼 정부가 경제에 개입하는 형태의 자본주의를 '수정자본주의' 또는 '혼합자본주의'라고 부른다. 유럽의 여러 나라들도 대동소이하게 이러한 경향을 따랐다. 그 덕분에 서서히 대공황에서 벗어날 수 있었고, 제2차 세계대전 이후 1970년대까지 실업이 없는 '완전 고용'과 높은 경제 성장을 이루게 된다.

한편 대공황은 독일과 이탈리아 등의 나라에서 파시즘이 등장하고 확산하는 데 큰 영향을 끼침으로써 제2차 세계대전의 원인을 제공한다(1932년 참조). 파시스트 정부들은 군수 산업을 적극적으로 육성함으로써 고용을 창출하려 했는데, 이러한 정책은 필연적으로 전쟁으로 귀결될 수밖에 없었다. 국제 무역의 축소로 인한 경제 블록들 사이의 적대 관계도 전쟁의 분위기를 더욱 부추겼다.

대공황 시기의 미국 빈민 가족

최승희 신작 무용 발표회
팸플릿

**1 최승희의 말년** | 최승희는 일제강점기 말에 일본군 위문 공연을 해야 하는 처지에 놓인다. 이 때문에 해방 후 친일 시비에 휘말린 최승희는 남편 안막과 함께 월북한다. 최승희는 1960년대에 숙청돼 쓸쓸한 말년을 보낸 것으로 전해진다.

## 최승희가 제1회 창작무용발표회를 열다

2월, 최승희가 경성공회당에서 제1회 창작무용발표회를 열었다. 최승희는 1920년대에 일본으로 건너가 현대 무용을 배우고 귀국했다. 이 공연 후 최승희는 한국 전통 무용을 현대화해 자신만의 춤 세계를 이루고, 1930년대에 유럽, 미국 등에서 순회공연을 하며 '동양의 무희'로 명성을 날린다.

## 평양고무공장 노동자들이 원산총파업에 버금가는 파업을 벌이다

8월, 평양고무공장 노동자 2000여 명이 파업에 돌입했다. 계기는 고무공장 사장들의 모임인 평양고무동업회가 임금을 17퍼센트 삭감하겠다고 선포한 것이었다. 사장들은 1929년 세계 대공황이 발생하면서 경기가 급속히 가라앉자 그에 따른 부담을 노동자들에게 떠넘기려 했다. 이에 노동자들은 '임금 인하 반대, 해고 반대' 등을 내걸고 파업으로 맞섰다. 그러나 일본 경찰을 등에 업은 사장들의 공세는 거셌고, 노동조합 지도부는 이에 굴복했다. 노동자들은 새 지도부를 선출하고 공장 점거 투쟁을 했지만, 파업은 9월 초 200여 명의 노동자가 해고되는 것으로 마무리됐다.

평양고무공장 파업은 '원산총파업에 버금가는 제2의 대파업'이라는 평가를 받고 있다. 또한 노동조합의 기존 지도층이 유약한 모습을 보임에 따라, 이 시기 사회주의자들이 주력했던 혁명적 노동조합 운동이 확산되는 계기가 되기도 했다.

### 성 차별과 민족 차별에 시달린 여성 노동자

평양고무공장 파업에 참여한 노동자의 약 3분의 2는 여성이었다. 여성 노동자들은 독한 고무 냄새를 맡으며 하루 평균 12시간 넘게 일했고, 퇴근 후엔 집안일까지 해야 했다. 이 중에는 일하면서 아이에게 젖을 줘야 하는 이들도 적지 않았다. 평양고무공장 파업에서 '산전산후 3주간 휴양과 생활 보장, 수유 자유' 같은 모성 보호 요구가 등장한 것도 이러한 상황 때문이었다.

또한 노동자들은 불량품을 만들 때마다 벌금을 내야 했는데, 여성 노동자들은 불량 여부를 판정하는 남성 감독관들의 성희롱과 횡포에도 시달려야 했다. 한국인 여성 노동자의 임금은 일본인 남성노동자 임금의 4분의 1 수준이었다(한국인 남성 노동자와 일본인 여성 노동자의 임금은 일본인 남성 노동자 임금의 절반 수준).

1920년대 한국의 공장 노동자들

아시아

## 인도에서 간디가 소금행진을 벌이다

3월 12일, 마하트마 간디와 그의 동지들이 영국 식민 당국이 부과한 과도한 소금세의 폐지를 요구하며 아쉬람에서 서부 해안의 단디까지 행진을 시작했다. 간디 일행은 24일간 약 390킬로미터의 거리를 걸었고, 도중에 수만 명이 이 행진에 합류했다. 간디가 이끈 비폭력 불복종 운동의 가장 대표적인 사례였으며, 인도인의 독립 의지를 전 세계에 알리는 계기가 됐다.

소금행진

아메리카

## 제1회 월드컵 축구대회가 개최되다

7월 13~30일, 우루과이에서 제1회 월드컵 축구대회가 열렸다. 우루과이는 1924년과 1928년의 올림픽에서 유럽의 축구 강국들을 물리치고 우승했으며, 건국 100주년을 맞아 대회 유치를 위해 적극적으로 노력한 덕분에 제1회 개최국이 될 수 있었다. 하지만 라틴아메리카에서 대회가 열리자 교통 문제 등을 이유로 영국 등의 유럽 나라들이 불참해 고작 13개 나라가 참여한 조촐한 대회가 됐다.

개막전에서는 프랑스가 멕시코에 4대 1로 승리했으며, 첫 골의 주인공은 프랑스의 뤼시앵 로랑 선수였다. 결승전에서는 우루과이가 아르헨티나를 4대 2로 눌러 우승국의 영예를 안았다. 우승국에게는 1.8킬로그램의 순금으로 제작한 우승컵 '쥘리메컵'이 주어졌다.

**쥘리메컵과 우승팀 우루과이의 선수들**
쥘리메컵은 승리의 여신 니케를 형상화한 우승컵으로, 월드컵 대회를 성사시킨 당시 FIFA 회장 쥘 리메의 이름을 땄다. 매 대회의 우승국이 4년간 보관해 오다가 1970년 세 번째 우승을 차지한 브라질이 영구히 갖게 됐으나, 도둑맞은 뒤 되찾지 못했다.

아메리카

## 세계 최초의 슈퍼마켓이 문을 열다

8월 4일, 미국 뉴욕에서 마이클 컬렌이 '킹컬렌'이라는 이름의 슈퍼마켓을 열었다. 매장 면적이 약 550평방미터로 다른 상점들에 비해 월등히 넓었으며, 1000여 종의 상품이 빼곡하게 진열돼 있었다. "높이 쌓아 두고, 싸게 판다[Pile it high, Sell it low]"라는 구호 아래 저렴한 가격의 상품을 대량으로 판매했고, 넓은 주차장을 마련해 자가용 소유자들을 끌어들였다.

킹컬렌

민중은 우리 혁명의 대본영(大本營)이다.
폭력은 우리 혁명의 유일한 무기이다.
우리는 민중 속에 가서 민중과 손을 잡고
끊임없는 폭력·암살·파괴·폭동으로써,
강도 일본의 통치를 타도하고,
우리 생활에 불합리한 일체 제도를 개조하여,
인류로써 인류를 압박치 못하며,
사회로써 사회를 수탈하지 못하는
이상적 조선을 건설할지니라.[1]

1 신채호, 「조선혁명선언」, (1923) 중에서
「조선혁명선언」은 일제강점기에 발표된 독립운동 관련 문서 중 백미로 꼽힌다.

국가는 모든 것이다.
국가 이외의 것들은 모두 무의미하며,
국가에 대한 반항은 결코 있을 수 없다.[1]

우리는 선진국들보다
50년 내지 100년 뒤떨어져 있다.
10년 안에 이 거리를 메워야 한다.
그렇지 않으면 우리는
파멸할 수밖에 없다.[2]

---

**1 베니토 무솔리니가 한 말**
무솔리니가 내세운 파시즘 사상은 모든 국민이 지도자를 중심으로 일치단결해
국가의 목표를 향해 나아가야 한다는 국가지상주의를 추구했다.

**2 이오시프 스탈린이 5개년계획을 도입하며 한 말**
소련 인구의 대부분을 차지하는 농민들을 무자비하게 희생시켜서라도 급속한
공업화를 추진하려 했던 이유를 알려 준다.

1930년대

1931~1940

일본이 한반도를 전쟁기지로 삼고,
나치가 세력을 확장하다

# 1930년대의 한국과 세계

**일본이 한반도를 전쟁기지로 삼고, 나치가 세력을 확장하다**

1930년대 들어 세계 정세가 다시 요동쳤다. 핵심 계기는 제1차 세계대전의 참화를 딛고 각국이 회복의 길을 걷던 1920년대의 끝자락에 찾아온 대공황이라는 재앙이었다. 미국에서 시작된 대공황은 곧 전 세계로 퍼졌다.

미국은 자본주의를 수정하는 뉴딜 정책으로 대공황을 극복하고자 했다. 영국과 프랑스는 넓은 식민지를 활용해 블록 경제를 강화하는 방향으로 나아갔다. 그러나 독일, 이탈리아, 일본은 영국이나 프랑스처럼 할 수 있는 여건을 갖추지 못했다. 결국 독일, 이탈리아, 일본은 주변 국가를 침략해 영토를 넓히고 새로운 시장을 확보하는 정책을 택했다.

독일에서는 히틀러가 이끄는 나치 정권이 들어섰다. 히틀러는 바이마르 공화국의 막을 내리고, 전쟁 준비에 힘을 쏟으며 팽창 정책을 폈다. 히틀러가 이끄는 독일은 다시 유럽의 안정을 위협하는 강력한 세력으로 떠올랐다. 이탈리아는 에티오피아를 침략했다. 일본은 만주사변을 일으키며 중국을 침략했다. 일본은 침략 전쟁을 위한 병참 기지를 구축하고자 한반도 공업화에 착수하는 한편 한국인을 전쟁에 동원하기 위한 체제를 만들어 갔다.

이처럼 1930년대 들어 세계는 주요 강대국들이 살아남기 위해 다시 정면충돌하는 상황으로 치달았다. 1939년, 끝내 제2차 세계대전이 발발했다. 세계는 또다시 끔찍한 전쟁의 참화 속으로 빠져들었다.

| | | |
|---|---|---|
| 반중국인 폭동<br>일본, 한반도 공업화 착수 | **1931**년 | 만주사변 발발 |
| 이봉창·윤봉길 의거<br>총독부, 농촌진흥운동 시작<br>'반민생단 투쟁' 시작(민생단 사건) | **1932**년 | 시암, 입헌군주국 전환 |
| 한글맞춤법통일안 제정 | **1933**년 | 독일, 나치당 집권<br>미국, 뉴딜 정책 도입 |
| | **1934**년 | 중국공산당 장정 시작 |
| 우장춘, '종의 합성' 입증 | **1935**년 | 독일, 재무장선언<br>독일, 유대인 시민권 박탈 |
| 일장기 말소 사건<br>일본, 신사 참배 강요<br>일본, 731부대 창설 | **1936**년 | 일본, 2·26사건 발발<br>에스파냐내전<br>중국, 시안사건 발발 |
| 소련, 연해주의 한국인을 중앙아시아로 강제 이주<br>일본, 황국신민서사 제창 강요 | **1937**년 | 중·일전쟁 발발<br>스탈린, 대숙청 전개 |
| 일본, 조선육군특별지원병령 공포 | **1938**년 | 페르시아만 대규모 유전 발견<br>독일, 오스트리아 합병<br>최초의 핵분열 실험 성공 |
| 일본, 국민징용령 공포 | **1939**년 | 제2차 세계대전 발발 |
| 석주명, 『조선산 접류 총목록』 발간<br>광복군 창설 | **1940**년 | 독일·이탈리아·일본, 추축국 결성 |

강주룡은 고공농성 석 달 후인 8월에 병으로 세상을 떠난다.

## 여성 노동자 강주룡이 을밀대 지붕 위에서 고공 농성을 하다

5월, 평양의 평원고무공장에서 일하던 여성 노동자 강주룡이 을밀대 지붕 위에 올라가 고공 농성을 했다. 일방적인 임금 삭감에 반발해 공장에서 단식 투쟁을 한 여성 노동자 49명을 경찰이 끌어내자, 강주룡이 고공 농성에 돌입한 것이다. 강주룡은 "사장이 와서 임금 삭감을 취소할 때까지 결코 내려가지 않을 것"이라며 의지를 다졌지만 결국 체포된다. 강주룡은 한국 최초의 여성 노동 운동가라는 평가를 받고 있다.

## 육군 대장 출신 우가키 가즈시게가 제6대 조선총독으로 부임하다

## 일본의 거짓 정보에 속아 반중국인 폭동이 일어나다

7월 3일부터 일주일간 경성, 평양, 인천 등 방방곡곡에서 반중국인 폭동이 일어났다. 한국인은 중국인을 때리고 집과 가게를 습격했다. 습격은 400회 넘게 이뤄졌고, 폭동으로 사망한 중국인이 100명이 넘었다(평양에서만 94명).

반중국인 감정에 불을 붙인 건 『조선일보』의 만보산 사건[1] 관련 호외였다. 만주의 한국인 농민들이 중국인들의 공격을 받아 위급한 상황에 놓여 있다는 내용이었다. 이것은 일본이 흘린 거짓 정보[2]였는데, 『조선일보』는 사실 확인 없이 이를 호외로 내보냈다. 이 호외는 역사를 뒤흔든 오보 중 하나로 기록되고 있다.

## 일본이 만주 침략을 계기로 한반도 공업화에 착수하다

일본이 만주 침략을 계기로 한반도 공업화에 돌입했다. 한반도를 침략 전쟁에 필요한 병참 기지[3]로 재편하고자 한 일본은 자원이 풍부한 북부를 중심으로 군수 산업을 육성한다. 이런 움직임은 1937년 중·일전쟁 발발 후 더 속도를 낸다.

일부 한국인 기업가들은 침략 전쟁에 협력하며 부를 쌓지만, '식민지 공업화'는 한국인의 생활을 균형 있게 향상시키는 것과는 거리가 멀었다. 한편 우가키 총독은 만주 침략을 계기로 문화정치의 막을 내리고, 전시 체제를 구축하는 쪽으로 방향을 틀었다.

1 만보산 사건 | 한국인 농민과 중국인 농민이 만보산(만주 창춘 부근) 삼성보에서 수로 개설 문제를 놓고 갈등을 빚은 사건

2 일본의 거짓 정보 | 일본은 한국인과 중국인이 손잡고 자국에 맞서지 못하게 하려 했다. 또한 한국인과 중국인을 이간질해 충돌을 불러일으킨 후, 이를 명분 삼아 만주로 군대를 출동시키는 방안도 염두에 두고 있었다.

3 병참 기지 | 전쟁을 수행하는 데 필요한 물자와 노동력을 제공하는 기지

용산공업지대

## 일본이 만주사변을 일으키다

9월 18일, 일본군이 중국 만주 펑톈 교외의 류탸오후 철교를 폭파하고, 이를 중국군이 저지른 일이라고 뒤집어씌우며 전쟁을 일으켰다. 당면한 경제 위기를 극복하기 위해 상품 시장을 확보하고, 대륙 침략의 전진 기지를 마련하려는 속셈이었다. 만주의 대부분을 장악한 1932년 3월에는 청나라의 마지막 황제 푸이(선통제)를 내세워 만주국이라는 괴뢰 국가를 수립한다.

한편 장제스의 국민당 정부는 일본군과 직접 맞서 싸우기보다 국제연맹 등을 통해 외교적으로 해결하기를 원했다. 여전히 활동 중인 일부 군벌들 및 공산당을 소탕하는 일이 더 시급하다고 생각했기 때문이다. 하지만 일본이 국제연맹의 철수 요구에 응하기는커녕 아예 국제연맹을 탈퇴해 버림에 따라 외교적으로 해결하려는 노력은 수포로 돌아간다.

결국 1933년 6월 국민당 정부는 일본과 정전협정을 맺고 일본의 만주 지배를 인정한다. 1935년 12월부터 베이징을 비롯한 전국 주요 도시의 학생들이 항일 전쟁을 요구하며 대규모 시위를 벌이고 공산당도 일본을 몰아내기 위해 힘을 모으자고 제안하지만, 국민당 정부는 공산당에 대한 공세를 멈추지 않는다.

만주국의 영역

만주를 점령한 일본군

## 중국공산당이 중화소비에트 정부를 수립하다

11월 7일, 공산당이 장악하고 있던 전국 15개 근거지의 대표들이 장시성 루이진에 모여 중화소비에트 정부를 수립하고 헌법대강[1]과 노동법, 토지법 등을 제정했다. 마오쩌둥이 중앙집행위원회 주석으로 선출돼 정치 지도자를 맡았고, 주더가 혁명군사위원회 주석으로 선출돼 군사 지도자가 됐다. 장차 중국에서 국민당 정부와 경쟁하게 될 또 하나의 정부가 수립된 것이었다.

공산당은 제1차 국공합작(1924년 참조)이 깨어진 뒤 주로 도시에서 여러 차례의 무장폭동을 일으켰으나 모두 실패했다. 이후 마오쩌둥의 주장에 따라 농촌을 중심으로 중장기적인 근거지를 마련하는 데 힘을 쏟아 왔다.

장제스가 이끄는 국민당 정부는 1930년부터 1934년까지 다섯 차례에 걸쳐 공산당 근거지에 대한 포위 공격을 감행한다. 공산당은 네 번째 공격까지는 간신히 막아내는 데 성공하지만, 다섯 번째 공격을 받자 루이진의 중화소비에트 정부를 포기하고 훗날 '장정(長征)'이라 불리게 되는 대규모 탈출을 감행한다(1934년 참조).

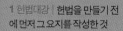

1 헌법대강 | 헌법을 만들기 전에 먼저 그 요지를 작성한 것

마오쩌둥과 주더

윤봉길
의거 사흘 전 한인애국
단 선서식 모습

홍커우공원의 현재 모습

**1 이봉창 의거와 중국 언론 |**
한 중국 신문은 이봉창 의거
를 전하면서 '불행히도 천황
무사'라고 표현했다. 이 때문
에 중국과 일본은 외교 갈등
을 겪었다.

**2 농촌진흥운동 |** 관제 농민운
동이던 농촌진흥운동은 1940
년까지 계속된다.

**3 자작농 |** 자기가 소유한 땅
을 자신의 노동력으로 경작하
는 농민

**4 민생단 사건의 한국인 피해
자 |** 1983년 중국공산당은
이 사건으로 497명이 체포되
고 367명이 살해됐다고 파악
했다. 그러나 실제로는 체포
자가 1000명 이상, 피살자가
500명이 넘는 것으로 전해지
고 있다.

# 윤봉길과 이봉창이 폭탄으로 일본군 수뇌부와 천황을 노리다

4월 29일, 윤봉길이 상하이 훙커우공원에 마련된 일본군의 기념식장에 폭탄을 던졌다. 윤봉길의 폭탄에 일본군 대장 시라카와 요시노리와 일본인 거류민단장이 그 자리에서 죽고 일본군 중장을 비롯한 고위 인사 10여 명이 중상을 입었다. 이에 앞서 이봉창은 1월 8일 도쿄에서 일본 천황에게 폭탄을 던졌다. 그러나 폭탄은 천황이 탄 마차에 미치지 못했다.[1] 윤봉길과 이봉창은 임시정부를 이끌던 김구가 조직한 한인애국단 소속으로, 의거 직후 체포돼 순국했다. 중국 정부는 윤봉길의 의거를 계기로 임시정부를 적극적으로 후원한다.

## 총독부가 농촌진흥운동[2]을 시작하다

7월, 우가키 가즈시게 총독이 농촌진흥운동을 실시하라고 지시했다. 총독부는 '자력갱생'과 '지주와 소작인의 협조'를 강조하며, 급감한 자작농을 늘리고 소작농의 권리를 보호하겠다고[3] 선포한다.

당시 한국의 농촌 경제는 식민지 농업 정책이 농민을 괴롭힌 것에 더해 세계 대공황이 터지면서 무너지기 직전이었다. 이를 견디다 못한 농민들이 곳곳에서 폭동을 일으키자 위기의식을 느낀 총독부가 꺼내든 카드가 농촌진흥운동이다. 그러나 총독부는 지주-소작제를 손대지 않았고, 지주가 높은 소작료를 거두는 것도 강하게 규제하지 않았다. 총독부의 속내는 지배 질서가 무너지는 것을 방지하고, 사회주의자들을 막아 내는 것이었다. 사회주의자들은 '일본을 몰아내고 지주-소작제를 없애야 한다'며 혁명적 농민조합운동을 펼치고 있었다. 이와 달리 민족주의 계열에선 '지주-소작제를 유지하고 소작료를 내리자'는 견해가 다수였다.

## 민생단 사건으로 한국인 혁명가들이 억울하게 희생되다

11월, 중국공산당이 '반민생단 투쟁'을 시작했다. 만주의 한국인 혁명가들이 일본의 침략을 지지한 민생단과 관련된 첩자라는 누명을 쓰고 숙청 대상으로 몰렸다. '반민생단 투쟁'은 1936년 2월까지 계속됐다. 그 결과 적어도 367명의[4] 한국인이 억울하게 목숨을 잃었다.

아시아

## 시암이 입헌군주국이 되다

6월 24일, 인민당이 쿠데타에 성공하고 12월에 헌법을 공포함에 따라, 왕국이던 시암이 입헌군주국이 됐다. 시암은 영국과 프랑스의 경쟁 관계를 적절히 이용함으로써 대개의 아시아 민족들과 달리 열강의 식민지가 되지 않고 독립을 지킬 수 있었다. 1939년에는 나라 이름을 타이로 바꾼다.

유럽

## 독일에서 나치당이 제1당이 되다

7월 31일, 독일 의회 선거에서 나치당이 전체 득표의 37.4퍼센트와 230석의 의석을 차지해 제1당이 됐다.[1] 앞서 4월 실시된 대통령 선거에서도 나치당의 히틀러는 36.8퍼센트의 표를 얻어 2위를 차지한 바 있었다.

1930년 12석에 불과했던 나치당이 이처럼 빠르게 성장한 것은 무엇보다 세계 대공황에 따른 경제 위기 때문이었다. 당시 독일의 실업자는 600만 명에 육박했다. 경제적 공포에 휩싸인 독일인들은 위대한 독일의 재건을 약속한 나치당에 기대를 걸었다. 공산당을 비롯한 사회주의 세력의 급성장에 위협을 느낀 중간층과 지배층도 나치당이 이들을 견제해 주리라 기대했다. 특히 옛 귀족과 대지주, 군부와 재벌 등의 지배층은 중도 우파에 대한 지지를 철회하고 나치당에 정치 자금을 댔다. 나치당은 독일 사회에 널리 퍼져 있던 반유대주의도 적극적으로 이용했다. 이들은 유대인이 민중의 고혈을 빨아먹는 고리대금업자이자, 사회 질서를 파괴하는 사회주의자들이라고 선전했다. 독일 사회가 처한 모든 문제의 원인을 유대인에게 덮어씌운 것이다.[2]

아시아

## 네지드헤자즈왕국이 사우디아라비아로 이름을 바꾸다

9월 23일, 네지드헤자즈왕국의 국왕 이븐 사우드가 자기 가문의 이름을 따서 나라의 이름을 사우디아라비아로 바꿨다. 사우드는 1926년 아라비아반도의 거의 대부분을 차지한 뒤 영국으로부터 독립을 인정받았으며, 이슬람교 중에서도 매우 보수적인 와하브주의를 국교로 삼고 엄격한 독재 체제를 수립했다. 그는 미국과 영국의 석유 회사들에 유전의 개발권을 넘기고 그 대가를 받아 막대한 부를 축적한다.

1 독일 의회 선거의 결과 | 공산당은 같은 선거에서 100석의 의석을 차지했다.

2 유럽의 유대인들 | 가톨릭교회는 원래 '돈놀이'를 인정하지 않았기에 유럽에서는 대개 유대교를 믿는 유대인들이 고리대금업 등 금융업에 종사했다. 또한 우연하게도 저명한 사회주의자들 가운데도 유대인들이 많았다. 그러나 유대인 전체적으로 보면 금융가와 사회주의자의 수는 매우 적었다.

**나치당의 선거 포스터**
"우리의 마지막 희망, 히틀러"라고 적혀 있다.

## 황금광 열풍이 몰아치다

1930년대 들어 금광 개발·탐사 바람이 불었다. 하던 일을 그만두고 금을 찾아 떠나는 한국인들이 적지 않았다. 이렇듯 황금광 열풍이 분 까닭은 ▶ 1929년 세계 대공황이 발생한 후 각국의 화폐 가치는 떨어진 대신 금의 가치가 높아졌으며 ▶중국 침략에 본격적으로 나선 일본이 전쟁 준비를 위해 황금 확보에 열을 올렸고 ▶세계 대공황의 여파로 실업자가 늘고 1931년 쌀값이 폭락하면서 농사를 포기하는 농민도 늘어났기 때문이다. 황금광 열풍이 불면서 광업 개발권을 둘러싼 투기도 만연했다.

금광 개발에 성공해 큰 부자가 된 대표적인 인물은 최창학[1]과 방응모다. 이 중 방응모는 광산 개발로 축적한 부를 바탕으로 1933년 『조선일보』를 인수했다. 황금광 열풍과 일본의 금 확보 정책 때문에 1930년대 국내 금 생산량은 급격히 늘어난다. 그러나 그와 맞물려 일본으로 유출되는 금의 양도 늘었다. 황금광 열풍은 1930년대 후반 잦아든다.

## 이청천과 양세봉[2]이 만주에서 일본군에 맞서다

7월, 이청천이 이끄는 한국독립군이 만주 다뎬쯔링[大甸子嶺]에서 일본군을 대파하고 마차 20대 분량의 군용물자와 소총 1500자루 등을 노획했다. 또한 양세봉은 1932년 조선혁명군을 이끌고 만주 융링제[永陵街]에서 일본군을 격파했다. 한국독립군과 조선혁명군은 이 과정에서 각각 중국의 의용군과 연합해 작전을 펼쳤다. 그러나 1932년 만주국을 세운 일본이 독립군과 중국의용군을 '토벌'하는 데 총력을 기울이면서 전체적인 전황은 점차 일본에 유리해진다.

## 조선어학회가 한글맞춤법통일안을 제정하다

10월, 조선어학회[3]가 한글맞춤법통일안을 발표했다. 통일안의 핵심 내용은 ▶우리말을 소리 나는 대로 적되 어법에 맞게 하고 ▶서울(경성) 중류층이 쓰는 말을 표준어로 정하며 ▶각각의 단어는 띄어 쓰되 토는[4] 앞 단어에 붙여 쓴다는 것이다. 조선어학회는 1930년 한글맞춤법통일안을 제정하기로 결의한 지 3년 만에 작업을 마무리했다.

운산 금광에서 사금을 채취하는 한국인 노동자들

**1 최창학** | '조선의 황금귀(黃金鬼)'로 불린 최창학은 황금광 성공 신화를 대표하는 인물로, 해방 후 김구에게 경교장을 기증한다.

**2 이청천과 양세봉** | 이청천은 일본 육군사관학교를 졸업한 후 독립운동에 투신했다. 신흥무관학교(1911년 참조)에서 독립군을 양성했고, 훗날 대한민국임시정부가 창설하는 광복군의 총사령관을 맡는다. 양세봉은 31운동 직후부터 독립군으로 활동했고, 1929년 조선혁명군이 창설된 후 일본군을 여러 차례 격파했다. '군신(軍神)'이라 불릴 정도로 전략에 탁월했으나, 1934년 일본 밀정의 계략에 빠져 안타깝게 목숨을 잃는다.

한글회관

**3 조선어학회** | 1921년 만들어진 조선어연구회(1926년 참조)의 후신으로, 해방 후인 1949년 한글학회로 이름을 바꾼다.

**4 토** | 조사, 어미, 접사

# 히틀러가 독일 총리에 취임하고
# 파시즘 체제를 구축하다

1월 30일, 독일의 파울 폰 힌덴부르크 대통령이 히틀러를 총리로 지명함에 따라 나치당은 독일국가인민당과 연립 내각을 구성하고 정권을 장악했다. 하지만 히틀러는 단독 집권을 위해 곧 의회를 해산하고 새로운 의회 선거를 준비한다.

그런데 선거를 일주일 앞둔 2월 27일 밤, 국회의사당에 방화 사건이 일어난다. 나치당은 곧바로 이 사건을 공산주의자의 소행으로 몰아 전국적으로 1만여 명의 정치적 반대 세력을 체포한다. 반대 세력을 모두 제거하고 치러진 선거에서 나치당은 43.9퍼센트의 표를 얻고, 3월 24일에는 의회를 압박해 전권위임법을 통과시킴으로써 독재 체제를 확립한다. 이 법에 따르면 총리와 내각이 직접 법률을 제정할 수 있으며, 심지어 헌법에 위배되는 법률도 마음대로 제정할 수 있었다.

히틀러는 제3제국[1]의 성립을 선포하고, 비밀경찰 조직인 게슈타포와 강제 수용소를 설치해 반대파를 탄압하며, 노동조합을 금지하고 나치당을 제외한 모든 정당을 해산시킨다. 1934년 8월 힌덴부르크 대통령이 죽은 뒤에는 대통령직까지 물려받아 총리와 대통령을 겸하는 총통의 지위에 오른다.

불타는 독일 국회의사당
방화 사건이 나치당의 자작극이었는지 아니면 정말 공산주의자의 소행이 있었는지는 아직도 명확히 밝혀지지 않았다. 나치당은 현장에서 체포된 네덜란드 출신의 공산주의자 마리누스 루페를 범인으로 지목했으나 그는 재판에서 무죄를 선고받는다.

1 제3제국 | 제1제국(신성로마제국)과 제2제국(비스마르크가 세운 호엔촐레른제국)을 이은 독일 민족의 세 번째 제국이라는 의미다.

## 3월 2일, 미국에서 영화 〈킹콩〉이 개봉하다

## 루스벨트가 미국 대통령에 취임하다

3월 4일, 프랭클린 루스벨트가 제32대 미국 대통령에 취임했다. 루스벨트는 정부의 적극적인 경제 개입, 테네시계곡 개발과 같은 대규모 공공사업을 통한 고용 창출, 노동자의 권리 증진과 사회 보장 제도의 확대 등 이른바 '뉴딜'(160~161쪽 참조) 정책을 추진함으로써 당시 미국 경제가 겪고 있던 대공황을 타개하는 데 성공한다. 1945년 4월 사망할 때까지 네 차례에 걸쳐 대통령직을 수행한다.

〈킹콩〉 포스터

프랭클린 루스벨트
루스벨트는 수차례의 라디오 연설을 통해 국가의 주요 현안에 대한 지지와 도움을 국민에게 직접 호소하곤 했다. 이를 노변 담화(fireside chat)라고 한다.

## 3월, 일본이 국제연맹을 탈퇴하다

## 10월, 독일이 국제연맹을 탈퇴하다

백남운, 『조선사회경제사』

**1 한국의 브나로드 운동** | '인민 속으로'라는 러시아어. 19세기 말 러시아 학생들이 인민 속으로 들어가 함께 생활하며 운동을 했던 데서 비롯된 말이다. 『동아일보』는 1933년까지는 '브나로드 운동'이라고 불렀으나 1934년 '계몽 운동'으로 이름을 바꿨다.

브나로드 운동 포스터

영화 〈상록수〉 포스터

## 실증주의 역사학을 표방한 진단학회가 설립되다

5월, 이병도 등의 한국사 연구자들이 진단학회를 설립했다. 진단학회는 사실 자체에 대한 탐구를 강조하는 실증주의 역사학을 표방하고, 고증을 강조하는 일본 학계의 연구 방법론을 받아들였다. 그렇지만 식민지 현실을 외면한 학문 활동이 아니냐는 비판도 받았다.

이와 달리 비타협적 민족주의자이던 안재홍과 정인보 등은 1930년대 중반 조선학 운동을 제창했다. 이들은 '조선에 고유한 것을 천명해 학문적으로 체계화해야 한다'며 정약용의 『여유당전서』를 간행하고, 조선 후기에 새롭게 대두한 사상 흐름에 실학이라는 이름을 붙였다. 조선학 운동의 배경 중 하나는 1931년 신간회(1927년 참조)가 해소되면서 비타협적 민족주의자들이 현실 사회 운동에 참여할 기반이 사라진 데에 있다. 일본과 손잡는 방향으로 계속 나아간 민족개량주의자들과 달리, 안재홍 등은 조선학 운동에서 돌파구를 찾으려 한 것이다.

이들과 달리 마르크스주의를 근본으로 삼아 역사를 이해한 사회경제사학도 하나의 흐름으로 자리 잡았다. 대표적인 사회경제사가는 1933년 『조선사회경제사』를 쓴 백남운이다.

## 총독부가 농촌계몽운동을 방해하다

총독부가 1934년 들어 농촌에서 운영되는 야학당을 폐쇄했다. 『동아일보』 등이 펼친 농촌계몽운동을 겨냥한 조치였다. 『동아일보』는 1931년부터 문맹 퇴치와 생활 개선을 위한 브나로드[1] 운동을 주장하며 농촌에 학생들을 보냈고, 『조선일보』는 1929년부터 문자 보급 운동을 벌였다. 이러한 농촌계몽운동은 사회주의자들의 혁명적 농민조합 운동(1932년 참조)에 반대한 민족주의 계열의 대응이기도 했다. 『동아일보』 등은 농촌 문제가 민족 구성원 내부의 역량 부족에서 비롯된 것으로 보고 계몽 운동을 펼쳤다. 일본의 지배를 인정하고 그 안에서 개량하자는 취지였다. 그러나 운동에 참가한 학생들 사이에서 이러한 의도와 달리 민중 운동으로 나아가려는 움직임이 생겼고, 이 때문에 『동아일보』와 갈등이 빚어졌다. 총독부가 농촌계몽운동을 방해한 것도 이 때문이었다.

아시아

## 중국공산당이 장정을 시작하다

10월 15일, 공산당이 국민당군의 포위 공격(1931년 참조)을 피해 새로운 근거지를 마련하고자 대규모 탈주, 곧 '장정(長征)'에 나섰다. 마오쩌둥이 이끄는 약 10만 명의 제1방면군은 루이진에서 포위가 상대적으로 약한 서쪽 방향으로 돌파했고, 뒤이어 제2방면군과 제4방면군도 각각의 근거지에서 탈출을 시작했다.

장정 도중의 마오쩌둥과 공산당원들

공산당군은 11개의 성을 가로지르고 18개의 산맥을 넘어 약 9600킬로미터를 이동한 끝에 1936년 10월 산시성 북부의 옌안 부근에 새로운 근거지를 마련했다. 국민당군의 추격이 몹시 집요했기에, 출발할 때는 30만 명이었지만 목적지까지 살아서 도착한 사람은 3만 명에 불과했다.

장정은 군사적으로는 명백한 패배였으나 그 과정에서 공산당의 이념을 중국 전역에 널리 알림으로써 훗날 공산당이 재기하는 발판을 마련했다는 평가를 받고 있다.

장정의 경로

아메리카

## 멕시코에서 카르데나스 대통령이 취임하다

12월 1일, 국민혁명당의 라사로 카르데나스가 멕시코 대통령에 취임했다. 카르데나스는 청년 시절 멕시코혁명(1910년 참조)에 적극적으로 가담했던 인물로, 재임 기간 동안 혁명의 이념을 실현하기 위해 애쓴다.

토지 개혁을 실시해 전국 농지의 절반가량을 땅 없는 농민들에게 나누어 주고, 이들을 농민 연합으로 조직해 개혁의 지지 기반으로 삼는다. 여러 지역의 노동자 조직을 통합해 멕시코노동조합연합을 결성하고 노동자의 권익 증대에도 힘쓴다. 철도와 석유 등 외국인이 소유하고 있던 산업을 몰수해 국유화함으로써 국민 경제의 내실을 다지기도 한다.

라사로 카르데나스

김원봉

## 민족유일당을 지향한 조선민족혁명당이 결성되다

7월, 중국 난징에서 조선민족혁명당 창당대회가 열렸다. 조선민족혁명당은 별도로 활동하던 독립운동 단체들이 이념을 넘어 통합하는 민족유일당(1928년 참조)을 지향했다. 조선민족혁명당 중앙집행위원으로는 김원봉(의열단), 김두봉(한국독립당), 김규식(재미국민총회), 이청천(신한독립당), 최동오(조선혁명당) 등이 선임됐다. 그러나 임시정부를 이끌던 김구는 좌파와 연합하는 것에 반대하며 조선민족혁명당에 참여하지 않았다.

조선민족혁명당 결성의 밑거름은 1920년대 후반부터 펼쳐진 민족유일당 운동이었다. 1935년 코민테른이 12월 테제(1928년 참조)를 버리고 '반파쇼 인민전선' 노선을 택한 것도 독립운동 세력이 좌우를 넘어 대동단결하는 분위기를 만드는 데 일조했다.

그러나 대동단결 분위기는 얼마 가지 못했다. 조소앙을 비롯한 조선민족혁명당 내 일부 우파는 창당 4개월 만인 11월에 탈당했다. 그 후 중국 만리장성 이남에 있던 독립운동 세력은 큰 틀에서 좌파를 중심으로 한 조선민족혁명당과 우파 위주의 대한민국임시정부로 나뉘어 존립하게 된다.

## 우장춘이 세계 최초로 '종의 합성'을 입증하다

우장춘

일본에서 활동한 우장춘이 '종(種)의 합성' 이론을 세계 최초로 입증했다. 우장춘은 염색체 수가 10개인 일본 재래종 유채와 염색체 수가 9개인 양배추를 교배해 염색체 19개의 유채를 만들어 내는 데 성공했다. 즉 현존하는 종들을 재료로 해서 새로운 종을 합성해 냄으로써 '종간잡종(種間雜種)'을 증명한 것이다. 또한 우장춘의 이 연구는 '종은 자연도태의 결과로 성립된다'는 다윈의 진화론을 보완했다는 평가를 받았다. 우장춘은 이 연구를 통해 육종학자[1]로서 세계적인 명성을 얻었다.

우장춘은 명성황후를 죽음으로 내몬 을미사변에 가담한 후 일본으로 망명한 우범선과 일본 여인 사이에서 태어나 일본에서 자랐다.

**1 육종학자** | 농작물이나 가축의 유전적 성질을 개량해 새로운 종을 만들거나 기존 품종을 좋게 만들어 내는 일을 하는 사람

아메리카

## 합성 섬유 나일론이 탄생하다

2월 28일, 미국 듀폰사에서 일하는 화학자 월리스 캐러더스가 석탄에서 추출한 물질을 이용해 천연 섬유보다 더 가늘고 질기며 탄력성 있는 합성 섬유인 나일론[1]을 만들었다. 1940년 시판된 나일론 재질의 여성용 스타킹은 실크 제품의 두 배가 넘는 가격임에도 엄청난 인기를 끌며 날개 돋친 듯 팔려 나간다. 나일론은 오늘날에도 의복을 비롯해 밧줄과 어망, 낙하산과 타이어 등 다양한 제품의 재료로 사용되고 있다.

1 나일론 | 듀폰사는 나일론을 "강철만큼 강하고 거미줄만큼 가는(as strong as steel, as fine as a spider's web)" 섬유라고 홍보했다.

캐러더스(왼쪽)와 나일론 스타킹을 신는 여성들(오른쪽)

유럽

## 독일이 재무장을 선언하다

3월 16일, 히틀러가 베르사유조약(1919년 참조)의 독일 군비 제한 조항의 파기를 일방적으로 선언하고, 국민 징병제를 시행해 육군의 규모를 5배로 늘렸다. 6월에는 영국과 해군협정을 맺어 해군도 4배 이상 증강했다.

히틀러와 나치당은 이후 군수 산업을 육성해 국가 경제를 크게 성장시킨다. 덕분에 600만 명을 헤아리던 실업자가 모두 사라지고 심지어 노동력 부족 현상까지 나타난다. 국가가 앞장서 영화와 공연 등의 오락거리와 주말여행, 해외여행 같은 여가 활동을 제공하기도 한다. 1936년 베를린 올림픽의 성공적 개최도 독일 재건의 증거이자 나치당의 자랑거리였다. 이러한 정책들을 통해 나치당은 국민의 전폭적인 지지를 얻는다.

베를린 올림픽의 개막식

유럽

## 독일에서 유대인의 시민권이 박탈되다

9월 15일, 독일 뉘른베르크에서 열린 나치당 대회는 조부모 중 1명 이상이 유대인인 사람을 법적인 유대인으로 규정하고 그 시민권을 박탈했다. 이후 유대인은 투표권을 잃고 공직에서 쫓겨났으며, '독일인의 혈통을 보전하기 위해' 독일인과 결혼하거나 성관계를 맺는 일도 금지됐다. 1938년 11월 9일 나치당이 유대인 소유의 상점들을 모조리 파괴하자, 수십만 명의 유대인이 외국으로 몸을 피한다.

하켄크로이츠
나치당은 같은 당 대회에서 자신들의 깃발인 하켄크로이츠(갈고리십자가)를 독일 국기로 삼기로 결정했다. 독일에서는 제2차 세계대전 패전 이후 지금까지 이 깃발의 사용이 법으로 금지돼 있다.

일장기가 지워진 상태로
보도된 손기정 선수의 모습

남산 황국신민서사 기둥

**1 일장기 말소 사건과 신문 |**
1937년 총독부의 정간 조치
가 풀리면서 『동아일보』는 다
시 발행된다. 『동아일보』 사장
송진우는 '회사와 상관없이 기
자가 독단으로 한 일'이라며
총독부 등에 선처를 호소했
다. 그러나 『조선중앙일보』는
이 사건으로 입은 타격과 재정
문제 등이 겹쳐 결국 1937년
문을 닫는다.

**2 신사(神社) |** 일본 종교인 신
토[神道]의 사원. 신토는 본래
민간신앙이었으나 군국주의
가 득세한 쇼와 시대(1926년 이
후)에 국가 종교로 격상됐다.

## 8월, 육군 대장 출신 미나미 지로가 제7대 조선총독으로 부임하다

### 손기정이 올림픽 마라톤에서 우승하고 일장기 말소 사건이 일어나다

8월 9일, 베를린 올림픽 마라톤 경기에서 일본 대표로 출전한 손기정이 우승하
고 남승룡이 3위를 차지했다. 『조선중앙일보』(사장 여운형)가 13일, 『동아일보』(사장
송진우)는 25일 손기정 사진에서 일본의 상징인 일장기를 지우고 보도했다. 조선
총독부는 두 신문의 발행을 정지[1]시키고 기자들을 구속했다.

## 총독부가 학생들에게 신사 참배를 강요하다

8월, 조선총독부가 '신사[2] 제도의 개정에 관한 규칙'을 발표하고 학생들에게 신사
참배를 강요했다. 한국인을 천황의 충성스러운 신민으로 만든다는 황국신민화
정책의 일환이었다. 그 후 신사 참배 강요 범위는 모든 한국인으로 확대된다.

### 신출귀몰하던 이재유가 일본 경찰에 체포되다

12월, 이재유가 일본 경찰에 잡혔다. 이재유는 1930년대 국내에서 노동자와 농
민을 조직해 일본에 맞선 대표적인 사회주의 운동가였다. 같은 시기에 국내 민
족주의 계열 인사들이 대부분 항일 운동과 거리를 두었던 것과 대조적이었다.
일본 경찰은 이재유에 대해 '동대문의 공장 지대를 모조리 손안에 넣고 직공을
선동해 계속 쟁의를 일으키게 했다'고 평가했다. 또한 일본 경찰이 신출귀몰하던
이재유를 잡아 가둔 후 '조선의 공산주의 운동은 종말을 고했다'며 자축했다는
말이 전해진다. 이재유는 1944년 감옥에서 생을 마감한다.

### 일본이 세균전 부대를 만들다

일본이 만주 하얼빈 인근에 세균전 부대를 만들었다. 이 부대는 1941년 이후 '만
주 731부대'로 불린다. 731부대는 살아 있는 사람의 몸에 세균을 집어넣거나 독
가스를 먹여 실험하는 등 참혹한 범죄를 저지른다. 실험 대상이 된 사람은 '마루
타'라고 불렸다.
일본은 중·일전쟁 때 세균 무기와 화학 무기를 사용해 수많은 인명을 살상한다.
그러나 제2차 세계대전이 끝난 후 미국은 731부대 관계자로부터 생체 실험 자료
를 받는 것을 조건으로 이 부대의 범죄에 눈감은 것으로 알려졌다.

아시아

## 일본에서 2·26사건이 일어나다

2월 26일 새벽, 일본 군부의 황도파 청년 장교들이 정부와 정당, 군부의 고위층을 몰아내고 천황이 직접 국가를 통치할 것을 요구하며 쿠데타를 일으켰다. 이들은 정부와 군부 요인들의 숙소를 습격해 살해했으나, 천황이 직접 해산 명령을 내림에 따라 결국 투항한다.

이후 황도파의 경쟁 파벌인 통제파가 군부를 완전히 장악한다.[1] 통제파는 효율적인 전쟁 수행을 위해 군부가 국가를 주도하는 것을 목표로 삼고 있었다. 이러한 과정 속에서 일본의 정당 정치는 무력화되고 본격적인 군국주의의 시대가 도래한다.

1 황도파(皇道派)와 통제파(統制派) | 당시 일본 군부의 두 파벌. 대개 하급 장교들로 이뤄진 황도파는 군부가 직접 행동에 나설 것을 주장했으나, 고급 장교들로 이뤄진 통제파는 쿠데타에 반대하며 제도적인 정치권력장악을 목표로 했다.

유럽

## 에스파냐내전이 시작되다

7월 17일, 프란시스코 프랑코 장군이 이끄는 군부가 공화파 정부에 반란을 일으킴에 따라 에스파냐내전이 시작됐다. 2월 16일의 총선거에서 공화주의, 사회주의, 아나키즘 세력이 힘을 합친 인민전선이 승리해 토지 개혁을 비롯한 과감한 개혁 정책들을 추진하자, 대지주와 자본가, 가톨릭교회, 군부 등의 보수 세력이 이를 막기 위해 나선 것이었다.

한편 에스파냐내전은 전 세계적 차원의 파시즘 세력과 반(反)파시즘 세력 사이의 대결이기도 했다. 독일과 이탈리아의 파시스트 정부는 프랑코군에 전차, 비행기 등의 무기와 병력을 지원했고, 50여 나라의 외국인 의용군 4만여 명이 파시즘에 맞서기 위해 에스파냐로 달려왔다.

1939년 2월 28일 수세에 몰린 공화파 정부가 프랑스로 망명하고, 4월 1일 프랑코군이 에스파냐 전역을 장악한다. 프랑코는 공화파 지지자들에게 가혹한 보복을 가한 뒤 1975년까지 철권통치를 계속한다.

국제여단
외국인 의용군 부대인 국제여단에는 프랑스, 이탈리아, 독일, 오스트리아, 소련, 미국, 영국, 체코슬로바키아, 유고슬라비아, 헝가리, 캐나다 등의 시민들이 참여했다. 어니스트 헤밍웨이, 조지 오웰 등의 지식인과 작가들도 대의를 위해 총을 들었다.

아시아

## 시안사건이 벌어지다

12월 12일, 중국 시안에서 만주 군벌 출신의 장쉐량이 국민당 정부의 총통 장제스를 체포해 가두고 국민당과 공산당이 힘을 모아 일본에 맞서 싸울 것을 요구했다. 장제스는 공산당과 내전을 중단하겠다고 약속하고서 풀려나 난징으로 돌아간다. 이 합의로 인해 이듬해 제2차 국공합작이 성립된다(1937년 참조).

장쉐량
장쉐량은 시안사건 후 처벌을 받기 위해 스스로 난징으로 간다. 그는 장제스가 1949년 국공내전에서 패해 타이완으로 옮겨 갈 때 함께 끌려간다. 그 후 타이완에서 1990년까지 가택 연금 생활을 한다.

보천보전투로 불에 탄 일제 통치 기관

## 동북항일연군이 국내에 진공해 보천보를 습격하다

6월 4일, 김일성이 지휘하는 동북항일연군[1] 무장 유격대 100여 명이 함경남도 혜산 보천보를 습격했다. 유격대는 경찰 주재소 등을 공격해 무기를 뺏고 건물을 불태운 후, '재만한인조국광복회[2] 강령' 등을 담은 격문을 뿌리고 철수했다. 일본은 5일 추격 부대를 보냈지만, 유격대에 패해 전사 7명, 부상 14명의 손실을 입고 후퇴했다.

보천보전투는 국내 언론에 의해 대서특필됐고, 『동아일보』는 두 차례 호외를 발행했다. 이로써 독립군을 '소탕'했다던 일본의 선전과 달리 항일 무장유격대가 여전히 활동 중이라는 것이 널리 알려졌다. 이는 1935년 초 이홍광[3]이 이끄는 동북인민혁명군 200여 명이 평북 후창을 습격했던 때와 다른 상황이다. 이홍광 부대의 공격은 1930년대에 펼쳐진 국내 진공 작전 중 최대 규모로 평가받지만 당시 국내에 그 소식이 퍼지지는 못했다.

한편 동북항일연군에 속한 중국인 부대는 김일성 부대를 배후에서 지원하며, 민생단 사건(1932년 참조)으로 파탄 직전까지 갔던 한·중 공동 항일 전선의 부활을 알렸다.

## 소련이 연해주의 한국인을 중앙아시아로 강제 이주시키다

연해주 지역의 한국인들이 강제 이주를 당한 행로

소련 정부가 9월부터 두 달 동안 연해주의 한국인 17만여 명을 중앙아시아의 황무지로 강제 이주시켰다. 한국인이 일본의 첩자 노릇을 할 우려가 있고, 군사 작전을 할 때 일본인과 한국인이 구별되지 않는다는 것이 소련의 명분이었다. 소련이 한국인들을 화물열차에 짐짝처럼 실어 강제 이주시키는 과정에서 1만 명이 넘는 한국인이 숨진 것으로 전해진다.

## 10월, 조선총독부가 '천황에게 충성을 맹세한다'는 황국신민서사를 만들어 한국인들에게 제창할 것을 강요하다

**황국신민서사(아동용)**
1. 우리는 대일본제국의 신민입니다.
2. 우리는 마음을 합하여 천황 폐하에게 충의를 다합니다.
3. 우리는 인고 단련하여 훌륭하고 강한 국민이 되겠습니다.

## 중·일전쟁이 시작되다

아시아

7월 7일, 중국 베이징 교외의 루거우차오에 주둔하고 있던 일본군이 중국군으로부터 총격을 받았다고 주장하며 군사 행동에 돌입했다. 이로써 중·일전쟁이 시작됐다. 일본군은 7월 30일 베이징과 톈진을 점령하고 8월 13일에는 상하이를 공격한다. 이에 국민당 정부의 장제스 총통은 1936년 시안에서 약속한 대로 공산당과 힘을 모아 일본에 맞선다(제2차 국공합작).

난징에 들어서는 일본군

그러나 일본군은 11월 5일 상하이를 장악하고 12월 13일 난징을 점령한 뒤 중국인의 저항 의지를 꺾고자 한 달여에 걸쳐 군인과 민간인을 가리지 않는 대학살을 자행한다. 일본군의 살인, 강간, 약탈에 의해 30만 명 이상[1]이 희생된 것으로 여겨진다. 1938년이 되면 일본군은 쉬저우, 광둥, 우한 등 주요 도시들까지 점령한다. 그러나 실제로 지배한 영역은 점(도시)과 선(철도)에 불과했고, 면(농촌)은 여전히 중국군의 영향력 아래 있었다. 오히려 일본군은 넓어진 전선 때문에 전쟁 수행에 어려움을 겪게 되고, 전쟁은 점차 교착 상태에 빠져든다.

한편 공산당군은 국민당 정부의 국민혁명군 아래 팔로군과 신사군이라는 이름으로 편성돼 특유의 유격 전술을 펼치며 일본군의 진격을 가로막는다. 공산당은 이 과정에서 자신의 지지 기반을 크게 확대할 기회를 마련한다. 국민당군이 농촌에서 약탈과 강제 징집을 자행해 농민들의 반발을 산 반면, 공산당군은 철저한 규율로 농민의 호감과 지지를 얻었기 때문이다.

1 **희생자의 규모** | 중국 측 추산과 달리 일본에서는 학살의 규모가 과장됐으며 희생자의 수도 훨씬 적다고 주장하고 있다.

## 스탈린이 대숙청을 벌이다

유럽

소련공산당 서기장 스탈린이 당과 군부, 지식인, 농민, 소수민족 등 사회의 모든 영역에 걸친 대규모 숙청을 본격적으로 전개했다. 위로는 그리고리 지노비예프, 레프 카메네프, 니콜라이 부하린 등 공산당 고위 지도자들부터 아래로는 평범한 시민들에 이르기까지 수백만 명의 무고한 사람들이 처형되거나 수용소에 보내졌다. 희생자들은 대개 간첩이나 '혁명의 적'이라는 혐의로 기소됐으며 가혹한 고문과 협박을 통해 자백을 강요받았다.

이러한 사태에는 5개년계획 등 국가 주도의 급속한 공업화 과정에 대한 반발을 억누르려는 정치적 목적, 서유럽 선진 자본주의 국가들의 공격에 대한 체제 차원의 공포, 공산당 내부의 권력 투쟁, 스탈린 개인의 의심 많은 성격 등이 복합적으로 작용한 것으로 평가되고 있다.

**사진에서 사라진 사나이**
스탈린은 자신이 숙청한 사람들을 역사 기록에서도 지워 버리고 싶어 했다. 사진에서 지워진 사람은 스탈린 아래서 대숙청을 주도했으나 훗날 그 자신마저 숙청된 니콜라이 예조프다.

## 일본이 조선육군특별지원병령을 공포하다

2월, 일본이 조선육군특별지원병령을 공포했다. 소학교[1] 졸업 이상의 학력을 갖춘 만 17세 이상의 한국인에게 일본 육군이 될 수 있는 길을 열어 주겠다는 것이었다. 친일파들은 '이제 조선 민족도 천황의 적자[2]가 될 수 있다'며 이 조치를 환영했다.

일본은 1910년 식민 지배를 시작한 이래 한국인들을 군인으로 만들지 않았었다. 한국인들에게 무기를 쥐여주면 그 무기가 자신들에게 향할 수도 있다는 사실을 잘 알고 있었기 때문이다. 그러나 1937년에 시작한 중·일전쟁이 길어지고 전선이 넓어지면서 일본은 군인 부족 문제에 직면했다. 일본이 지원병 제도를 도입한 것도 한국인을 전장에 세워 군인 부족 문제를 해결하기 위해서였다. 한국인들 중에는 '군인이 되면 진짜 일본인으로 인정받을 수 있다'고 생각해 지원한 이도 있었지만, 관리와 경찰이 강제로 지원병을 모집한 경우도 많았다.

## 총독부가 조선교육령을 개정해 정규 과목에서 '조선어'를 삭제하다

3월, 조선총독부가 내선일체[3]를 강조하는 새 조선교육령을 공포했다. 개정안의 핵심은 학교 정규 과목에서 '조선어'를 뺀 것이었다. 이로써 학교에서 한국어 교육이 사실상 금지됐다. 이와 함께 새 조선교육령에는 일본과 한국의 학제를 통일하는 내용도 담겼다.

## 일본이 국가총동원법을 공포하고 한반도에도 적용하다

4월, 일본이 국가총동원법을 공포했다. 이로써 일본 정부는 전쟁에 필요한 사람, 물자, 시설, 자금 등을 의회의 승인 없이 징발할 수 있게 됐다. 일본은 이 법을 한반도에도 그대로 적용했다. 또한 조선총독부는 이러한 흐름에 발맞춰 국민정신총동원조선연맹과 사상보국연맹 등의 단체를 조직했다. 국민정신총동원조선연맹은 10호(戶)를 애국반이라는 한 단위로 묶어 생활 전반을 통제했고, 사상보국연맹은 일본군 위문 등의 활동을 했다.

## 11월, 조선일보사 주최로 경성 부민관에서 국내 최초 영화제가 열리다

1 소학교 | 지금의 초등학교

2 적자(赤子) | 천황이 갓난아이처럼 여겨 사랑한다는 뜻으로, 일본의 온전한 국민을 이르던 말

3 내선일체(內鮮一體) | 일본(內)과 조선(鮮)이 한 몸이라는 뜻. 일본이 한민족을 역사에서 지우기 위한 황국신민화 정책을 펴면서 내세운 핵심 구호다.

내선일체 포스터

국민정신총동원 선전 포스터

# 페르시아만에서 대규모 유전이 발견되다

2월 23일에 쿠웨이트에서, 뒤이어 3월 3일에는 사우디아라비아에서 초대형 유전이 발견됐다. 이로써 페르시아만 일대는 세계 최대 규모의 원유 생산 지역이 됐다.

**2010년 세계 주요 산유국과 생산량**

| 순위 | 나라 | 생산량(배럴/일) |
| --- | --- | --- |
| 1 | 사우디아라비아 | 10,520,000 |
| 2 | 러시아 | 10,130,000 |
| 3 | 미국 | 9,688,000 |
| 4 | 중국 | 4,273,000 |
| 5 | 이란 | 4,252,000 |
| 6 | 캐나다 | 3,483,000 |
| 7 | 멕시코 | 2,983,000 |
| 8 | 아랍에미리트 | 2,813,000 |
| 9 | 브라질 | 2,746,000 |
| 10 | 나이지리아 | 2,458,000 |
| 11 | 쿠웨이트 | 2,450,000 |
| 12 | 이라크 | 2,408,000 |

## 독일이 오스트리아와 주데텐란트를 합병하다

3월 13일, 독일이 게르만족의 통일 국가 건설을 명분으로 오스트리아를 강제 합병했다. 뒤이어 9월에는 약 300만 명의 독일인이 거주하는 체코슬로바키아의 주데텐란트 지역까지 탐내기 시작했다.

영국의 조지프 체임벌린 총리는 유럽에서 또다시 전쟁이 일어나는 것을 막기 위해 영국, 프랑스, 독일, 이탈리아의 4국 정상이 문제 해결을 위한 회담을 갖자고 제안했다. 9월 29일 4국 정상은 독일이 더 이상 독자적인 군사 행동을 하지 않는다는 조건으로 주데텐란트를 넘겨주기로 하는 이른바 '뮌헨협정'을 맺었다.

영국과 프랑스는 이러한 양보를 통해 평화를 약속받았다고 안도했으나, 히틀러는 바로 이듬해 폴란드를 전격 침공함으로써 제2차 세계대전의 불을 댕긴다.

## 최초로 핵분열에 성공하다

12월, 독일의 화학자 오토 한과 프리츠 슈트라스만이 최초의 핵분열 실험에 성공했다. 우라늄235의 원자핵에 중성자를 충돌시키자 핵이 두 개로 쪼개지며 일정한 에너지를 방출했고, 그 과정에서 튀어나온 중성자가 또 다른 원자핵과 부딪히는 연쇄반응을 통해 막대한 에너지가 생성된 것이었다. 이로써 원자 폭탄과 원자력 발전의 원리가 확인됐다.

핵분열 과정

## 일본이 국민징용령을 공포하다

일본 홋카이도 제국사백금 광산에 징용된 노동자들이 원석을 채굴해 운반하고 있다.

7월, 일본이 1938년에 제정된 국가총동원법을 근거로 국민징용령을 선포했다. 일본 정부는 이에 따라 전쟁 수행에 필요하다는 명목으로 자국 노동력을 강제로 동원했다. 한반도에서는 반발을 우려해 '모집' 형식을 취했지만, 모집은 말뿐이었고 사실상 강제 연행에 가까웠다. 일본이 다시 징용령을 선포한 1944년 8월부터는 그나마 '모집'이라는 형식마저 사라지고, 말 그대로 한국인을 강제로 끌고 가는 모습으로 바뀐다.

이런 과정을 거쳐 수많은 한국인이 한국은 물론 일본 곳곳의 탄광, 군수 공장, 발전소, 비행장·항만· 도로 공사장 등으로 끌려갔다. 사이판을 비롯한 남양 군도까지 끌려간 이들도 적지 않았다. 그렇게 끌려간 한국인들은 제대로 먹지도 못하고 긴 시간 동안 일해야 했다. 위험한 작업장에서 목숨을 걸고 일해야 했지만 그 대가를 제대로 받을 수도 없었다. 이러한 가혹한 조건 때문에 강제 징용된 한국인 노동자 중 많은 이들이 목숨을 잃었고, 견디다 못해 탈출을 시도하다 붙잡혀 심하게 맞는 경우도 많았다.

1939년부터 1945년 해방 때까지 강제 동원된 사람이 600만~700만 명, 이 중 해외로 끌려간 사람이 100만 명 이상으로 추산된다.

### 10월, 이광수 · 최재서 등이 일본 문인들과 함께 '내선일체 구현'을 표방한 친일 단체 조선문인협회를 결성하다

### 리승기가 새로운 합성 섬유인 비날론을 발명하다

리승기

교토대 연구원인 한국인 과학자 리승기가 비날론이라는 새로운 합성 섬유를 만들어 냈다. 비날론은 1년 전인 1938년에 탄생한 나일론에 이어 세계에서 두 번째로 만들어진 합성 섬유다. 질이 낮은 옷감이나 밧줄, 천막, 그물 등에 주로 사용된다. 비날론의 원료는 석회석과 무연탄이다. 해방 후 귀국한 리승기는 1950년 월북해, 김일성의 지원을 받으며 비날론을 대대적으로 보급한다.

유럽

## 독일과 소련이 불가침조약을 맺다

8월 23일, 독일과 소련이 상대방을 침략하지 않으며 상대방에 대한 침략을 돕지도 않는다는 내용의 조약을 맺었다. 폴란드 침공을 준비하고 있던 히틀러는 소련이 중립을 지켜 주기를 바랐고, 스탈린은 독일의 침략에 대비할 시간을 벌려는 계산이었다. 또한 독일이 폴란드 영토의 서쪽 3분의 1을 차지하고 소련이 동쪽 3분의 2를 차지한다는 비밀 합의도 이뤄졌다.

'불구대천의 원수' 사이인 파시즘과 공산주의의 타협은 전 세계에 커다란 충격을 가져다주었다. 특히 파시즘의 확산을 우려하는 여러 나라의 민주 진영과 공산주의자들은 소련의 선택에 거세게 반발했다.

불가침조약을 맺는
독일과 소련 대표

## 제트기와 헬리콥터가 개발되다

8월 27일, 독일의 공학자 에른스트 하인켈이 '프로펠러가 없는 비행기'인 제트기를 제작해 시험 비행에 성공했다. 제트기는 엔진 내부에서 폭발시킨 가스를 뒤로 분출시켜 추진력을 얻었고, 프로펠러를 쓰는 기존의 비행기보다 훨씬 빠른 속도를 낼 수 있었다. 최초의 제트기인 HE-178의 최대 속도는 시속 700킬로미터였다.

한편 9월 14일에는 러시아 출신의 미국 항공기 제작자 이고르 시코르스키가 최초의 실용적인 헬리콥터인 VS-300의 시험 비행에 성공했다.

HE-178 제트기(위)
VS-300 헬리콥터(아래)

# 제2차 세계대전이 벌어지다

9월 1일 독일이 폴란드를 전격 침공하고, 3일 영국과 프랑스가 독일에 선전포고함에 따라 제2차 세계대전이 시작됐다. 독일군은 곧바로 폴란드군의 주력을 분쇄했고, 17일에는 소련군도 폴란드의 동부를 침략해 28일에는 두 나라가 폴란드 전역을 완전히 분할 점령했다.

그러나 초기에 영국과 프랑스는 직접적인 군사 행동에 나서기를 꺼린다. 영국은 독일을 압박하기 위해 해상 봉쇄와 경제 제재를 취하고, 프랑스는 국경 지대의 마지노선[1]에 의존해 독일의 침략을 예방하는 데 급급했을 뿐이다.

머지않아 이 사태는 세계의 주요 강대국이 모두 가담해 1945년 8월 15일 종전까지 무려 4000만~5000만 명의 인명을 앗아간 인류 역사상 최대 규모의 전쟁으로 확대된다.

1 마지노선 | 제1차 세계대전 이후 프랑스가 독일의 공격에 대비해 국경 지대에 구축한, 요새화된 방어선이었다. 어떠한 공격도 막아 낼 수 있는 난공불락의 방어선이라는 명성을 지니고 있었다.

**나비 박사 석주명이 『조선산 접류 총목록』을 발간하다**

1.접(蝶) | 나비

석주명이 『조선산 접류 총목록』을 경성에서 발간했다. 석주명은 이 책에서 외국 학자들이 잘못 분류한 '조선 나비'의 학명들을 바로잡아 나비 분류학의 체계를 세웠다. 이런 성과를 낼 수 있었던 것은 10년 동안 자기 발로 한국을 구석구석 누비며 60만 마리가 넘는 나비를 채집하고, 그렇게 모은 나비의 무늬, 날개 모양, 길이, 색깔 등을 하나하나 측정해 기록했기 때문이다. 『조선산 접류 총목록』은 한국인이 지은 책으로는 최초로 영국왕립도서관에 소장됐고, '나비 박사' 석주명은 세계적인 곤충학자로서 이름을 높였다.

**총독부가 창씨개명을 강제하다**

2월, 총독부가 각자 한국식 성(姓)을 대신할 일본식 씨(氏)를 정해 8월 10일까지 제출하라고 발표했다. 한국식 성은 같은 종족 집단, 즉 혈연의 의미가 강하다. 이와 달리 일본식 씨는 이에[家]를 책임지는 하나의 호주를 중심으로 한 집단으로서, 혈연의 의미는 한국에 비해 약하다. 이러한 창씨개명을 추진한 속내는 한국인의 정체성을 없애겠다는 것이었다. 자유의사에 맡기겠다고 밝힌 것과 달리, 총독부는 창씨개명을 하지 않으면 진학 및 공무원 채용을 금지하고, 식량 등의 배급에서 제외하며, 징용 대상자로 우선 선정하겠다고 압박했다. 유명 인사 중에는 창씨개명에 앞장서는 이도 있었지만, 일반인 사이에서는 거부감이 심했다.

총독부가 밀어붙인 결과, 9월 말까지 한국인 가구의 약 80퍼센트가 창씨개명을 했다.

**총독부가 『동아일보』와 『조선일보』를 폐간하다**

8월, 조선총독부가 한국어 신문인 『동아일보』와 『조선일보』를 폐간했다. 총독부는 폐간 이유로 신문용지를 비롯한 물자 부족, 일본어 보급 등을 들었다.

**임시정부가 광복군을 창설하다**

9월, 임시정부가 충칭에서 광복군을 창설했다. 광복군은 창설 후 한동안은 지원을 받는 대가로 중국군의 지휘를 받아야 했다. 중국으로부터 작전권을 되찾은 후 국내 진공을 준비했으나 일본이 그 전에 항복하면서 계획을 실행하지 못한다.

광복군 총사령부 결성식 후 한국과 중국 두 나라 인사들의 기념 촬영(위)
광복군 창설 전례식(기념식) 오찬장에서 축사하는 김구(아래)

유럽

## 독일이 유럽을 장악하다

독일군은 4월 노르웨이와 덴마크를 침공한 데 이어, 5월 10일 서부 전선에서 대공세를 펼쳐 네덜란드와 벨기에를 침공하고 마지노선의 북부를 가로질러 6월 14일 파리를 점령했다.

프랑스의 필리프 페탱[1] 총리는 승산이 없다고 판단해 독일에 휴전을 제의했다. 6월 22일 맺은 휴전협정을 통해 독일은 프랑스 영토의 5분의 3에 해당하는 북부 지역을 차지하고 프랑스 정부는 남부의 비시[2]로 수도를 옮겼다. 한편 프랑스의 샤를 드골 장군은 영국으로 망명해 자유프랑스위원회를 결성하고 독일에 계속 맞설 것을 선언했다.

서부 유럽을 모두 장악한 독일군은 8월 들어 영국 상륙 작전을 위한 대규모 공습을 감행했으나 영국 공군에 패하고 말았다. 이에 히틀러는 서부 전선을 먼저 정리한다는 계획을 수정해 소련 침공을 준비하기 시작한다.

파리를 점령한 독일군

유럽

## 아우슈비츠 강제 수용소가 설치되다

4월 27일, 독일이 폴란드 아우슈비츠[3]에 강제 수용소를 설치하고 폴란드와 독일의 정치범을 수용하기 시작했다. 이후 1941년부터 전쟁이 끝날 때까지 아우슈비츠를 비롯해 마이다네크, 트레블링카 등의 여러 강제 수용소에서 총 400만~600만 명의 유대인, 집시, 전쟁 포로, 정치범 등이 독가스로 학살된 것으로 추정된다.

아우슈비츠 강제 수용소

아시아

## 일본이 인도차이나를 침공하다

9월 23일, 일본이 유럽에서 벌어진 전쟁을 틈타 프랑스령 인도차이나를 침공했다. 중·일전쟁의 승리를 위해 주석, 고무, 석유 등 동남아시아 지역의 풍부한 천연 자원이 필요했기 때문이다. 9월 27일에는 독일, 이탈리아와 삼국동맹을 맺어 추축국에 가담한다.

유럽

## 11월, 헝가리, 루마니아, 슬로바키아가 추축국에 가담하다

1 필리프 페탱 | 페탱은 제1차 세계대전 당시 베르됭전투를 승리로 이끈 국민적 영웅이었으나 이때 독일에 협력했다는 이유로 훗날 전범 재판에서 종신형을 선고받는다.

2 새로운 수도 비시 | 이후 독일에 협력한 프랑스 정부는 비시 정부라 불린다.

3 아우슈비츠 | 폴란드어로는 '오시비엥침'이지만 독일어인 아우슈비츠로 더 널리 알려져 있다.

반도 청년 제군,
제군에게는 이제 절호의 기회가 온
것이다. 내선일체, 이것이 제군이 취할
절호의 기회다.
(……) 우리 일본의 대화혼에서 말한다면
대군을 위해 죽는 일은 신자(臣子) 된 자의
본분임과 동시에 죽는 그 사람에게는
더없는 행복이다.[1]

1 언론인 서춘, 『총동원』, 1939년 10월호에서
'대군'은 일본 천황을 가리킨다. 서춘은 1919년 도쿄 2·8독립선언의 주역 중
하나였다.

처음에 그들은 공산주의자를 잡아갔다.
나는 아무 말도 하지 않았다,
나는 공산주의자가 아니었으니까.
그다음에 그들은 유대인을 잡아갔다.
나는 아무 말도 하지 않았다,
나는 유대인이 아니었으니까.
마침내 그들은 나에게 찾아왔다.
그러나 나를 위해 말해 줄 사람은
아무도 남아 있지 않았다.[1]

일본은 피부에 난 병일 뿐이지만,
공산당은 심장에 든 병이다.[2]

1 마르틴 니묄러의 시 「그들이 처음 왔을 때」에서
독일의 루터파 교회 목사였던 니묄러는 나치당의 종교 정책에 저항했다는
이유로 8년간 강제 수용소에 갇힌다.

2 중국국민당 정부의 총통 장제스의 말
장제스는 일본이 만주사변을 일으켜 중국을 침략한 상황에서도 공산당을
토벌하는 데에만 몰두하며 일본에 적극적으로 맞서 싸우지 않았다.

# 1940년대

1941~1945

전 세계가 제2차 세계대전의
참화에 휩쓸리다

# 1940년대의 한국과 세계

**전 세계가 제2차 세계대전의 참화에 휩쓸리다**

전 세계가 제2차 세계대전의 소용돌이 속으로 휩쓸려 들었다. 독일은 유럽을 장악한 뒤 소련을 침공해 빠른 속도로 밀고 들어갔다. 하지만 소련도 군수 공장과 설비를 우랄산맥 동쪽으로 옮기고 서서히 전력을 회복해 반격에 나섰다. 아시아에서는 일본이 미국 하와이의 진주만을 기습 공격함으로써 태평양전쟁이 시작됐다. 일본은 곧 동남아시아와 태평양의 대부분을 장악하지만, 미국은 세계 최대의 공업국답게 막대한 무기와 전쟁 물자를 생산해 차츰 전세를 역전시켰다. 결국 1945년 독일과 일본이 각각 무조건 항복함으로써 인류 역사상 최악의 전쟁이 막을 내린다.

일본의 식민 지배를 받던 한국인들도 전쟁 기간 동안 극심한 고통을 겪었다. 일본은 전쟁 수행을 위해 식량과 지하자원을 수탈했고, 수많은 젊은이들을 노동력과 병력으로 끌고 갔다. 심지어 젊은 여성들을 군대의 위안부로 끌고 가기도 했다. 한편 해외의 독립운동 세력은 일본에 선전 포고를 하고 일본군과 전투를 벌였다. 국내에서도 건국동맹 등의 항일 조직이 비밀리에 결성됐다. 이들의 활동에 힘입어 연합국은 카이로선언을 통해 한국의 독립을 약속했고, 1945년 8월 15일 일본의 패망으로 한국인들은 마침내 해방을 맞는다.

## 일본이 심상소학교를 국민학교로 바꾸고 '조선어' 교육을 금지하다

3월, 일본은 아동이 처음으로 입학하는 학교인 심상소학교를 국민학교[1]로 바꾸고, '조선어' 교육을 전면 금지했다. 국민학교는 황국신민의 학교라는 뜻이다.

## 일본이 밥그릇과 숟가락까지 뺏어가다

6월, 일본이 유기(놋쇠 그릇) 공출[2]을 시작했다. 지하자원 수탈만으로는 군수 물자를 만드는 데 필요한 금속이 부족하다고 판단해서였다. 일본은 일상생활에서 쓰이는 밥그릇, 숟가락, 가마솥뿐만 아니라 제사용 그릇, 농기구, 불상, 교회의 종 등까지 거둬 갔다.

이에 앞서 일본은 1940년부터 쌀을 공출했다. 농가마다 공출량을 할당한 후 쌀을 헐값에 가져갔다. 곡식을 숨기거나 농산물에 불을 지르는 농민도 있었지만, 강제 공출은 계속됐다. 그러잖아도 일본인에 비해 1인당 쌀 소비량(1920년 참조)이 적던 한국인들은 상당수가 굶주림에 시달려야 했다. 또한 전쟁이 막바지로 치닫자 일본은 식량 배급제를 실시하는데, 이때도 한국인은 차별 대우[3]를 받았다.

# 임시정부가 균등 사회를 지향하는 건국강령을 발표하다

11월, 임시정부가 대한민국건국강령을 발표했다. 일본의 패전을 예상하고 건국의 기본 틀을 제시한 것이다. 주요 내용은 ▶민주주의 확립과 사회 계급 타파 ▶모든 토지와 대규모 생산 기관 등의 국유화 ▶적산[4]을 몰수해 가난한 사람에게 나눠 주거나 국영 또는 공영으로 할 것 ▶만 18세 이상 남녀에게 보통선거권 부여 등이다. 임시정부에 우파가 많았음에도 건국강령에 국유·국영화 등 사회주의 성향의 정책이 담긴 것은, 이념과 상관없이 많은 독립운동가가 자본주의와 사회주의의 장점을 모두 받아들여 새 나라를 건설해야 한다고 봤기 때문이다. 조선독립동맹(1942년 참조)과 건국동맹(1944년 참조)도 건국강령을 발표하는데, 이것들도 민주공화국을 수립하고 균등 사회를 만들자는 임시정부의 건국강령과 큰 틀에서 지향을 같이한다. 한편 임시정부는 12월에 태평양전쟁이 발발하자 일본에 선전포고를 했다.

1 **초등학교 이름의 변천** | 1894년 갑오개혁 후 소학교로 불리다가 1906년 보통학교로, 1938년 다시 심상소학교(尋常小學校)로 바뀌었다. 국민학교는 1996년 초등학교로 이름이 바뀐다.

2 **공출** | 국가가 자체 수요에 따라 구성원으로부터 물품을 거둬들임

일본이 공출한 유기

공출 독려 전단

3 **한국인에 대한 차별** | 일본인에게는 쌀을 줬지만, 한국인에게는 만주에서 들여온 조와 수수 같은 잡곡을 줬다. 그마저도 양이 적어, 봄이 되면 산과 들은 나물을 캐고 나무껍질을 벗겨 허기를 달래려는 사람들로 넘쳐났다.

4 **적산(敵産)** | 한국의 자산 중 일본인 소유로 돼 있던 것을 말한다.

유럽

## 독일이 소련을 침공하다

6월 22일, 독일이 소련을 기습 공격해 독·소전이[1] 시작됐다. 146개 사단, 300만 명 이상의 병력, 2000대의 비행기와 3000대의 전차로 이뤄진 독일군은 북부, 중부, 남부의 3개 방면으로 나누어 일제히 진격해 들어갔다. 북부군은 발트해를 거쳐 레닌그라드(지금의 상트페테르부르크)로 향했고, 중부군은 모스크바로 진격했으며, 남부군은 우크라이나의 곡창 지대를 향해 나아갔다. 독일의 목표는 소련을 멸망시키고 그 지역을 독일 민족을 위한 식량과 자원의 산지로 삼는 것이었다.

전쟁 초기에 소련군은 속수무책으로 패배를 거듭했다. 무엇보다 스탈린이 독일이 당장은 쳐들어오지 않으리라고 굳게 믿고 있었기 때문이었다. 심지어는 독일의 침략이 임박했다는 첩보를 여러 차례 입수했음에도 모조리 무시하기만 했다. 또한 대숙청(1937년 참조)으로 대부분의 경험 많은 장교들이 쫓겨난 것도 전투력을 크게 약화시켰다. 독일군은 9월 8일 레닌그라드를 포위했고[2], 30일 모스크바 공방전을 시작했으며, 10월 중순에는 키예프를 점령했다.

하지만 시간이 지나면서 전황에 조금씩 변화가 생기기 시작했다. 전선이 확대됨에 따라 독일군은 보급에 어려움을 겪었고, 겨울이 다가오자 러시아의 혹독한 추위도 발목을 붙잡았다. 소련군은 농지와 공장을 모조리 파괴하며 후퇴하는 초토화 작전을 펴는 한편, 군수 공장들을 해체한 뒤 우랄산맥 동쪽으로 옮겨 재가동함으로써 반격의 발판을 마련했다. 마침내 12월 5일 소련의 게오르기 주코프 장군이 모스크바에서 본격적인 반격에 나서 독일군에 최초의 패배를 안겨 줬다.

게오르기 주코프

포위된 레닌그라드에서 물을 배급받기 위해 줄을 서 기다리는 시민들

1 독소전 | 러시아에서는 독소전을 '대조국전쟁'으로 부른다. 이 전쟁에서 약 2800만 명의 소련 시민이 사망한 것으로 추정되며, 이는 제2차 세계대전 전체 사망자의 절반이 넘는 수치다.

2 독일군의 공격 | 독일군의 레닌그라드 포위 공격은 900일에 걸쳐 계속된다. 이 과정에서 약 100만 명의 시민이 굶거나 얼어 죽은 것으로 여겨진다.

아메리카

## 일본이 진주만을 공습하다

12월 7일, 일본군이 하와이 진주만의 미국 해군 기지를 기습 공격함으로써 태평양전쟁이[3] 발발했다. 일본군의 폭격으로 미군은 수많은 함정과 비행기가 파괴되고 2000명 이상이 사망했다. 일본군은 뒤이어 필리핀의 미국 공군 기지와 홍콩의 영국 공군 기지에도 폭격을 가했다.

일본은 미국이 일본의 인도차이나 침공을 이유로 미국 내 일본 자산을 동결하고 석유 수출을 금지하자 전쟁이 불가피하다고 판단했다. 일본은 독일, 이탈리아와 추축국 동맹을 맺고 있었기에 미국 의회는 곧바로 제2차 세계대전에 참전을 결의했다. 이로써 제2차 세계대전이 아시아와 태평양으로 확대됐다.

진주만 공습

3 태평양전쟁 | 제2차 세계대전 당시 아시아와 태평양 전선에서 벌어진 전쟁을 이른다.

## 5월, 육군 대장 출신 고이소 구니아키가 제8대 조선총독으로 부임하다

### 중국공산당 근거지에서 조선독립동맹이 결성되다

중국 타이항산에 주둔한 조선의용군이 '한국인과 중국인이 연합해 강도 일본을 타도하자'는 구호를 벽에 쓰고 있다.

7월 김두봉, 최창익, 김무정 등이 중국공산당의 근거지인 옌안에서 화북조선독립동맹을 결성했다. 조선독립동맹의 강령은 당파를 넘어 단결해 일본에 맞서 독립을 쟁취하고 민주공화국을 세우자는 것이었다. 이것은 국민당과 손잡고 일본에 맞서고 있던 중국공산당의 노선과 일맥상통한다. 조선독립동맹의 핵심 인사들은 좌파였지만, 조선독립동맹에 합류하는 민족주의 성향 인사들도 적지 않았다.

조선독립동맹 결성에 맞춰 조선의용대 화북지대도 조선의용군으로 재편됐다. 조선의용대는 1938년 김원봉이 이끈 조선민족혁명당(1935년 참조)이 국민당의 지원을 받아 만든 군사조직이었다. 그러나 항일에 소극적이던 국민당의 통치 지역에서는 일본에 적극적으로 맞서기 어렵자, 조선의용대원 중 3분의 2는 중국공산당 지역으로 넘어와 조선의용대 화북지대를 결성했다. 조선의용대 화북지대는 후좌장 전투를 비롯해 곳곳에서 일본군에 맞서 싸웠고, 조선의용군도 중국공산당 군대와 함께 일본군과 싸웠다.[1]

**1 조선의용대의 전투** | 나머지 조선의용대원들은 김원봉을 따라 임시정부가 만든 광복군에 합류한다.

### 일본이 조선어학회 사건을 일으켜 한글 운동을 탄압하다

10월, 일본이 조선어학회(1933년 참조)와 관련된 학자들을 대대적으로 잡아들이기 시작했다(1943년 4월까지 33명 검거). 일본은 이 중 16명을 내란죄 혐의로 재판에 회부했다.

조선어학회 회원들(1935년 촬영)

조선어학회 사건은 한 여학생이 기차 안에서 우리말로 대화를 나누다 경찰에 붙잡히면서 시작됐다. 일본 경찰은 이 학생이 민족 교육을 받았으며 조선어학회 관련 인사가 그 배후라고 지목했다. 조선어 교육을 금지한 일본이 한글 운동의 중심인 조선어학회를 겨냥해 시국 사건을 만들어 낸 것이다. 잡혀온 학자 중 이윤재와 한징은 일본 경찰의 고문으로 감옥에서 목숨을 잃었다. 또한 일본은 조선어학회로부터 조선말사전 원고[2]를 압수했다. 1929년 시작된 조선말사전 편찬 작업은 이 무렵 거의 완성 단계였다. 그러나 원고를 뺏기면서 조선말사전의 탄생은 해방 후로 미뤄진다.

**2 조선말사전 탄생의 비화** | 이때 뺏긴 원고를 바탕으로 1947년 『조선말큰사전』 1권이 발간된다.

아시아

## 일본이 동남아시아와 태평양을 장악하다

1월 2일, 일본군이 미국령 필리핀의 마닐라를 점령하자 더글러스 맥아더 장군이 이끄는 미군은 오스트레일리아로 후퇴했다. 뒤이어 일본군은 영국령 홍콩, 말레이반도, 버마(지금의 미얀마)와 네덜란드령 동인도(지금의 인도네시아) 등 동남아시아 전역과 태평양의 거의 모든 섬들을 장악했다. 하지만 오스트레일리아를 점령하는 데는 실패했다.

한편 미국은 세계 1위의 공업국답게 곧 막대한 무기와 전쟁 물자를 생산해 냈고, 이를 통해 빠르게 전력을 회복했다. 4월 18일 일본은 처음으로 미국 공군의 본토 공습을 받았으며, 6월 5일에는 하와이의 미드웨이섬을 장악하기 위해 해군력을 총동원해 공세를 펼쳤지만 크게 패했다.

일본의 최대 판도

아메리카

### 미국이 원자 폭탄 개발 계획에 착수하다

8월 13일, 미국 정부는 독일보다 앞서 원자 폭탄을 만들기 위해 비밀리에 '맨해튼계획'이라는 이름의 원자 폭탄 개발 계획에 착수했다. 이 계획에는 로버트 오펜하이머, 엔리코 페르미 등 수많은 저명한 과학자들이 참여했으며, 캐나다와 영국도 힘을 보탰다. 마침내 1945년 7월 16일 미국 뉴멕시코주의 사막에 위치한 앨라모고도 공군 기지에서 최초의 원자 폭탄 실험이 행해진다(1945년 참조).

미드웨이해전

유럽

## 스탈린그라드공방전이 벌어지다

1942년 들어 독일은 석유 자원의 확보를 위해 남부 방면에 전력을 집중했다. 9월 13일 프리드리히 파울루스와 에발트 폰 클라이스트 장군이 이끄는 독일군은 볼가강 남부의 스탈린그라드(지금의 볼고그라드)에 대한 공격을 감행했다. 그러나 집요한 공세에도 도시의 방어벽은 좀처럼 뚫리지 않았고, 11월 19일 소련군의 대대적인 반격에 의해 독일군은 거꾸로 포위됐다가 이듬해 1월 31일 항복을 선언했다. 이 전투 이후 독·소전의 전황은 소련군에 유리하게 전개되기 시작했다.

한편 북아프리카 전선에서는 이탈리아군을 돕기 위해 파견된 에르빈 롬멜 장군의 독일 기갑 사단이 영국군에 큰 승리를 거둔 뒤 수에즈 운하를 향해 빠르게 진격했다. 그러나 롬멜의 독일군은 7월 이집트 알라메인에서 영국군의 완강한 저항에 부딪혔고, 압도적인 전력의 차이와 부족한 보급으로 인해 10월 이후 버나드 몽고메리 장군이 이끄는 영국군의 공세에 밀려 패배하고 말았다.

스탈린그라드공방전

에르빈 롬멜
아프리카 전선에서의 활약으로 '사막의 여우'라는 별명을 얻었고, 독일의 국민적 영웅이 됐다. 그러나 1944년 히틀러 암살 음모에 가담했다는 혐의로 음독자살을 강요받는다.

## 일본이 학도병제를 실시하고 징병제 실시를 선포하다

11월, 일본이 학도병 지원제를 실시했다. 말이 '지원제'였지 사실상 한국 학생들을 전장으로 강제로 끌어가는 제도였다. 이에 앞서 일본은 8월에 일정한 연령대의 남성을 모두 군대로 끌고 가는 징병제를 한국에도 적용하겠다고 선포하고 1944년 본격적으로 실시한다. 이 때문에 1945년 전쟁이 끝날 때까지 약 20만 명의 한국인이 일본군으로 복무해야 했다.

그러자 적잖은 한국인이 징병을 피하고자 호적 나이를 고치거나 숨었다. 징병을 거부하고 산으로 들어간 후 무장 단체를 조직해 경찰 주재소를 습격하거나, 일본군에 끌려간 후 탈출해 독립운동 단체를 찾아가는 사람들도 생겨났다.

## 총독부가 항일 사적 파괴령을 내리다

11월, 조선총독부가 항일 사적을 파괴하라는 지시를 내렸다. 한국인들이 일본에 맞서 승리한 역사를 담은 유적을 없애 민족의식을 완전히 지우고자 한 것이다. 이에 따라 1380년 이성계가 왜구를 대파한 황산대첩을 기려 세운 비석 등이 파괴됐다.

> **총독부가 작성한 주요 파괴 대상**
> 황산대첩비(운봉), 이순신신도비(아산), 이순신좌수영대첩비(여수), 이순신명량대첩비(해남), 행주대첩비(고양), 조헌전장기적비(청주), 해인사 사명대사석장비(합천), 김시민전성극적비(진주), 정발전망유지비(부산), 촉석정충단비(진주)
>
> 행주대첩비

**1 카이로선언** | 카이로선언에는 일본이 제1차 세계대전 이후 차지한 태평양의 섬들을 포기할 것, 만주와 타이완 등을 중국에 반환할 것 등의 내용도 포함됐다.

카이로회담
왼쪽부터 장제스, 루스벨트, 처칠

**2 한국인의 생존권 싸움** | 전쟁이 길어지고 일본의 공출과 강제 동원이 심해지면서 생존권을 지키려는 한국인들의 저항도 늘었다. 공출에 반발하는 농민, 파업하는 노동자, 징병을 거부하는 청년이 늘면서 일본 스스로 "실로 우려할 만한 일이 벌어지고 있다."라고 평가할 정도였다.

## '한국 독립'을 최초로 명시한 국제 문서인 카이로선언이 채택되다

11월, 루스벨트 미국 대통령, 처칠 영국 총리, 장제스 중국 총통이 이집트 카이로에 모여 전후 처리 문제를 논의하고 카이로선언[1]을 채택했다. 카이로선언에는 "적절한 절차를 밟아 한국을 자유독립국가로 만든다"는 내용이 담겼다. 카이로선언은 한국 독립을 최초로 보장한 국제 문서다.

## 노동자들이 파업으로 일본을 괴롭히다

함경도 성진, 나진 등에서 파업이 일어났다. 이 시기에 특히 전쟁 수행과 직결된 군수공업 분야에서 발생한 파업과 태업 등은 일본을 괴롭게 했다.[2]

## 미군이 과달카날전투에서 승리하다

1월 5일, 미군이 태평양 솔로몬 제도의 과달카날섬에서 일본군에 승리해 본격적인 반격에 나섰다. 과달카날섬의 비행장을 차지하기 위해 벌어진 이 전투에서 일본군 2만 4000여 명과 미군 수천 명이 희생됐다.

과달카날전투에서 전사한 일본군

## 백장미단이 체포되다

2월, 독일 뮌헨에서 한스 숄, 조피 숄¹ 등의 학생과 뮌헨 대학의 쿠르트 후버 교수가 가담한 백장미단이 체포돼 처형당했다. 백장미단은 나치당에 저항하는 내용의 유인물을 몰래 제작해 대학과 시내에 배포하는 용감한 활동을 펼쳤다. 이들은 침묵하던 독일인들에게 잃어버린 정의감과 양심을 되찾을 것을 호소했다.

백장미단
왼쪽부터 한스 숄, 조피 숄, 크리스토프 프롭스트

## 바르샤바 게토에서 유대인들이 봉기하다

4월 19일, 독일이 점령하고 있던 폴란드 바르샤바의 유대인 집단 수용 시설인 바르샤바 게토²에서 유대인들이 반란을 일으켰다. 나치당이 이곳의 유대인들을 집단 학살 수용소로 옮겨 살해하려 하자 유대인 지하 조직이 독일군을 기습 공격한 것이었다. 약 한 달간 치열한 전투가 벌어졌으나 결국 독일군에 진압됐다. 이 과정에서 수만 명의 유대인이 희생됐다.

## 연합군이 이탈리아 진공 작전에 나서다

7월 10일, 북아프리카 전선에서 독일군과 이탈리아군을 완전히 제압한 미군과 영국군이 이탈리아의 시칠리아섬에 상륙했다. 이에 이탈리아 국왕 비토리오 에마누엘레 3세는 군부와 몰래 짜고 무솔리니를 총리에서 해임한 뒤 체포했다. 이탈리아는 곧 연합국과 휴전 협상을 시작하고 9월 8일 전격 항복한다.

## 티토가 유고슬라비아 임시정부를 수립하다

11월, 독일 점령하의 유고슬라비아에서 빨치산 운동을 이끌어 온 요시프 티토가 임시정부를 수립하고 원수 칭호를 받았다. 임시정부는 곧 연합국의 일원으로 인정받으며, 1945년 자신들의 힘으로 독일군을 몰아낸다.

티토와 빨치산 지도자들

1 한스와 조피 숄 | 한스와 조피 남매의 큰누이인 잉에 숄은 훗날 『아무도 미워하지 않는 자의 죽음』이라는 책을 써 이들의 활동을 세상에 알린다. 2005년 『조피 숄의 마지막 날들』이라는 영화로도 제작된다.

2 바르샤바 게토 | 높이 3미터, 길이 18킬로미터의 담으로 둘러싸인 지역 안에 약 50만 명의 유대인이 수용돼 있었다.

### 7월, 육군 대장 출신 아베 노부유키가 제9대 조선총독으로 부임하다

#### 여운형이 건국동맹을 조직하다

8월, 여운형이 비밀 조직인 건국동맹을 결성했다. 주축은 사회주의 계열 독립운동가들이었다. 그렇지만 건국동맹은 일본 패배 후 새 나라를 건설하려면 이념을 넘어 단결해야 한다고 보고, 항일 세력을 두루 결집하고자 했다.

건국동맹은 대중을 조직하는 데 힘을 기울였다. 그 일환으로 1944년 10월 산하에 농민동맹을 결성했다. 농민동맹은 은밀히 식량 공출을 방해하고 강제 징용과 징병을 기피하게 했다. 건국동맹은 노동자, 학생 등도 조직하고 지방 조직을 강화했다. 또한 1945년 3월 군사위원회를 조직하고 무장봉기를 준비하는 한편 조선독립동맹(1942년 참조)과 연합 작전을 펼 계획도 추진한다. 군사 행동 계획은 무장봉기에 앞서 일본이 항복하면서 실현되지 못한다. 그러나 건국동맹은 이러한 활동들을 통해 대중적 지지 기반을 폭넓게 구축한다.

**조선건국동맹본부**
건국동맹의 폭넓은 지지 기반은 해방 직후 건국준비위원회 결성의 토대가 됐다. 1945년 8월 해방 후 촬영된 사진이다.

## 일본이 한국 여성을 '위안부'로 끌고 가다

8월, 일본이 여자정신대근무령을 선포하고 한국 여성 수십만 명을 동원했다. 일본은 이 중 일부를 군수 공장에 데려가 일을 시켰지만, 나머지 사람들은 자국 군대 주둔지로 끌고 가 이른바 '위안부' 생활을 강요했다. 위안부는 '위안소'에 갇혀 일본군 병사들에게 성폭행을 당해야 했다. 위안부 중에는 중국인 등도 있었지만 대다수는 한국인이었다. 위안부로 끌려간 한국 여성은 8만~15만 명으로 짐작된다. 초기에는 취직시켜 주겠다는 거짓말에 속아서 온 사람도 있었지만, 시간이 갈수록 납치, 인신매매 등의 방법으로 끌려오는 여성이 늘었다.

일본군은 위안소 설치, 관리, 통제 등에 직접 관여했고 일본의 다른 국가 기관들도 위안부 모집 등에 개입했다. 이처럼 위안부 문제는 일본이 조직적으로 저지른 성범죄이지만, 일본 정부 차원의 공식 사과는 해방 후에도 이뤄지지 않았다.

**'종군위안부'**

유럽

## 노르망디 상륙 작전으로 유럽에 제2전선이 열리다

6월 6일, 드와이트 아이젠하워 장군이 이끄는 연합군이 프랑스 북부 노르 망디에 상륙해 유럽 서부 전선의 지상전이 재개됐다. 작전은 공수 부대의 강 하로 시작됐으며, 뒤이어 상륙 주정에 올라탄 15만여 명의 병력이 해안으로 돌진했다.

노르망디 상륙 작전

연합군은 승승장구하며 8월 프랑스를 해방시켰으나 보급선이 너무 길어져 전진을 멈춰야 했다. 9월에는 네덜란드에 공수 부대를 투입해 라인강의 주 요 다리들을 장악한 뒤 곧바로 독일로 진격해 들어가려는 작전을 시도하지 만 실패했다. 이로써 서부 전선은 다시 교착 상태에 빠졌다.

12월 16일, 독일은 동원할 수 있는 병력을 최대한 끌어모아 최후의 반격에 나 섰다. 벨기에 아르덴 지방의 숲을 기갑 부대로 기습 돌파해 연합군을 몰아붙 이려는 것이었다. 그러나 기습 작전의 효과는 초반의 며칠에 그쳤다. 독일군 은 바스토뉴 지방에서 연합군의 격렬한 저항에 부딪혀 이듬해 1월 퇴각하며, 이 과정에서 너무 많은 힘을 소모해 이후 전쟁 수행에 큰 어려움을 겪는다.

아르덴숲의 독일군

유럽

## 독일 장교들이 히틀러 암살을 시도하다

7월 20일, 나치당에 반대하는 일부 독일 장교들이 히틀러를 암살하고 새로운 정 부를 세우려는 음모를 꾸몄다. 클라우스 폰 슈타우펜베르크 대령이 히틀러가 참석한 회의 장소에 폭탄을 설치해 터뜨렸으나, 히틀러는 천우신조로 부상만 당 하고 살아남았다.

아메리카

## 브레턴우즈 체제가 출범하다

7월 22일, 미국 브레턴우즈에서 44개 연합국 대표가 모여 제2차 세계대전 이후 의 새로운 국제 금융 질서를 마련했다. 미국 달러를 국제 무역의 기본이 되는 돈 (기축 통화)으로 삼고, 각국의 통화 가치를 미국 달러를 기준으로 일정하게 고정시 킨 것이었다(고정 환율제). 이로 인해 제2차 세계대전 이후 국제 무역이 활성화되 고 미국이 세계 경제의 중심으로 떠오른다.

유럽

## 가을 들어 소련이 독일군을 몰아내고 영토를 회복하다

아시아

## 10월, 미군이 필리핀 진공 작전에 돌입하다

부민관 폭파 의거 터

**1 부민관** | 부민관은 한국전쟁 후 국회의사당으로 사용됐고, 지금은 서울시의회 의사당으로 쓰이고 있다.

**2 조문기** | 조문기는 훗날 민족문제연구소 이사장을 맡아 친일 문제 해결에 힘쓰다가, 숙원 사업이던 『친일인명사전』 발간을 1년 앞둔 2008년 세상을 떠난다.

천황 항복 방송을 듣고 눈물 흘리는 일본인들

**3 총독부와 송진우** | 총독부가 송진우에게 치안 유지에 관한 협조를 구체적으로 요청한 것인지는 논란이 있다.

## 친일파 대회가 열리던 부민관에서 폭탄이 터지다

7월 24일, '아세아민족분격대회'가 열리던 경성 부민관[1]에서 폭탄이 터졌다. 아세아민족분격대회는 한국·중국·만주의 친일파 대표와 일본인 등이 모여 '일본의 적인 미국과 영국을 무찌르자'고 선동하던 어용 행사였다. 폭탄은 한국의 대표적인 친일파이던 박춘금이 무대에 있을 때 터졌다. 폭탄을 터뜨린 건 조문기[2]를 비롯한 한국 청년들이었다. 폭탄이 터지면서 대회장은 엉망이 됐지만, 박춘금은 목숨을 건졌다. 일본 경찰은 눈에 불을 켜고 수색했지만 폭탄을 터뜨린 이들을 잡지 못했다. 부민관 폭파 사건은 일제 강점기가 막을 내리기 전 국내에서 마지막으로 이뤄진 항일 의거였다.

## 총독부가 여운형에게 치안 협조를 요청하다

8월 15일 오전 8시, 조선총독부의 2인자인 엔도 류사쿠 정무총감이 여운형과 회담을 했다. 정무총감은 일본이 전쟁에서 패했다는 사실을 곧 발표할 것이라며 여운형에게 치안 유지에 협조해 줄 것을 요청했다. 일본인의 생명과 재산을 보장해 달라는 것이었다. 또한 여운형에게 미국과 소련이 한반도에 나누어 진주할 것이며 경성은 소련군 점령 지역이 될 것이라는 말도 했다.

총독부가 여운형을 회담 대상으로 고른 것은 여운형에게 친일 행적이 없고 또한 그가 한국인들 사이에서 신망이 높았기 때문이다. 이 무렵 총독부 보안과장 등이 송진우[3]와도 접촉해 '형세가 중대하니 협조해 달라'고 요청했지만, 송진우는 이를 거절했다.

여운형은 ▶정치범·경제범 즉각 석방 ▶경성의 식량 3개월분 확보 ▶치안 유지와 건설 사업을 구속하지 말 것 등 5가지 조건을 제시했다. 총독부의 제안을 한국인이 실질적으로 권력을 넘겨받을 수 있는 발판으로 만들고자 한 것이다. 정무총감은 이를 받아들였다. 8월 들어 미국이 두 차례 원자 폭탄을 투하한 데다 소련군이 이미 한반도 북부까지 진격했기에 총독부로서는 선택의 여지가 많지 않은 상황이었다.

그리고 이날 정오, 라디오에서 일본 천황의 항복 방송이 흘러나왔다.

## 소련군이 베를린을 함락하다

1월 12일, 소련군의 대규모 병력이 동유럽을 가로질러 독일을 향해 진격하기 시작했다. 독일이 서부 전선에 힘을 쏟고 있는 가운데, 소련군은 미국 등 다른 연합국의 지원을 받아 무기와 군수품의 생산력을 충분히 회복한 상황이었다. 소련군은 곧 바르샤바를 함락했고, 2월 13일에는 부다페스트를 점령했다. 동유럽의 나라들은 속속 추축국에서 탈퇴해 연합국 편에 가담했다.

베를린을 점령한 소련군

서부 전선에서는 영국과 미국 공군이 독일 영토에 대한 무차별 공습을 감행했다. 특히 유럽에서 가장 아름다운 도시 가운데 하나로 꼽히던 드레스덴은 2월 13~14일 밤의 폭격으로 3만 5000명에서 13만 5000명을 헤아리는 사망자를 남긴 채 폐허로 변해 버렸다.

마침내 4월 25일 소련군이 베를린으로 진입했고, 4월 30일 궁지에 몰린 히틀러는 아내와 함께 자살했다.[1] 5월 7일 독일 정부가 연합국에 무조건 항복함으로써 유럽의 제2차 세계대전이 종식됐다.

1 무솔리니의 최후 | 이탈리아의 무솔리니도 4월 28일 도피하던 중에 밀라노 부근에서 빨치산에게 붙잡혀 살해됐다.

## 일본이 원자 폭탄 공격을 받고 항복하다

2월, 태평양 전선의 미군은 필리핀을 탈환하고 이오섬에 상륙했다. 이오섬은 사이판섬의 기존 비행장보다 일본과 더 가까워 본토 공습에 필수적인 전략적 거점이었다. 고작 20제곱킬로미터의 작은 섬이었지만 일본군의 집요한 저항으로 미군이 함락하는 데는 한 달의 시간이 걸렸다. 이 과정에서 일본군 2만 명이 거의 전멸하고 미군 6000명이 희생됐다. 4월에 시작된 오키나와전투는 무려 3개월이 소요됐다.

나가사키에 투하된 원자 폭탄

결국 미국 정부는 일본 본토를 직접 침공하는 것보다 더 적은 희생으로 전쟁에서 승리하기 위해 원자 폭탄을 사용하기로 결정했다. 8월 6일 히로시마에 원자 폭탄이 투하돼 즉시 7만 명이 죽고 7만 명이 부상했으며, 9일 나가사키에 떨어진 두 번째 폭탄으로 4만 명이 죽고 4만 명이 부상했다. 설상가상으로 8월 8일 소련마저 일본에 선전 포고를 하자, 14일 일본 정부는 천황의 지위를 보장받는 조건으로 연합국에 항복을 선언했다.

이로써 인류 역사상 가장 많은 나라가 참여하고 가장 많은 인명을 앗아간 최악의 전쟁이 막을 내렸다.[2]

2 제2차 세계대전의 영향 | 제2차 세계대전을 계기로 세계 질서는 커다란 변화를 맞게 된다. 파시즘이 몰락하고, 미국이 세계 최강의 경제 대국으로 떠오르며, 국제연합이 결성되고, 여러 식민지들이 독립하고, 미국을 중심으로 한 자본주의 진영과 소련을 중심으로 한 사회주의 진영 사이의 냉전이 본격화된다.

기다리고 기다리던 징병제라는 커다란
감격이 왔다. (……) 이제 우리에게도
국민으로서 책임을 다할 기회가 왔고,
그 책임을 다함으로써 진정한 황국신민으로서
영광을 누리게 될 것이다. 생각하면
그 얼마나 황송한 일인지 알 수 없다.[1]

언니와 나는 일본 군인들에게 끌려갔다. (……)
그날 밤 나는 그 장교에게 두 번이나 당했다.
(……) 날이 밝고 군인이 간 뒤 언니가 포장을
밀치며 내게 왔다.
둘은 한심하고 기막혀서 부둥켜안고 통곡을
했다. (……) 생리 때도 군인을 받았다. 받고
싶지 않아도 군인들이 들어오면 어쩔 수가
없었기 때문이다. (……) 어떤 때는 비위가 틀려
반항이라도 하면 늘어지게 맞았다.[2]

1 김활란 이화여자전문학교 교장, 『신시대』 1942년 9월호에서

2 고 김학순 할머니가 증언한 '위안부'의 실상
김 할머니는 17세 때인 1941년 일본군에게 끌려가 '성노예' 생활을
강요당했다. 1991년 김 할머니는 '위안부' 생활을 강제한 일본의 범죄를
처음으로 공개 증언했다.

독일의 한 시민으로서
그리고 한 명의 정치적 인간으로서,
독일의 운명을 결정하는 데 참여하고,
잘못된 점을 공공연히 폭로하며,
그에 맞서 싸우는 것은 권리일 뿐 아니라
도덕적인 의무이기도 하다.[1]

일찍이 미국과 영국에 선전포고를
한 까닭은 실로 제국의 자존과
동아시아의 안정을 간절히 바란 데서
나온 것이며, 타국의 주권을 배격하고
영토를 침략하는 것은 본래 짐의 뜻이
아니었다.[2]

1 백장미단의 쿠르트 후버 교수가 체포돼 처형되기 전에 남긴 말

2 히로히토 천황의 「종전조서」에서
일본이 연합국에 항복한 8월 15일, 일본인들은 라디오 방송을 통해 처음으로
천황의 목소리를 들을 수 있었다. 그러나 천황은 패전을 선언하면서도 자신의
과오를 전혀 인정하지 않고 오히려 정당화하는 태도를 보였다.

# 찾아보기

# 자료 제공 및 출처

Adam Evans
Bettmann/CORBIS
Boris Kudoyarov
Bundesarchiv
DaimlerChrysler AG
Imperial War Museum, London
John H,. Lienhard
Joshua Sherurcij
Lillyundfreya
Oldelpaso
Prolineserver
Pyzhou
Rklawton
Robneild
Roland zh
Shizhao
Terren

독립기념관
독일연방문서보관소
문화재청
민족문제연구소
박상진유족회
서울대학교규장각
서울역사박물관
성균관대학교박물관
책을 좋아하는 사람들 모임
『대련근백년풍운도록』
『중국 역사 대장정』
『한밭교육박물관』

※ (주)다산북스는 이 책에 실린 모든 자료의 출처를 찾기 위해 최선을 다했습니다.
누락이나 착오가 있으면 다음 쇄를 찍을 때 꼭 수정하도록 하겠습니다.